U0521940

高质量发展建设共同富裕示范区研究丛书
中国社会科学院组织编写

共同富裕与财税政策体系构建的浙江探索

汪德华　鲁建坤　等著

中国社会科学出版社

图书在版编目（CIP）数据

共同富裕与财税政策体系构建的浙江探索/汪德华等著.
--北京：中国社会科学出版社，2024.10
（高质量发展建设共同富裕示范区研究丛书）
ISBN 978-7-5227-2686-1

Ⅰ.①共… Ⅱ.①汪… Ⅲ.①财政政策—影响—共同富裕—研究—浙江 ②税收政策—影响—共同富裕—研究—浙江 Ⅳ.①F127.55

中国国家版本馆 CIP 数据核字（2023）第 195555 号

出 版 人	赵剑英	
责任编辑	李斯佳	
责任校对	朱妍洁	
责任印制	王　超	
出　　版	中国社会科学出版社	
社　　址	北京鼓楼西大街甲 158 号	
邮　　编	100720	
网　　址	http://www.csspw.cn	
发 行 部	010-84083685	
门 市 部	010-84029450	
经　　销	新华书店及其他书店	
印　　刷	北京君升印刷有限公司	
装　　订	廊坊市广阳区广增装订厂	
版　　次	2024 年 10 月第 1 版	
印　　次	2024 年 10 月第 1 次印刷	
开　　本	710×1000　1/16	
印　　张	18.5	
字　　数	248 千字	
定　　价	96.00 元	

凡购买中国社会科学出版社图书，如有质量问题请与本社营销中心联系调换
电话：010-84083683
版权所有　侵权必究

总　　序

2021年，在迎来建党百年华诞的历史性时刻，党中央对推进共同富裕作出了分阶段推进的重要部署。其中意义非同小可的一条：浙江被明确为全国首个高质量发展建设共同富裕示范区，要在推进以人为核心的现代化、实现全体人民全面发展和社会全面进步的伟大变革中发挥先行和示范作用。于浙江而言，这既是党中央赋予的重大政治责任和光荣历史使命，也是前所未有的重大发展机遇。浙江发展注入了新的强劲动力！

理论是实践的先导，高质量发展建设共同富裕示范区离不开理论创新。基于理论先行的工作思路，2021年5月，中共浙江省委与中国社会科学院联合启动了"浙江省高质量发展建设共同富裕示范区研究"重大课题研究工作。

两年多来，课题组在深入调查、潜心研究的基础上，形成了由13部著作组成、约260万字篇幅的课题成果——"高质量发展建设共同富裕示范区研究丛书"。这套丛书不仅全景式展现了浙江深入学习习近平总书记关于共同富裕的重要论述精神，扎实落实《中共中央　国务院关于支持浙江高质量发展建设共同富裕示范区的意见》的工作实践，而且展现了浙江在全域共富、绿色共富、对外开放、金融发展、产业体系、数字经济、公共服务、养老保障等共同富裕不同方面的特点和基础，也展现了浙江围绕示范区建设边学边谋边干、经济社会高质量发展取得的一系列新突破。

由 13 部著作组成的这套丛书，各有各的侧重点。其中，李雪松等著的《浙江共同富裕研究：基础、监测与路径》，从共同富裕的科学内涵出发，分析了浙江高质量发展建设共同富裕示范区的基础条件，提出了共同富裕的指标体系和目标标准。魏后凯、年猛、王瑜等著的《迈向全域共富的浙江探索》，从城乡协调、区域协调和乡村振兴角度，阐述了浙江打造城乡区域协调发展引领区的经验做法。张永生、庄贵阳、郑艳等著的《浙江绿色共富：理念、路径与案例》，由"绿水青山就是金山银山"发展理念在浙江诞生的历程入手，系统阐述了浙江践行绿色发展道路、打造美丽浙江，实现生态经济和生态富民的生动实践。姚枝仲等著的《高水平对外开放推动共同富裕的浙江实践》，重点阐述了浙江在高水平开放推动自主创新、建设具有国际竞争力的现代产业体系、提升经济循环效率、实施开放的人才政策、促进城乡和区域协调发展、发展文化产业和丰富人民精神文化生活、实现生态文明和绿色发展等方面的成效。王震等著的《基本公共服务均等化与高质量发展的浙江实践》，从公共财政、公共教育、医疗卫生、养老服务、住房保障等若干角度阐述了浙江公共服务高质量发展和均等化，进而构建激励相容的公共服务治理模式的前行轨迹。张翼等著的《共同富裕与养老保障体系建设的浙江探索》，在系统分析浙江人口老龄化的现状与前景的同时，阐述了浙江养老保障体系建设的总体情况。张晓晶、李广子、张珩著的《金融发展和共同富裕：理论与实证》，剖析了金融发展和共同富裕的关系，阐述了浙江金融发展支持共同富裕的主要经验做法，梳理了金融发展支持共同富裕的政策发力点。张树华、陈承新等著的《党建引领建设共同富裕示范区的浙江探索》，重点阐述了浙江坚持和加强党的全面领导，凝聚全社会共同奋斗推进共同富裕示范区建设的突出特色。冯颜利等著的《精神生活共同富裕的浙江探索》，阐述了浙江在探索精神生活共同富裕、公共文化服务优质均衡发展等方面的突出成绩。黄群慧、邓曲恒等著的《以现代化产业体系建设推进共同富裕的浙江探索》,在分析现代化产业体系对共同富裕的促进作用基础上,阐述了浙江产业体系相对完备、实体经济发展强劲对于推进共同富裕的重要保障作用。都阳等著的《人口老龄化背景下高质量就业与共同富裕的浙江探索》,从分析人口老龄化背景下浙江就业发展的态势入手,梳理了浙江促进高质量就业面临的挑战和路径举措。夏杰长、刘奕等著的《数字经济和服务业高质量发展的浙江探索》,聚焦浙江数字经济和服务业高质量发展,系统探究了浙江数字经济和服务业高质量发展促进共同富裕的机理逻辑、现实探索和困难挑战等问题。汪德华、鲁建坤等著的《共同富裕与财税政策体系构建的浙江探索》,围绕财税体制和财税政策,阐述了浙江在资金直达基层、"钱随人走"制度改革、市县财政收入激励奖补机制、"一事一议"财政奖补体制等方面取得的重要进展。

应当说,"高质量发展建设共同富裕示范区研究丛书"的撰写,也是中国社会科学院建设中国特色新型智库、发挥智库作用的一次重要探索。中国社会科学院始终坚持学术研究与对策研究相结合,理论研究服务于党中央和国家的需要。作为为党中央和国家决策服务的思想库,只有回应时代的呼唤,认真研究解决重大理论和现实问题,才能真正把握住历史脉络,找到发展规律,真正履行使命,推动理论创新。

中国社会科学院和浙江省有着长期良好的合作传统和合作基础,这套丛书是中国社会科学院和浙江省合作研究的又一结晶。在此前的两次合作研究中,2007年"浙江经验与中国发展——科学发展观与和谐社会建设在浙江"(6卷本)和2014年"中国梦与浙江实践"系列丛书,产生了广泛而深远的社会影响。

中共浙江省委始终高度重视此项工作,省委主要领导多次作出批示,对课题研究提供了大力支持。中国社会科学院抽调了12个研究所(院)的研究骨干组成13个子课题组,多次深入浙江省实地调研。调研期间,合作双方克服新冠疫情带来的种种困难,其间的线上线下交流讨论、会议沟通不计其数。在此，我们要向付出辛勤劳动的各位课题组专家表示衷心感谢！

  站在新的更高历史起点上，让我们继续奋力前行，不断谱写高质量发展建设共同富裕示范区浙江实践、共同富裕全国实践的新篇章。

"高质量发展建设共同富裕
示范区研究丛书"课题组
2024 年 1 月 3 日

前　言

本书是笔者带领研究团队，参与中国社会科学院 2021 年承接的浙江省委委托课题"浙江省高质量发展建设共同富裕示范区研究"的研究成果。本书也得到了中国社会科学院马工程重大项目"促进共同富裕的财税政策体系和审计监督体系研究"（项目编号：2022MGCZD006）的支持。

高质量发展建设共同富裕示范区，是党中央交给浙江的光荣使命。中国社会科学院为推进课题研究，配备了阵容强大的课题组，设计了众多需要研究的主题。按照课题组的安排，我很荣幸承担了子课题"浙江高质量发展建设共同富裕示范区的财税政策体系研究"的研究任务。接受任务之后，首先要考虑的问题是研究思路和课题研究范围。要知道，财政是国家治理的基础和重要支柱，即使聚焦到促进共同富裕的财税政策体系这一领域，依然有众多问题需要研究。更何况，浙江作为"高质量发展建设共同富裕示范区"，其财税政策体系领域的研究应侧重于"建设"，还是侧重于"示范"，也难以取舍。

在课题研究推进过程中，我多次参与中国社会科学院原副院长高培勇召集的中国社会科学院课题组的专题讨论会，还数次受邀参加浙江省委召集的高质量发展建设共同富裕示范区推进例会或研讨会。在参加这些会议讨论的过程中，我聆听了多位专家或领导对建设共同富裕示范区的思考乃至观点的碰撞，深受启发。我逐渐明确了子课题以及本书研究的基本思路：适度聚焦，尊重实践，比较借鉴。也即应以习近平总书记在推动共同富裕领域的重要讲话精神为指引，以中央相关文件为基本参照，确立本书研究涉及的主题；推动共同富裕财税政策体系的研究，应侧重总结浙江在这一领域的探索实践；可以将浙江与其他发达省份进行比较研究，以进一步明晰浙江在构建推动共同富裕财税政策体系中所处的方位，并提出若干可供浙江借鉴的政策建议。这一基本思路的具体展开，参见本书第一章。

在组建子课题研究团队时，我邀请了浙江财经大学的鲁建坤副教授及数位研究生参与课题研究，主要有三个方面的考虑。一是中国社会科学院大学与浙江财经大学合作，成立了"中国社会科学院大学浙江高等研究院"（以下简称"浙研院"）。我在浙研院担任财政学专业导师，指导了陈心怡、史国建等数位同学。邀请鲁建坤副教授及数位同学参与本课题研究，是中国社会科学院大学与浙江财经大学创新合作研究和人才培养模式的行动之一。二是我担任清华大学财政税收研究所兼职研究员，而鲁建坤副教授曾于2021—2022年在该所进行学术访问。在他访问期间，我与他有很多交流，对他的学术水平、研究专长以及研究能力非常了解。我认为，他非常适合参与这个课题的研究。三是邀请浙江省高校相关人员参与课题研究，也有利于开展调研、访谈交流等研究活动。

在本书的研究过程中，研究团队曾跟随中国社会科学院课题组赴浙江杭州、宁波、嘉兴等地调研，也单独组织团队赴浙江省财政厅开展财税政策专题调研。在调研过程中，我们得到浙江省委政研室以及相关部门的大力帮助。特别要感谢浙江省委政研室蒋建平调研员、浙江省财政厅尹红平巡视员以及浙江省财政厅共富专班、省级部门预算编制中心、经济建设处、社会保障处、税政处、政策研究室等部门与研究团队的全方位交流，在调研后及时提供相关资料和数据。研究团队在开展四个发达省份的比较分析时，还曾采用公开信息申请的方式向广东、江苏、山东省财政厅申请相关财政数据，并得到相关机构的及时回复。这些调研、交流活动以及资料、数据的提供,对于我们完成本书研究任务、提升研究质量都是不可或缺的。

目　　录

第一章　绪论 ··· 1
　第一节　浙江省完善推动共同富裕财税政策体系的
　　　　　总体要求 ··· 2
　第二节　本书的研究框架和主要内容 ···························· 10

第二章　坚持共建共享形成共富合力 ································ 17
　第一节　鼓励勤劳创新，坚持共建共享 ························ 18
　第二节　打造科创力量，筑牢共富基础 ························ 27
　第三节　扶持文化发展，助力精神富裕 ························ 39
　第四节　优化管理服务，引导公益慈善 ························ 45
　第五节　小结 ·· 50

第三章　发挥体制力量促进平衡发展 ································ 52
　第一节　强调财力下沉，健全省级调控 ························ 52
　第二节　注重以人为本，推进"钱随人走" ···················· 62
　第三节　科学分类管理，精准激励奖补 ························ 76
　第四节　小结 ·· 93

第四章　开展组织变革提升治理效能 ································ 95
　第一节　善用数字技术，变革财政组织 ························ 95

第二节 利用数字优势，提升治理效能 …………………… 100
第三节 推动财税法治，促进社会和谐 …………………… 101
第四节 小结 ………………………………………………… 109

第五章 促进高质量发展的财税政策 ………………………… 111
第一节 高质量发展水平的测度与比较 …………………… 112
第二节 促进现代产业体系建设的财税政策 ……………… 128
第三节 推动区域协调发展的财税政策 …………………… 137
第四节 促进乡村振兴的财税政策 ………………………… 146
第五节 "他山之石"：省际互鉴 …………………………… 156
第六节 小结 ………………………………………………… 164

第六章 优化财政支出结构 …………………………………… 167
第一节 财政支出规模和结构的比较分析 ………………… 167
第二节 社会福利性财政支出结构 ………………………… 180
第三节 经济建设性财政支出结构 ………………………… 190
第四节 财政支出结构的总结概述与政策建议 …………… 196

第七章 完善省以下财政体制 ………………………………… 199
第一节 四省省以下财政体制改革的比较分析 …………… 199
第二节 四省县级财力均衡状况比较分析 ………………… 217
第三节 对浙江省省以下财政体制改革进展的
　　　　总体评价 …………………………………………… 231

第八章 推进预算绩效管理 …………………………………… 235
第一节 浙江省预算绩效管理的基本情况 ………………… 236
第二节 浙江省预算绩效管理体系 ………………………… 245
第三节 预算制度改革优化方向 …………………………… 258

第四节　小结 ··· 261

第九章　结语与展望 ··· 263
　　第一节　简要总结 ··· 263
　　第二节　政策优化建议 ·· 269

参考文献 ·· 275

后　记 ·· 280

第一章 绪论

党的十九届五中全会对扎实推动共同富裕作出重大战略部署。党的二十大报告指出，中国式现代化是全体人民共同富裕的现代化。而在中国这样人口规模巨大、发展程度与中等发达国家水平差距较大的国家，扎实推动共同富裕难以一蹴而就，而是如党的二十大报告指出的一样，"是一个长期的历史过程"。习近平总书记指出，要实现14亿人共同富裕，"不是所有人都同时富裕，也不是所有地区同时达到一个富裕水准，不同人群不仅实现富裕的程度有高有低，时间上也会有先有后，不同地区富裕程度还会存在一定差异，不可能齐头并进。这是一个在动态中向前发展的过程，要持续推动，不断取得成效"①。在这样的历史过程中，按照中国的发展经验，让一些具备条件的地区率先探索如何推动共同富裕，就成为必然选择。

《中华人民共和国国民经济和社会发展第十四个五年规划和2035年远景目标纲要》指出，支持"浙江高质量发展建设共同富裕示范区"。2021年6月正式印发的《中共中央 国务院关于支持浙江高质量发展建设共同富裕示范区的意见》指出，支持浙江高质量发展建设共同富裕示范区，有利于为全国推动共同富裕提供省域范例。这标志着浙江正式承接了建设共同富裕示范区的国家战略任务，担负着为实现全体人民共同富裕的现代化战略目标探路的重任。

从国际经验看，财税体制是影响收入分配和共同富裕的基础性制

---

① 习近平：《扎实推动共同富裕》，《求是》2021年第20期。

度，财税政策是推动共同富裕的主要抓手之一。习近平总书记指出，推动共同富裕总的思路是"坚持以人民为中心的发展思想，在高质量发展中促进共同富裕，正确处理效率和公平的关系，构建初次分配、再分配、三次分配协调配套的基础性制度安排，加大税收、社保、转移支付等调节力度并提高精准性"[①]。这一总体思路也清楚地表明，在中国推动共同富裕的进程中，财税政策的设计同样是关键环节。按照习近平总书记的分析，推动共同富裕的关键是针对地区差距、城乡差距和收入分配差距，通过相关制度、政策使其缩小到合理范围内。从中国实践看，财税体制和财税政策正是缓解三大差距的主要力量。

显然，浙江高质量发展建设共同富裕示范区的重要使命之一就是要结合本省实际情况，在探索推动共同富裕财税政策体系方面取得实效，既能让本省的共同富裕水平不断提升，又能为其在全国范围内示范推广奠定基础。本书的主要目标就是结合实地调研、资料和数据分析，系统梳理浙江在优化推动共同富裕财税政策方面的实践经验，同时在比较分析的基础上，展望未来还需加强改革的方向。本书绪论首先基于已公布的有关浙江高质量发展建设共同富裕示范区的三份文件，提炼其在完善推动共同富裕财税政策体系方面的总体要求。总体要求确定了全书的研究任务。其次，在此基础上，概述全书的基本思路、研究框架与各章主要内容。

第一节　浙江省完善推动共同富裕财税政策体系的总体要求

自确立浙江承担高质量发展建设共同富裕示范区国家战略任务以来，中共中央、国务院和浙江省、财政部先后公布三份重要文件，明确了对浙江的总体要求、发展目标、具体任务、实施路径、支持

---

① 习近平：《扎实推动共同富裕》，《求是》2021 年第 20 期。

政策等。2021年6月，正式印发《中共中央 国务院关于支持浙江高质量发展建设共同富裕示范区的意见》（以下简称《意见》）。2021年7月，浙江公布了《浙江高质量发展建设共同富裕示范区实施方案（2021—2025年）》（以下简称《实施方案2025》）。2021年12月，财政部公布了《支持浙江省探索创新打造财政推动共同富裕省域范例的实施方案》（以下简称《支持探索财政推动方案》）。这三份文件，明确了浙江完善推动共同富裕财税政策体系的总体要求。

一 《意见》中的总体要求

《意见》明确了浙江高质量发展建设共同富裕示范区的基本思路：以改革创新为根本动力，以解决地区差距、城乡差距、收入差距问题为主攻方向；清晰勾画了浙江高质量发展建设共同富裕示范区的四大战略定位，即高质量发展高品质生活先行区、城乡区域协调发展引领区、收入分配制度改革试验区、文明和谐美丽家园展示区。《意见》还强调了浙江高质量发展建设共同富裕示范区的六大重点任务：提高发展质量效益，夯实共同富裕的物质基础；深化收入分配制度改革，多渠道增加城乡居民收入；缩小城乡区域发展差距，实现公共服务优质共享；打造新时代文化高地，丰富人民精神文化生活；践行"绿水青山就是金山银山"理念，打造美丽宜居的生活环境；坚持和发展新时代"枫桥经验"，构建舒心安心放心的社会环境。

《意见》并没有专题部署高质量发展建设共同富裕示范区的财税政策体系。但考虑到财政是国家治理的基础和重要支柱，《意见》所强调的六大重点任务，无论是大力提升自主创新能力、塑造产业竞争新优势、提升经济循环效率，还是推动实现更加充分更高质量就业、提高人民收入水平、扩大中等收入群体，抑或是率先实现城乡一体化发展、丰富人民精神文化生活、打造美丽宜居的生活环境、构建舒心安心放心的社会环境，都需要财税政策充分发挥保障和引导功能。特别是在"完善再分配制度"部分，《意见》指出，加大省对市县转移支付等调节力度和精准性；优化财政支出结构，加大保障和改善民生力度，建立健全改善城乡低收入群体等困难人员生活的政策体系和长效机制。在"完善先富带后富的帮扶机制"部分，《意见》指出，加快推进省以下财政事权和支出责任划分改革，加大向重点生态功能区的转移支付力度；探索建立先富帮后富、推动共同富裕的目标体系、工作体系、政策体系、评估体系。此外，落实公益性捐赠税收优惠政策、率先实现基本公共服务均等化、织密扎牢社会保障网的工作任务，都是对财税政策体系的直接要求。

总体而言，虽然《意见》没有专题部署财税支持政策，但其部署的浙江高质量发展建设共同富裕示范区六大重点任务，都需要财税政策发挥重要的基础性或支持性作用。按照总体目标中指出的到2025年"推动共同富裕的体制机制和政策框架基本建立"、到2035年"共同富裕的制度体系更加完善"的要求，财税政策在共同富裕政策框架和制度体系中应具有不可或缺的地位。

二 《实施方案2025》中的具体部署

《实施方案2025》明确以《意见》指出的"四大战略定位"为基本导向，确立了"十四五"时期浙江高质量发展建设共同富裕示范区的各项目标任务。《实施方案2025》指出了浙江推进高质量发展建设共同富裕示范区的基本思路：以解决地区差距、城乡差距、收入差距问题为主攻方向，更加注重向农村、基层、相对欠发达地区倾斜，向困难群众倾斜，在高质量发展中扎实推动共同富裕，加快突破发展不平衡不充分问题，率先在推动共同富裕方面实现理论创新、实践创新、制度创新、文化创新，到2025年推动高质量发展建设共同富裕示范区取得明显的实质性进展，形成阶段性标志性成果，并明确了各领域的具体目标。围绕《意见》指出的六大重点任务，《实施方案2025》细化了55项阶段性具体任务。显然，多项具体任务都需要财税政策予以支撑。

《实施方案2025》在"实施居民收入和中等收入群体双倍增计划,推进收入分配制度改革先行示范"部分专题部署了"创新完善财政政策制度"的具体任务:加强财政预算绩效管理和中长期规划管理,提高各级财政对高质量发展建设共同富裕示范区的中长期保障能力。坚持尽力而为、量力而行,优化财政支出结构,加大民生投入力度,解决好民生"关键小事,强化可持续保障机制。创新完善省对市县财政体制,加大省对市县财政转移支付等调节力度和精准性,探索深化收入激励奖补、分类分档财政转移支付、区域统筹发展等方面改革。扩围试行与生态产品质量和价值相挂钩的财政奖补机制,完善26县发展实绩考核奖励机制。完善土地出让收入省级统筹机制,优先支持乡村振兴。建立健全常态化财政资金直达机制,更加精准高效直接惠企利民"。

可以看出,《实施方案2025》的专题部署,主要是在预算管理制度、财政支出结构、省以下财政管理体制三个领域,明确了浙江围绕高质量发展建设共同富裕示范区、创新完善财政政策制度的主要任务。在预算管理制度方面,要加强财政预算绩效管理和中长期规划管理,建立健全常态化财政资金直达机制。在财政支出结构方面,要尽力而为、量力而行优化财政支出结构,解决好民生"关键小事"。在省以下财政管理体制方面,要创新完善省对市县财政体制,包括加大省对市县财政转移支付等调节力度和精准性、探索激励奖补政策等多种方式的改革、完善26县发展实绩考核奖励机制、完善土地出让收入省级统筹机制等。

三 《支持探索财政推动方案》中的改革任务

《支持探索财政推动方案》是由财政部印发,以更好地发挥财政职能作用,支持浙江以探索创新打造财政推动共同富裕省域范例为目标,支持浙江在财税政策领域开展若干探索创新。《支持探索财政推动方案》主要涉及五大领域：探索有利于推动共同富裕的财政管理体制，探索率先实现基本公共服务均等化的有效路径，探索践行"绿水青山就是金山银山"理念的财政政策，探索形成助推经济高质量发展的财政政策，探索建立现代预算管理制度先行示范。这些支持探索领域，也可以看作扎实推动共同富裕财政职能应当发挥的作用和财税政策需要努力的方向。浙江作为高质量发展建设共同富裕示范区的省份，应结合省情承担先行先试的战略任务，有可复制可推广的经验即可在全国发布。

在财政管理体制方面，《支持探索财政推动方案》在省以下财政事权和支出责任划分、省与市县收入划分体制、省以下转移支付制度三个核心领域明确了改革的导向。与《国务院办公厅关于进一步推进省以下财政体制改革工作的指导意见》的导向一致，《支持探索财政推动方案》同样强调提升省级财政统筹资源能力，更好地发挥省级财政的均衡作用；增强省级调控职能，适度强化省级在统筹协调跨区域事务方面的职责。与此同时，《支持探索财政推动方案》强调在完善省与市县财政关系上应坚持协调激励与平衡，[①] 在收入划分上要保护和调动市县发展积极性，在事权和支出责任划分、转移支付制度设计上应注重支持区域均衡发展。

在基本公共服务均等化方面，《支持探索财政推动方案》强调浙江应着力探索建立目标明确、步骤清晰、水平合理、保障到位的基本公共服务均等化保障政策框架，包括标准体系确定机制和动态调整机制，为推进全国范围内的基本公共服务均等化提供浙江样本；上下联动加快构建体系化、集成化的"钱随人走"制度体系，让转移支付资金分配与人口流动紧密挂钩，提升基本公共服务领域转移支付分配的合理性和精准度。《支持探索财政推动方案》也明确指出，中央财政要完善中央对地方转移支付中常住人口的折算比例，增加奖补资金规模，加大对吸纳外来人口较多地区的稳定财力支持。

---

① 汪德华：《整体推进省以下财政体制改革》，《中国改革》2022年第4期。

显然，浙江将受益于这一措施。《支持探索财政推动方案》还在教育公共服务体系均等化、城乡居民基本养老保险制度、长期护理保险制度试点，推进分层分类精准救助，城乡公共文化服务体系一体化建设，博物馆、纪念馆、公共体育场馆免费或低收费开放财政补助等全生命周期公共服务财政保障机制的构建方面提出了要求。

在践行"绿水青山就是金山银山"理念方面，《支持探索财政推动方案》重点强调加大生态保护补偿资金投入力度并优化引导性政策和激励约束措施，调动省以下各级地方政府生态保护的积极性。其中，中央财政也将加大对生态功能重要性突出地区和生态保护红线覆盖比例较高地区的支持力度。《支持探索财政推动方案》鼓励浙江在现有新安江等横向生态保护补偿基础上，探索对口协作、产业转移、人才培训、共建园区、购买生态产品和服务等多种方式，实现受益地区与生态保护地区良性互动；鼓励浙江省创新碳达峰碳中和财政综合支持政策，探索生态产品价值实现机制试点，开展全域幸福河湖建设改革试点等。

在助推经济高质量发展方面，《支持探索财政推动方案》重点强调了科技创新、产业竞争新优势、山海协作工程三个领域。这三个领域，浙江均已有良好的基础。在科技创新领域，《支持探索财政推动方案》支持浙江打造"互联网+"、生命健康、新材料三大科创高地，通过加快高等教育、科研院所的改革发展，打通基础研究、应用基础研究和产业应用全链条，推动关键核心技术、"卡脖子"技术攻关。在产业竞争新优势、山海协作工程领域，《支持探索财政推动方案》既提到了将在若干重点工程、重点项目上对浙江予以支持，又要求完善机制，让相关资金发挥更大效益。

在建立现代预算管理制度方面，《支持探索财政推动方案》要求浙江在运用零基预算理念编制预算、预算支出标准体系建设、资产管理等领域深化改革，提高预算管理的科学化水平；同时，对不断加大预算公开力度、加强财政资源统筹完善集中财力办大事财政政策体系、推进财政数字化建设等方面提出了具体的改革方向。在全国范围内全面实施预算绩效管理进入关键时期之际，《支持探索财政推动方案》特别要求浙江在部门整体预算绩效改革、中期财政规划、全生命周期绩效管理、绩效评估和应用机制等方面加快改革，以推进预算与绩效的深度融合。

总体而言，考虑到浙江是国内的发达省份，为支持浙江高质量发展建设共同富裕示范区，《支持探索财政推动方案》从地区公平角度出发，并未给予浙江太多的特殊优惠政策或重大财力支持，更多的是着眼于未来在全国范围内充分发挥财政职能，扎实推动共同富裕，赋予浙江若干先行先试的改革任务。

四　浙江省完善推动共同富裕财税政策体系的主要任务

从以上三份文件可以看出，完善浙江推动共同富裕财税政策体系，基本思路是围绕《意见》确立的四大战略定位，明确浙江高质量发展建设共同富裕示范区的若干重点任务；对标战略定位和重点任务，财税政策体系应着眼于发挥基础性作用或发挥支柱性功能，充分履行财政职能。也就是说，完善财税政策体系，方向是助力战略定位的实现和重点任务的完成，其设计应注重协调激励和平衡。

从三份文件涉及的财税政策来看，集中在省以下财政体制改革、财政支出结构调整、预算管理制度改革特别是推进预算绩效管理三大块。除助推慈善事业发展外，三份文件很少涉及税收政策或税收优惠政策。这是因为中国税收政策和税收优惠政策的制定属于中央事权。从推进全国统一大市场建设、构建新发展格局的角度出发，中央不宜赋予特定地区"洼地"式的特殊优惠政策。换句话说，浙江高质量发展建设共同富裕示范区，应建立在充分融入全国统一大市场，发挥引领性、示范性的基础上。

对标浙江高质量发展建设共同富裕示范区的战略定位和重点任

务，省以下财政体制改革是涉及高质量发展、收入分配制度改革、缩小城乡区域发展差距、发展社会主义先进文化、促进人与自然和谐共生、创新社会治理的整体基础性工作。在高质量发展中扎实推动共同富裕，离不开充分发挥市场的决定性作用和更好发挥政府作用。结合国际经验来看，推进共同富裕更需要有为政府的方向把控和积极推动。而省以下财政体制改革涉及财政资源在政府间的合理分配以及如何充分调动各级政府的积极性，事关全局。在省以下财政体制改革制度设计上，如何协调好激励各级政府奋发有为和缩小地区差距是关键问题。①

优化财政支出结构是完成重点任务的必由路径。三份文件明确的各项重点任务，都需要财政投入予以保障。例如，为促进高质量发展，需要加大科技创新、现代产业体系等方面的投入；促进人与自然和谐共生，需要加大环保领域的投入；发展社会主义先进文化需要加大文化事业的投入力度；缩小城乡地区发展差距和收入分配差距，需要加大社会福利性财政支出力度。然而，财政资金总量总是有限的。这就要求浙江在各个领域都要明确政府与市场的边界，政府干预应有为但要有限；区分轻重缓急，着眼高质量发展建设共同富裕示范区的长期目标和制度性需要，坚持尽力而为、量力而行，优化财政支出结构。

强化预算管理制度改革是落实战略定位、完成重点任务的管理保障。财税政策的落实、财政职能的实现，都要经过预算管理制度方能落地。完善省以下财政体制，优化财政支出结构，最终都要在预算管理制度上得以体现。特别是在财政资源有限，而共同富裕示范区建设的财政需求不断加大的背景下，大力推进预算绩效管理是重要抓手。

---

① 汪德华：《整体推进省以下财政体制改革》，《中国改革》2022年第4期。

第二节 本书的研究框架和主要内容

如上文所述，三份文件明确了浙江高质量发展建设共同富裕示范区的深刻内涵、战略定位和具体任务，由此也确立了浙江完善推动共同富裕财税政策体系的基本方向。按照这一基本方向，本书明确了基本思路与研究框架、主要内容。

一 基本思路与研究框架

本书的基本思路是：从经验提炼和改革展望两个维度展示浙江在建设推动共同富裕财税政策体系方面的实践发展，分析其未来改革方向。如《意见》所指出的，浙江在探索解决发展不平衡不充分问题方面取得了明显成效，具备开展共同富裕示范区建设的基础和优势。浙江之所以能够担负国家建设共同富裕示范区的重任，就在于其在推动共同富裕方面走在全国前列，财税政策体系在其中起到了不可磨灭的作用。因此，总结其成功经验，特别是2021年以来的财税政策在推动共同富裕示范区建设的经验，对于浙江进一步完善财税政策体系有启示价值，对于全国范围内借鉴浙江经验也有重要意义。《意见》同时指出，对照高质量发展推动共同富裕的更高标准，浙江也存在一些短板弱项，具有广阔的优化空间和发展潜力。因此，需要明确浙江财税政策体系还要在哪些方面发力，展望其未来需要关注的重点问题。为实现这一目标，本书主要采取与广东、江苏、山东三个发达省份比较的思路进行分析。由于浙江在共同富裕方面走在全国前列，另外三个发达省份在总体上或许达不到浙江水平，但在若干分项上依然可以提供借鉴启示。

如上述总结的三份文件总体部署，浙江完善推动共同富裕财税政策体系的主要领域包括优化财政支出结构、完善省以下财政体制、改革预算管理制度。因此，如图1-1所示，本书的研究框架按照经验提炼和改革展望两个维度,共设九章展开分析。第一章为"绪论",统领全书。第二章从坚持共建共享角度,第三章从发挥体制力量角度,第四章从开展组织变革角度,提炼浙江在推动共同富裕财税政策体系方面的良好经验。第五章为"促进高质量发展的财税政策",第六章为"优化财政支出结构",第七章为"完善省以下财政体制",第八章为"推进预算绩效管理",则是按照三份文件所强调的财政支出结构、省以下财政体制、预算管理制度三个领域以及综合性地促进高质量发展,将浙江、广东、江苏、山东的发展状况进行比较分析,从中找到浙江还需改革深化的方向。在这两个维度展开的研究基础上,第九章总结全书主要发现并展望浙江优化推动共同富裕财税政策体系的重点问题,提出若干政策建议。

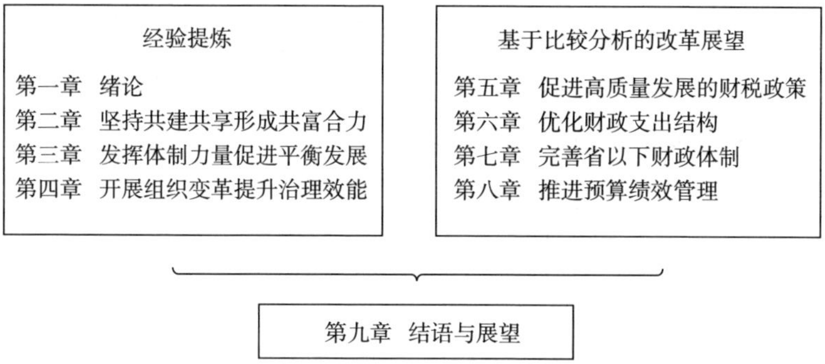

经验提炼	基于比较分析的改革展望
第一章 绪论 第二章 坚持共建共享形成共富合力 第三章 发挥体制力量促进平衡发展 第四章 开展组织变革提升治理效能	第五章 促进高质量发展的财税政策 第六章 优化财政支出结构 第七章 完善省以下财政体制 第八章 推进预算绩效管理

第九章 结语与展望

图 1-1 本书研究框架

二 主要内容

本书各章都是按照研究基本思路进行部署的,各章都有其研究必要性的考虑。第一章"绪论"之后,各章安排的主要考虑及其主要内容如下。

第二章为"坚持共建共享形成共富合力"。从更长的历史维度看,浙江经济社会发展的历史起点与其他省份相比并不突出,甚至存在明显短板。如资源禀赋条件不高,"七山一水两分田",矿产资源匮乏，国有经济薄弱等。但在党的坚强领导下，浙江人民创造出历史伟业，并且在探索解决发展不平衡不充分问题方面取得了明显成效。各类劳动群体都是"高质量发展"的生力军，也是"高品质生活"的缔造者。政府用足政策、人民鼓足干劲、民营经济发达、社会力量活跃，呈现出共建共享的显著特点。因此，本章重在描述与总结浙江财政如何在坚持共建共享中汇聚共同富裕的建设力量，既是对前期打造出共同富裕坚实基础历史经验的一种总结，也是对当下共同富裕建设实践贯彻重要工作原则走向未来的一种启示。首先，本章从激发人民主观能动性的角度，概述浙江财政如何针对不同劳动主体、不同市场主体精准施策，鼓励勤劳创新致富。其次，把握"创新是引领发展的第一动力"的重要判断，概述浙江财政如何推动打造完成创新生态体系。再次，介绍如何推动文化发展、助力精神富裕。最后，介绍通过"放管服"等激发社会力量从事公益慈善。总体上看，本章发现，浙江财政有力地推动了政府—市场—社会良性互动，形成共富合力。

第三章为"发挥体制力量促进平衡发展"。近年来，中国在脱贫攻坚、共同富裕的道路上取得了一定的成果。但发展不平衡不充分的问题仍然突出，部分区域存在发展和收入分配差距较大等难以迅速化解的问题。浙江之所以被确立为高质量发展建设共同富裕示范区，就在于其在解决平衡发展问题方面走在发达省份前列，具有坚实的基础。这需要浙江以已有案例，给出一份可供参考和借鉴的路线。由此，本章以资金直达基层、"钱随人走"制度改革、市县财政收入激励奖补机制、"一事一议"财政奖补体制等作为财政管理范例，结合以上重要改革与实际案例，展现浙江在优化管理体制、促进平衡发展上的主要工作和取得的有效成果。结合分析可知，浙江取得的主要成果有以下方面：一是从财政效率角度，浙江采取资金直达基层的方式，有效保障市县的财力；二是从财政激励角度，浙江谋划对地市县的转移支付系数及奖励体系，创新绿色发展财政奖补机制，奖补资金可灵活使用，极大地促进地市县的发展动力；三是从区域发展角度，浙江依靠自有优势，因地制宜，创造出"山海协作"等项目，助力欠发达地区的发展；四是从公共服务可及性角度，"钱随人走"政策的蓝图已初具雏形，打造全生命周期公共服务体系已坚定地迈出步伐。总体上看，浙江通过优化、创新财政管理体制，逐步促进省内全面平衡发展。

第四章为"开展组织变革提升治理效能"。新发展阶段推动共同富裕既有全面建成小康社会后的坚实基础，也有"新形势新任务新要求"的挑战。建设共同富裕这一系统工程，需要系统推动财政管理组织变革。大国治理中的省域财政制度改革与政策实践，具有地方实验、路径探索的独特制度优势，蕴含更强大的制度创新力和更稳健的风险控制力。浙江财政顺应时代之变，积极进行组织变革、加强制度建设，在数字化、财政法治方面取得重要进展。本章主要概述浙江财政数字化变革及其赋能效应、法治化进展及其治理效能。本章发现，浙江财政善于谋划、科学运用数字技术打造全省统一数字化平台，在提高财政效率、控制财政风险上取得重要进展；经过数字化赋能的浙江财政在财政治理能力、服务社会能力等方面得到提升；通过推进财政法治化，对提升社会治理能力、营造"舒心安心放心的社会环境"提供了有力支撑。

第五章为"促进高质量发展的财税政策"。经济大省在高质量发展方面均有所作为并各有特色，这种源于发展禀赋基础和发展战略选择等方面的差异，可以提供有益的比较与借鉴。与其他经济大省相比，直观来看，浙江县域经济发达，数字经济领先，民营经济实力雄厚，中小企业众多而大型企业数量相对较少。一般而言，县域经济是城乡经济发展联结的纽带，在新型城镇化和乡村振兴中具有不可替代的作用，也是高质量发展的重要载体，汇集与配置大量生产要素和市场经营主体，县级财政在缩小城乡差距、促进区域均衡发展、推动产业升级等方面作用独特且功能重要。特别地，在财政体制方面，相比于其他经济大省，浙江长期以来施行"省管县"体制，县级财政自主性相对较高。因此，本章参考学术文献和政府文件，利用官方统计数据，构建县域高质量发展水平指标体系，对浙江、江苏、山东和广东的高质量发展水平进行测算，比较县域高质量发展绝对水平差异和省内县域平衡程度，展开呈现浙江在产业升级、区域协调和乡村振兴等方面的主要举措，并选取其他经济大省在这几个方面可供借鉴的做法进行概要介绍。研究发现，浙江高质量发展绝对水平和均衡性均居于前列，但实体经济存在短板，省内县际差距的绝对水平仍有降低空间。

第六章为"优化财政支出结构"。政府履行职能需要财政支出作为保障，浙江要推进共同富裕，必然在财政支出上有所侧重。本章试图通过财政支出结构的角度，将财政支出划分为基本政府职能支出、经济建设性支出、社会福利性支出三大类，以将浙江与江苏、山东、广东三省进行横向比较的方法展开。通过比较四省财政支出结构之间的异同，同时结合不同类型财政支出对于实现共同富裕目标的推动作用，为浙江共同富裕示范区建设提供建议。本章首先观察浙江财政支出的全貌，进而分析比较四省不同口径各财政支出类型的异同。紧接着观察经济建设性支出、社会福利性支出两大类，比较其内部支出结构，同时辅以浙江具体实践，说明两大类支出对于共同富裕目标的促进作用。本章发现：其一，浙江财政支出总体规模已经较为接近发达国家中财政支出规模较低的国家的水平；其二，浙江基本政府职能支出相对其他三省而言过高；其三，浙江社会福利性支出内部各项支出总体上有领先优势，但依旧存在改进空间；其四，浙江财政充分发挥了主观能动性，有效兼顾了高质量发展与缩小地区差距两大任务。

第七章为"完善省以下财政体制"。公共财政取之于民、用之于民，保障和改善民生是公共财政的根本职责，政府层级关系如何处理至关重要。本章试图从省以下财政体制角度，分析财政体制促进共同富裕目标实现的作用。本章同样采用浙江与广东、江苏、山东三省横向比较的方式展开。通过窥探各省省以下财政体制设计的异同，可以为浙江省以下财政体制改革提供对比参考，同时对浙江共同富裕示范区建设提出合理的建议。本章首先从省以下财政体制改革出发，从四省财政省直管县改革、省以下收入划分和地方财政事权与支出责任分配情况出发，分析各省省以下财政体制安排的异同；其次，通过测算财政支出均等化水平、县域人均GDP均等化水平和省本级财力集中度等指标，聚焦四省县级财力均衡和转移支付情况；最后，对本章进行总结，提出合理的建议。结合四省省以下财政体制改革文件与数据测算，本章发现：其一，浙江在财政分权上力度最大，省直管县财政体制改革和省与市县增量"二八分成"两项改革，开始的时间早且效果较好，沿袭至今；其二，浙江县域财政收入均等化水平高，但财政支出均等化水平较低，原因可能是浙江向省以下分权力度大，导致省本级财力集中度不够，省本级调控力量较弱；其三，浙江"二类六档"转移支付体系建设完善，对县域均衡发展意义重大。

第八章为"推进预算绩效管理"。更好地发挥财政职能作用推动共同富裕，不仅要求提高财政资金本身的使用规范、配置效率和治理效能，而且要发挥财政资金"四两拨千斤"的作用，实现对地方政府、人民群众和市场主体的激励引导作用。完善预算绩效管理，是"推动财政资金聚力增效，提高公共服务供给质量，增强政府公信力和执行力"的"关键点和突破口"。浙江在实践过程中，预算绩效管理的实施与发展，是建立现代财税体制和现代预算制度的典型代表和集中体现。本章按照典型事实—潜在问题—优化方向的总体架构，扫描介绍浙江实践。首先概要介绍浙江预算绩效管理的基本情况，简要回溯发展历程的历史主线，整理汇集能够呈现省内政策法规和部门规章等建章立制的情况，以便在新的改革实践过程中参考改革的力度、节奏和时机。其次，全景式概览浙江预算管理体系，从集中财力办大事、部门整体绩效预算、预算绩效管理一体化等几个方面介绍浙江的主要做法，并基于审计报告等简要总结短板弱项。最后，结合政策文件探讨进一步优化的方向。浙江预算绩效管理成效显著，但在绩效定量评估、评价结果公开与使用方面仍存在短板，可能需要包括财政等多个系统协同配套改革。

第九章为"结语与展望"。本章在总结各章主要发现的基础上，从优化财税政策体系的角度，对浙江高质量发展建设共同富裕示范区提出六条政策建议：增强省级调控能力，注意市级保障能力；巧用专项转移支付，助力区域均衡发展；开发数字化新技术，促进部门间更协同；创新财政政策组合，助推革命老区振兴；更好地发挥财政引导，增强经济内生动力；优化预算绩效管理，保障财政健康运行。

第二章　坚持共建共享形成共富合力

人民是历史的创造者，是物质财富和精神财富的创造者，也是社会变革的决定性力量。实现共同富裕是在党的全面领导下以人民为中心的一项伟大社会变革，物质和精神都要实现共同富裕，必然要求政府用足政策、人民鼓足干劲。正如习近平总书记多次指出的，"幸福不会从天而降"[①]，好日子都是靠奋斗来的。调研发现，"坚持共建共享"是高质量发展建设共同富裕示范区的一项工作原则，也是浙江省的一个现实选择。浙江省是民营经济大省、外来人口流入地大省，浙江财政积极作为，保障不同类型劳动主体勤劳致富的渠道畅通；激发不同类型市场主体的活力并持续创新，既积极发挥国有企业的战略支撑作用，又激发私营企业参与共同富裕的积极性。把握"高质量发展高品质生活先行区"的战略定位，政府力量与市场力量共同发力，通过提升基本公共服务均等化、提供高质量文化公共品、激发公共文化事业发展活力，不断丰富人民群众的物质和精神生活。社会力量是助力共同富裕的重要力量，在地方慈善相关税收自主权有限的情况下，浙江财政在"放管服"上下功夫，不断降低慈善活动的交易成本，提升从事慈善活动者的荣誉感和体验度，激发社会力量参与共同富裕的积极性和有效性。

---

① 习近平：《习近平谈治国理政》（第一卷），外文出版社2018年版，第44页。

第一节　鼓励勤劳创新，坚持共建共享

促进共同富裕需要实现效率与公平的统一、增长与分配的统一。① 做大"蛋糕"和分好"蛋糕"相辅相成，推进共同富裕应当在共建共享的基础上，通过做大"蛋糕"让每个人分到更多的"蛋糕"，通过分好"蛋糕"激励整个社会做出更大的"蛋糕"。② 习近平总书记在党的二十大报告中指出，在中国社会主义制度下要实现共同富裕的目标，需要发挥分配制度的激励作用，最广泛地调动各方面的积极性，有效配置生产要素，促进高质量发展，通过全国人民共同奋斗把"蛋糕"做大做好。同时，通过合理的制度安排正确处理增长和分配的关系，把"蛋糕"切好分好，防止两极分化，使全体人民共享改革发展的成果。

一　针对不同劳动主体，坚持全面覆盖与精准施策相结合

（一）制定差别化收入分配激励政策

2022年2月，浙江制定出台了《浙江省"扩中""提低"行动方案》，目标是率先基本形成以中等收入群体为主体的橄榄型社会结构。聚焦这一目标，浙江提出了量化目标，核心指标就是到2025年，浙江家庭年可支配收入10万—50万元群体比例要达到80%，20万—60万元群体比例要达到45%。《浙江省"扩中""提低"行动方案》的核心内容可以用"8+9"来概括。

"8"，就是推动"扩中""提低"的八大实施路径。从"社会结构系统性优化"的全局出发，提出了促就业、激活力、拓渠道、优分配、强能力、重帮扶、减负担、扬新风八大路径，切实发挥好

---

①　范从来：《益贫式增长与中国共同富裕道路的探索》，《经济研究》2017年第12期；高培勇：《促进共同富裕要力求效率与公平的统一》，《政策瞭望》2022年第3期。

②　李实：《共同富裕的目标和实现路径选择》，《经济研究》2021年第11期。

"扩中""提低"改革对共同富裕各领域改革的牵引带动作用。比如，在促就业方面，提出了健全就业促进机制、着力解决就业结构性矛盾、营造公平就业环境等举措；在优分配方面，提出了建立健全科学的工资制度、创新完善有利于调节收入差距的财税政策制度、完善公平可持续的社会保障体系、加快构建新型慈善体系等举措；在强能力方面，提出了推进基础教育优质均衡、增强职业教育适应能力、提升高等教育发展质量、完善终身教育开放共享体系等举措。

"9"，就是当前阶段重点关注的九类群体，瞄准增收潜力大、带动能力强的"扩中"重点群体和收入水平低、发展能力弱的"提低"重点群体。针对技术工人、科研人员、中小企业主和个体工商户、高校毕业生、高素质农民、进城农民工、低收入农户、困难群体，率先推出了一批差别化收入分配激励政策。比如，技术工人主要从工资制度、培育机制等方面提出具体的激励举措；新就业形态从业人员主要从用工管理和权益保护、技能培训、社会保障等方面提出具体的激励举措。后续，还将推动构建"全面覆盖+精准画像"基础数据库，对重点群体政策实施情况开展效果评估，并不断调整完善重点群体类别，推动更多人迈入中等收入行列。

针对技术工人，完善符合技术工人特点的工资制度，强化技能价值激励导向，指导企业建立基于岗位价值、能力素质、业绩贡献的工资分配机制。建立技术工人工资正常增长机制，发布人力资源市场工资价位，推动企业建立健全反映劳动力市场供求关系和企业经济效益的工资决定及正常增长机制。完善技术工人培育机制，全面开展企业职业技能等级认定工作。如制造业大市台州，约有124万名技术工人，占全市总人口的18.7%。但长期以来，他们的技能与收入匹配不足，不少人徘徊在中等收入群体门槛外。为此，2022年年初以来，台州着手技术工人"扩中"集成改革，包括建立技能人才股权激励机制等。

针对科研人员，完善科研人员薪酬决定机制，完善以知识价值为导向的分配制度，构建激发科研人员才能的薪酬市场化评价和分配体系，鼓励对紧缺急需的高层次科研人员实行协议工资、项目工资等。强化科技成果转化长期激励机制，将赋予科研人员职务科技成果所有权或长期使用权的试点范围扩大至全省域。完善科研项目资金激励引导机制，对科研机构探索实行负面清单管理，赋予科研项目经费管理更大的自主权。如以"小县大科技"著称的绍兴新昌，面向科技人员开展了收入倍增行动。新昌已有8家上市公司进行薪酬制度、股权激励、晋升体系等改革。2000多名科研人员变"股东"，知识变"资产"，人均收益180万元。

针对中小企业主和个体工商户，优化市场发展环境，持续改进办税缴费服务，落实落细纾困惠企的各项减税降费优惠政策，减轻中小企业主和个体工商户税费负担。降低经营融资成本，开展首贷户拓展三年行动和首贷户培育计划，深化"4+1"小微企业金融服务差异化细分工作，加大对个体工商户的金融支持力度。到2025年，浙江（不含宁波）个体工商户贷款余额将达1.4万亿元。全面推广"贷款码+信用积分"的"浙微贷"，打造面向小微企业的线上一站式融资服务平台，推动商业银行持续提高首贷、无还本续贷比例。落实小微企业贷款授权、授信和尽职免责"三张清单"。政府性担保平均费率保持在1%以下。扩大小微企业短期出口信用保险覆盖面。

针对高校毕业生，拓宽高校毕业生就业领域，落实小微企业吸纳高校毕业生的社保补贴、培训补贴等优惠政策，引导鼓励高校毕业生在新兴领域、新兴业态就业创业，落实高校毕业生创新创业税收优惠政策。支持高校毕业生创新创业，对高校毕业生到农村创业并带动低收入农户增收的，按规定享受帮扶支持政策。全面落实高校毕业生创业担保贷款政策，放宽高校毕业生申请创业担保贷款条件。

针对高素质农民，目标是着力提高农民的增收能力，培养一批乡土人才，招引20万名新乡贤回乡参与家乡建设。全省每年新增投资额1000万元以上的新乡贤助力共同富裕示范区建设项目100个以上，有效带动村民就业创业。健全农民教育培训体系，组建省市县乡村振兴学院（校），培训农业经营主体1万家。深化千万农民素质提升工程，建立分类培养机制，加大高素质农民定向培养力度，培育10万名农创客，18万名高素质农民。拓宽农民增收渠道，实施农民致富增收行动，完善企业与农民利益联结机制。挖掘现代农业增收潜力，推进政策性农业保险扩面、提标、增品。加快建立政策性农业信贷担保体系，支持农民发展现代农业。

针对新就业形态从业人员（浙江省行政区域内依托互联网平台就业的网约配送员、网约车驾驶员、货车司机、互联网营销师等新就业形态劳动者），规范用工管理，建立新就业形态劳动者劳动权益维护机制，明确和规范新就业形态劳动者劳动用工、劳动报酬、工时和劳动定额、劳动保护、社会保险、公共服务等方面的权益。切实做好职业技能培训服务。制定完善适应新就业形态的参保缴费政策，引导更多新就业形态从业人员参与社会保险。探索完善新就业形态从业人员劳动权益保障机制，引导新就业形态企业和从业人员参加医疗、养老、人身意外伤害等商业保险。

浙江的平台经济比较发达，各种新就业形态快速发展，为此，浙江出台《维护新就业形态劳动者劳动保障权益实施办法》，放开灵活就业人员在就业地参加企业职工基本养老保险、基本医疗保险的户籍限制，对有合法稳定住所并连续居住一定时间，且有相对稳定收入的灵活就业人员，可按规定在就业地进行就业登记并参加职工基本养老保险、基本医疗保险；建立健全新就业形态劳动者单险种工伤保险制度，着力提高新就业形态劳动者职业伤害保障待遇。

针对进城农民工，提升吸纳就业能力，健全工资支付保障机制，基本消除拖欠职工工资的现象。规范劳务派遣用工行为，保障劳动者同工同酬。用好创业担保贷款、一次性创业补贴等创业扶持政策，鼓励、扶持进城农民工自主创业。做好社会保障和公共服务，统筹推进户籍制度改革和城镇基本公共服务均等化，构建"居住证+积分"的公共服务梯度供给制度,加快农业转移人口市民化进程。

针对低收入农户,运用再贷款再贴现等政策性低息资金,加大对乡村振兴重点领域和薄弱环节的金融支持,增强低收入农户的"造血"能力,力争"十四五"时期,累计新增涉农贷款2万亿元,新增农户贷款1万亿元。注重扶志扶智结合,多形式开展就业创业培训,更大力度开发乡村公益性岗位,探索发展劳务合作社,建立重大项目吸纳就业机制。强化村集体经济富民惠民功能,积极发挥支持带动低收入农户增收和推动养老、救助等公共服务普及普惠的作用。

针对困难群体,完善最低工资标准调整评估机制,到2025年,全省最低工资标准最高档达到3000元左右。进一步完善计划生育特殊家庭全方位帮扶保障制度,动态调整特别扶助金标准。进一步完善困难残疾人生活补贴和重度残疾人护理补贴制度,健全补贴标准动态调整机制。推进产业帮扶济困,强化农民合作社、龙头企业与建档立卡低收入农户的利益联结机制,加大对山区农产品品牌的推介营销支持力度。

浙江是用工大省,在浙江的省外务工人员有2300万人。他们为浙江经济社会发展作出了重要贡献。在浙江,省外务工人员与本地户籍的劳动者享受同等的就业创业服务和政策。另外,浙江在兜底帮扶方面,针对学历相对偏低、技能相对缺乏的建档立卡人员,积极鼓励企业开发一些不讲学历、不讲技能、不讲年龄,适合低收入劳动力的爱心岗位。2018年以来,浙江共开发爱心岗位21.6万个,平均底薪每个月4500元以上,累计吸纳2.9万人就业。

(二)打造高质量就业创业体系

聚焦重点人群、重点区域和重点领域,浙江在岗位创造、能力提升、托底帮扶和公共服务等关键之处持续发力,不断完善就业创业政策举措。围绕就业困难人员帮扶,明确至少提供3次岗位推荐、1

次就业培训，努力实现"人人都有较为合适的岗位"；围绕山区26县高质量发展，积极谋划制定促进山区县就业创业政策，着重从特色产业带动就业、引进人才、支持返乡入乡创业等方面予以倾斜支持；围绕劳动者就业能力提升，以打造"浙派工匠"为总目标，大规模、多层次开展政府补贴性职业技能培训，实施技工教育提质增量行动，深化技能人才评价制度改革，探索实施"新八级"制度。通过系统谋划实施一批重大改革，项目化推动重点工作，力争形成产业扩就业、创业带就业、技能促就业、帮扶保就业、服务优就业的良好格局。

各地也围绕提升就业创业质量谋新招、出实招。杭州实施"公共就业服务进校园"行动，采用导师面对面及人工智能实时政策咨询等模式，为46所长三角高校的学生提供不断线的就业服务；丽水每年培训农村劳动力3万人以上，1.46万名"云和师傅"引领带动全国100多万名农民发展产业；天台县建立在校大学生库，为本地户籍高校毕业生提供从入学到就业的全程跟踪式、订单式服务。为应对新冠疫情影响，各地积极推行劳动力余缺调剂，促进用工平衡。

通过就业岗位"扩中""提低"，"三农"领域是发力重点。为加快缩小城乡区域差距、收入差距，2022年9月浙江省委农办研究制定《浙江省推进农民农村"扩中""提低"工作方案》（以下简称《方案》）。《方案》聚焦农民工资性收入持续增加、经营净收入高速增长、财产净收入加快补短、转移净收入更加普惠、优质公共服务均等共享五大路径，进一步升级"六促共富"组合拳，实施"十大行动计划"。"十大行动计划"结合共性与个性，既有针对某类重点群体的计划，也有普惠性的举措。从职业类型看，乡村企业主、外出创业人群、乡村工匠是农业农村领域"扩中"的领头羊，而新型农业经营主体、乡村新业态经营者是最大"潜力股"。为此，《方案》指出实施高素质农民培育引领创业计划、千万农民培训赋能促进就业计划，以推动农民群体更好地创业就业，扩大农民转移就业，力求实现中等收入群体规模稳步扩容。

在"提低"方面,低收入农户和山区26县是重中之重。为此,浙江实施低收入农户"一户一策"集成帮扶计划、山区26县强县富民计划。聚焦低收入农户"提低",浙江持续深化集成帮扶改革。目前,浙江正探索建立重大项目吸纳就业机制,确保有劳动能力的低收入家庭至少有1人就业。2021年,浙江已安排公益岗位1.4万个,让2.85万名低收入农户受益。

二 针对不同市场经营主体,用足政策空间聚力共同富裕

(一) 充分发挥国企责任助力共同富裕

浙江是民营经济大省,国有经济实力同样强劲。浙江的国企数量不多,省属国企尽管只有16家,但个个是领域内响当当的角色,实力雄厚。"十三五"时期以来,浙江国有经济发展质量稳步提升,国资国企战略地位日益凸显,国资布局结构加速优化调整。2021年浙江省市两级国资监管企业营业收入2.2万亿元,利润总额974亿元;年末资产总额6.6万亿元,净资产2万亿元。

2021年,浙江省国资委出台《国资国企助力高质量发展建设共同富裕示范区行动方案(2021—2025年)》(以下简称《行动方案》),旨在引导发动浙江各级国企和国资监管机构牢牢把握国资国企功能定位,勇扛使命、勇闯新路,勇当创富带富帮富先锋,着力承担好责任、发挥好功能、发展好企业,持续推动国有资本和国企做强做优做大,发挥国有经济战略支撑作用,强化国有资本推动共同富裕战略功能,促进国企发展成果全民共享。

在推进企业自身运行趋稳的同时,浙江各省属企业坚决扛起房租减免、稳定就业等社会责任。2022年,浙江出台省属企业助力纾困解难促进全省经济平稳运行22条政策举措,1—9月浙江国企已减免租金60.2亿元,受惠承租户25.6万户。2022年以来,浙江各省属企业新招录员工2.69万人,同比增长29.9%;省市两级国企签约高

校毕业生1.45万人，较去年增加43.6%。此外，浙江还实施省属企业扩投资争项目攻坚行动，1—9月浙江省属企业完成投资1201亿元，同比增长6.6%，杭州机场三期、湖杭高铁等一批重大项目建成投运，瑞苍高速、杭绍甬高速杭绍段等项目全面开工，为浙江全域奔向共同富裕"铺路搭桥"。

另外，浙江省国资委积极协调推动全省国资国企参与山区26县高质量发展，出台了《浙江国资国企勇当共同富裕示范区建设主力军行动计划》《省属企业助力山区26县跨越式高质量发展行动方案》等多个文件，对国资国企助力山区26县发展建设进行了全方位部署，实施国资国企服务共同富裕"136X"行动，同步推动省属企业细化实施"一企一策"行动方案。

通过推动国有资本在山区26县的基础设施投资和产业布局，浙江开展省属企业与26县结对帮扶，实施集体经济巩固提升"千企结千村"行动等，在聚焦主责主业、夯实共同富裕物质基础，聚焦基础设施、强化基础领域支撑保障，聚焦民生保障、促进发展成果全民共享，聚焦省内消薄、实现乡村振兴共同富裕等方面发挥战略作用。建立省属企业支持山区26县高质量发展重点项目库，分谋划类、前期类、实施类三大类，已入库重点合作项目291个，涉及项目总投资超2800亿元，涵盖高速公路、铁路、港口、机场等基础设施以及装备制造、新能源、环保、生物医药、现代农业、文旅、金融服务等产业。

围绕实施"136X"行动计划，浙江组织开展激发国企活力创富、集聚要素资源增富、提升产业能级促富、服务民生事业助富、多跨联动合作带富、基层治理共建帮富"六大行动"，做到"六大行动"齐头并进、落地落细。坚持精准发力，统筹调配要素资源，聚焦"一企一品""一企一策""一县一策"，坚持项目投资与产业合作并举，精准帮扶与内生发展并重，打造具有特色的项目合作、产业发展创富帮富带富路径。坚持常态长效，建立健全合作推进机制。坚持共商共谋共建共享,完善强有力的项目推进机制,健全长效化的合作对接机制,加强合作项目跟踪监测、推进保障,推动项目早落地、早见效。注重典型引路,打造一批合作示范项目。围绕社会认同度高、工作基础好的重点产业领域,浙江结合正在开展的"促转型、调结构、优布局、强发展"大讨论、大谋划、大行动,努力培育一批标志性成果、示范性项目,形成一批可持续、可借鉴的机制模式,为共同富裕示范区建设提供更多国资国企样板。

以浙江省国贸集团为例,浙江省国贸集团积极发挥商贸流通板块优势,服务中小企业共富发展。浙江省国贸集团下属国贸云商通过市场化建设运营外贸综合服务平台,将一般贸易、跨境电商、供应链服务等多重体系资源相互打通,为中小微外贸企业提供业务全流程、供应链全链条综合服务,有效解决了中小微企业在对外贸易中的痛点难点问题,已累计服务1万多家中小微企业"出海"。此外,浙江省国贸集团还创新实施"整乡帮扶"模式,帮扶江山市1个乡11个村,深入推进产业投资、乡村旅游、民宿农家乐、农业规模种植、乡村道路建设等项目,同时还与江山市共同设立1亿元的"乡村振兴产业基金",探索打造"共富合伙人"品牌。

(二)积极引导民营企业当好共富生力军

浙江是民营经济大省。民营企业和民营经济人士作为共同富裕的见证者、受益者和参与者、推动者,是促进共同富裕不可或缺的重要力量。充分运用税收优惠,激励"乡贤"民营企业家返乡投资,鼓励民营企业家投资发展生态农业、培育农业龙头企业。继续改善山区26县的投资和发展环境。浙江省制定和出台了《浙江税务系统助力新时代民营经济高质量发展的意见》,聚焦加大政策支持、优化发展环境、提升征管质效、强化法治保障四方面,提出15项具体举措,支持民营经济发展壮大。在共同富裕示范区行动方案框架下,深入实施山海协作工程,积极引导民营企业等各类市场主体共同聚力共同富裕。

第二节 打造科创力量，筑牢共富基础

党的二十大报告指出："坚持面向世界科技前沿、面向经济主战场、面向国家重大需求、面向人民生命健康，加快实现高水平科技自立自强。"① 一个民族的复兴，科技创新是重要的力量。科技创新是大国崛起和国家发展的重要基石，是实现共同富裕不可或缺的关键利器。

浙江省委、省政府始终高度重视科技创新工作，按照习近平同志2006 年在全省自主创新大会上亲自擘画的战略目标，坚持"一张蓝图绘到底，一任接着一任干"。2018 年，浙江省政府出台"科技新政 50 条"，以超常规力度建设创新型省份；2020 年 6 月，浙江省委十四届七次全会审议通过《中共浙江省委关于建设高素质强大人才队伍 打造高水平创新型省份的决定》，把人才强省、创新强省作为首位战略，明确打造"互联网+"、生命健康和新材料三大科创高地；2021 年 6 月，浙江省委十四届九次全会把科技创新工作放在共同富裕示范区建设各项重点任务的首位；同年，浙江省委、省政府成立省委科技强省建设领导小组，由省委副书记、省长任组长，省委常委、组织部部长和分管副省长任副组长。2021 年 7 月，袁家军同志主持召开"共话共同富裕示范区建设 勇担科技自立自强新使命"科学家座谈会，强调必须更加坚定地不移实施人才强省、创新强省首位战略，找准科技创新在共同富裕示范区建设中的聚焦点、着力点、结合点，进一步发挥科技创新在推动高质量发展、加快现代化建设进程、满足人民高品质生活需要中的重要战略支撑作用。王浩同志在省委科技强省建设领导小组第一次会议上强调，要全面落实人才强省、创新强省首位战略，高水平建设三大科创高地和创新策源地，

---

① 习近平：《高举中国特色社会主义伟大旗帜　为全面建设社会主义现代化国家而团结奋斗——在中国共产党第二十次全国代表大会上的报告》，人民出版社 2022 年版，第 35 页。

做好政策平台技术人才"四篇文章",为高质量发展建设共同富裕示范区提供强大支撑。

历年来浙江省委、省政府高度重视科技创新,超常规、大力度投入科技创新。浙江全社会 R&D 经费投入从 2012 年的 722.6 亿元提高到 2021 年的 2157.7 亿元,居全国第 4 位;2013—2021 年年均增长 12.9%;R&D 经费投入强度从 2.10%提高到 2.94%,居全国第 6 位。2021 年,全省 R&D 经费、财政科技支出较快增长,增速分别为 14.6%(预计)、22.5%,R&D 经费、地方财政科技支出分别达 2132 亿元(预计)、578.6 亿元;投入强度创新高,R&D 经费投入强度预计达 2.9%,地方财政科技支出占公共财政支出的比重达 5.25%。地方财政科技拨款占地方财政支出的比重由 3.99%提高到 5.25%;全省从事 R&D 活动的人员由 2012 年的 27.8 万人增加至 2021 年的 57.5 万人,居全国第 3 位,年均增加 3.3 万人;每万名就业人员中 R&D 人员由 2012 年的 81.6 人/年提高到 2021 年的 147.6 人/年。

从资源匮乏的科技小省到区域创新能力、企业技术创新能力连续位居全国前列的创新型省份,浙江紧紧依靠科技创新解放和发展生产力,率先突破发展不平衡不充分问题,发挥科技创新在高质量发展建设共同富裕示范区中的支撑引领作用。

一 对标国际顶尖标准打造高能级创新平台,打造创新策源优势

(一)培养战略科技力量

浙江以超常规举措打造国家实验室"主力军"和"后备队"。从 2017 年 9 月之江实验室横空出世到 2022 年 5 月 10 家省实验室完成"战略布局",之江实验室成功纳入国家实验室体系,西湖实验室、浙江大学脑机交叉研究院加快纳入国家实验室体系。杭州城西科创大走廊建设成效显著,成为培育战略科技力量的主平台,集聚全省 60%的国家科技奖、70%的国家重点实验室、80%的国家"杰青"

"优青"人才。之江、西湖、良渚、湖畔、甬江、瓯江等十大省实验室挂牌建设，之江实验室成为国家实验室的核心支撑，脑机智能全国重点实验室被纳入20家标杆全国重点实验室建设行列。国家自主创新示范区和人工智能创新发展试验区各2个，数量居全国第1位。

高水平研究型大学、一流科研院所、重点新型研发机构、省技术创新中心等主体力量持续壮大。浙江各级新型研发机构已达200余家，汇聚关键核心技术攻关的重要动能。2021年，省级新型研发机构科研投入累计近80亿元。

广大科创企业全力打通从科技强到企业强、产业强、经济强的通道。五年来，浙江企业研发机构蓬勃发展，累计布局省级重点企业研究院291家、省级企业研究院1697家、省级高企研发中心4328家，规上工业企业研发机构设置率居全国第2位。

（二）奋力打造三大科创高地

"互联网+"、生命健康、新材料三大科创高地规划体系、政策举措、工作机制不断完善，与实体经济深度融合，与产业提升同频共振，形成了澎湃有力的高质量发展新动能。

2020年，浙江省科技厅印发《浙江省实验室体系建设方案》，指出到2022年，围绕三大科创高地要基本形成特色优势鲜明的实验室体系；为了倒逼、引领、促进关键核心技术攻关，打造"浙里关键核心技术攻关"重大应用，建立"四张清单"机制；同时，实施"揭榜挂帅""赛马制"和创新联合体等攻关模式等。在一招一式精准运力下，浙江三大科创高地已呈现"6789"现象，集聚全省60%左右的国家和省科技奖、70%以上的科技企业和科技人才、80%以上的省级科研攻关项目、90%以上的重大创新平台。全省已累计取得197项进口替代成果，在数字安防、结构生物学、高端磁性材料等领域技术水平领跑全国。

为加快三大科创高地和创新策源地建设，吸引更多社会资本投入科技创新，2022年2月浙江省人民政府办公厅印发《关于加快构建科技创新基金体系的若干意见》，构建科技创新基金体系，发挥财政资金的引导撬动作用和市场在创新资源配置中的决定性作用，吸引更多社会资本投入科技创新，激发各类创新主体活力。具体目标是：到2025年，基本形成具有浙江特色的科技创新基金体系，各类科技创新基金规模达到万亿元以上，撬动年度全社会研发投入3200亿元以上，建成全国有影响力的科技金融改革创新高地，为浙江科技创新发展提供强劲支撑。

《关于加快构建科技创新基金体系的若干意见》提到，要充分发挥政府科技创新基金的引导带动作用，支持发展科技公益基金，支持科技私募基金发展，推动重大创新平台科技创新基金发展。积极探索形成财政资金、国资收益和社会资金多渠道并举的滚动投入机制。发挥政府科技创新基金引领撬动作用，重点支持抢占技术制高点、突破关键核心技术的重大创新项目和成果，推动更多具有重大价值的科技成果转化应用。强化各级政府科技创新基金联动支持，鼓励政府科技创新基金通过与社会资本合作、与国家大基金对接等方式设立定向基金或非定向基金。突出关键核心技术突破、标志性成果取得以及社会效益评价，淡化投资周期内经济效益评价。根据科技创新规律，对项目给予更大的风险容忍度。鼓励社会力量牵头设立科技公益基金。科技公益基金会经各级民政、财政、税务部门确认获得公益性捐赠税前扣除资格，并经各级财政、税务部门认定取得非营利组织免税资格后，依法享受税收优惠。在遵循市场化运作的机制下，政府科技创新基金加大与受科技公益基金会委托投资的机构合作力度，按《浙江省产业基金管理办法》等相关规定给予利益让渡。鼓励有条件的市县出台奖励补助措施，促进辖区私募基金投向科技创新。引导和支持科技企业孵化器设立天使投资基金与创业种子基金，扶持创新创业，支持初创企业。鼓励银行、保险、证券等金融机构与创业投资企业合作，推广投、贷、保联动等多种创新模式。鼓励各类重大科技创新平台（包括实验室、技术创新中心等）和重点高校院所、新型研发机构等发起设立科技创新基金,各级政府产业基金给予重点支持,促进创新平台做大做强。省产业基金支持省级以上重大创新平台自主发起设立科技创新基金子基金,累计出资额不超过6亿元,对单只子基金出资比例不超过子基金规模的30%。

二 推动创新链产业链深度融合,放大产业创新优势

浙江深入实施科技企业"双倍增"计划,高新技术企业从2016年的0.77万家增加到2021年的2.86万家;科技型中小企业数从3.16万家增加到8.6万家。布局建设省级重点企业研究院291家,省级企业研究院1697家,省级高企研发中心4328家,工业操作系统、绿色智能汽车及零部件等省技术创新中心6家。企业技术创新能力居全国第3位,形成"5个百分之八九十"格局,即企业的研发投入、科技人员、研发机构、科技项目、授权专利均占全省80%—90%。科技进步对经济的贡献率由2012的52.75%提升到2021年的66%,年均提升1.5个百分点,高新技术产业成为主导产业,高新技术产业增加值占规模以上工业增加值的比重从2017年的49.1%提高到65.2%。畅通科技成果转化通道,持续打造中国浙江网上技术市场3.0版和"浙江拍"品牌,全省技术交易总额达2060亿元。

2022年6月浙江省科技厅等7部门联合出台的《关于推动创新链产业链融合发展的若干意见》明确指出,浙江将从八个方面增强企业创新动力,加快推进高水平创新型省份和科技强省建设。

一是强化企业重大科技项目攻关主体作用。改革"尖兵""领雁"等重大科技计划项目立项和组织管理方式,突出企业创新主体地位。"尖兵"计划项目申报不限项,揭榜不论资历、不设门槛。实行"链主企业联合出资挂榜"制度,链主企业和政府共同出资,聚焦突破产业共性关键技术,面向全球挂榜,省市县联动支持,其中省财政按规定给予单个项目最高不超过1000万元的支持,链主企业出资不低于财政资金总出资额的2倍;由链主企业出题、选帅、评价和应用推广。支持龙头企业牵头组建创新联合体。联合体承担主要投入责任，联合体相关技术攻关如纳入省级重点研发攻关计划项目，省财政按规定给予单个项目最高不超过1000万元的支持。

二是激励企业加大研发投入。企业用于资助基础研究的捐赠支出，按规定享受公益性捐赠税前扣除政策。鼓励企业通过与省自然科学基金建立联合基金等方式，为基础研究提供支持，省财政出资不超过联合基金总投入的25%。落实高新技术企业所得税优惠和科技型中小企业研发费用税前加计扣除政策，对研发费用占营业收入比重高于5%的企业，在土地、能耗、水资源等指标方面给予倾斜支持。将研发投入、创新能力建设、知识产权创造和运用等纳入国有企业的考核内容。国有企业的研发投入，考核时视为企业利润。明确省属工业企业最低研发投入比例，到2025年，重点制造类省属企业研发费用投入占营业收入的比重达到3.6%。

三是支持企业引育高层次科技人才探索推进工程领域职称社会化评价。在"卡脖子"攻关任务中取得重大标志性成果并做出重大贡献的人才，按照职称评审"直通车"政策，直接申报高级职称。对在国有科技型企业连续工作3年以上、在关键核心技术攻关和科技成果产业化中作出重要贡献的科技人才，探索实施超额利润分享、项目跟投等激励方式。

四是提升战略科技力量服务企业水平。国家和省技术创新中心、制造业创新中心和产业创新中心等要加强共性技术平台、小试中试基地建设，为企业提供技术验证服务和按需定制的技术创新服务，技术服务收入和投资孵化收入占总收入比重一般要达到60%以上。鼓励国家和省实验室、技术创新中心、新型研发机构等对通过同行尽调评估的前瞻性、引领性和颠覆性的技术创新项目，先期通过科技项目立项予以资金支持，在项目成果进入市场化融资阶段时，将前期项目资金按市场价格转化为股份，参照市场化方式进行管理或退出。

五是整合集聚创新资源为企业服务。支持企业上云建设虚拟实验室，加快实现云端研发网络资源——"未来实验室"的数字化科研管理系统等免费或以成本价向企业开放共享。高等院校、科研机构、医疗卫生机构承担企业单个委托研发项目实际到账总金额300万元及以上且通过企业验收的，列入当年度省重点研发计划项目序列。

六是增强科技金融服务企业能力。实施"浙科贷"专属融资服务项目，对科技"小巨人"、高新技术企业、科技型中小企业、承担省级以上科技攻关计划项目的企业、科创板企业和纳入科创企业重点名单企业、26县重点科技企业，免抵押担保贷款额度可在同类型企业标准上增加30%以上、贷款期限再增加1年以上、同等条件下享受最优贷款利率。鼓励保险公司为从事科技研发、生产的科技企业提供保险服务，对按保险条款约定的保险责任导致研发项目失败的，由保险公司按照保险合同约定给予企业赔偿。

七是落实首台（套）产品推广应用政策。对符合国民经济发展要求，代表先进技术发展方向、首次投向市场、暂不具备市场竞争力但具有较大市场潜力和产业带动作用、需要重点扶持的首台（套）产品，实行政府首购制度。落实首台（套）产品应用分档阶梯保险补偿机制，对企业投保的首台（套）产品，省财政按其实际投保费率最高不超过2%，以及国际、国内和省内首台（套）产品首年度实际保费的90%、80%和70%给予保险补偿，并从次年度开始保险补偿比例逐年递减10%，每年补偿金额最高不超过500万元，最多可连续支持3年。

八是加强知识产权保护和运用。持续推进"浙江知识产权在线"迭代升级和落地应用，加快布局建设一批国家级知识产权保护平台，构建海外知识产权纠纷应对指导快速响应机制。提高关键核心技术专利授权效率，建立绿色通道白名单企业制度。实施高价值专利培育工程，对重点产业高价值知识产权平台给予不低于100万元的支持，支持链主企业培育高价值专利组合。

三 深化人才科创体制改革，激发人才创新活力

培育引进高质量科创人才，浙江省坚持"高精尖缺"工作导向，加快顶尖人才、科技领军人才和优秀青年人才聚集。实施"鲲鹏行动"计划，按照"一事一议""一人一策"原则提供项目经费、事业平台、团队建设等全方位保障，赋予人才充分的人财物支配权、技术路线决定权。浙江目前共引进全球顶尖人才59位、海外工程师900人、省领军型创新创业团队193个，累计入选国家重点人才工程2885人次。此外，2021年，浙江恢复设立省青年科技英才奖，首批遴选20人；新遴选支持省万人计划299人、省领军型创新创业团队40个、海外工程师281名，同比分别增长26.1%、14.3%、29.5%。

搭建高质量平台吸附高规格人才。浙江与中国科学院大学、北京航空航天大学等大院名校合作共建一批创新载体，建成国家"地方高校学科创新引智基地"14个，数量居全国第3位。此外，坚持做强重大科创平台，不断健全杭州城西科创大走廊一体化整合、实体化管理、市场化运作机制，目前大走廊已集聚全省60%以上的"鲲鹏行动"计划专家、80%以上的国家"杰青""优青"人才。之江实验室则集聚高层次科研人员500余名。浙江在智能装备、新材料、智慧医疗等领域建成省级制造业创新中心22家，并加快建设特色产业工程师协同创新中心，龙头企业与高校强强联合，通过校企师资共组、教材共编、课程共建等模式加强产业人才培养，21个省级重点现代产业学院全面启动。

浙江以增加知识价值为导向加快科研人员"扩中"，出台《关于加强高校院所科技成果转化的实施意见》，高校院所科技成果转化合同金额增长10%以上。组织浙江大学等5家单位开展赋予科研人员职务科技成果所有权或长期使用权试点，共赋权科研成果93项，已转化84项，实现转化金额2484万元，科研人员转化收入2210万元，收益分配达88.9%。

为人才提供高效率服务保障。浙江大学等单位开展赋予科研人员职务科技成果所有权或长期使用权试点，成果转化时间平均缩减3—5个月，试点已逐步扩大至全省域；开展省自然科学基金项目"负面清单+包干制"试点，赋予科研人员更大的权限，激发科创人员创新活力。点亮外国人才来浙"绿灯"，全面推进外国人才来华工作、居留许可"一件事办理"改革，杭、甬两地高端外国人才工作许可实现互认，在嘉善工作的外籍人才可跨区域申领"上海市海外人才居住证"，视同上海外籍人才在沪享受相关政策。

为进一步改进科研经费管理，激发科研人员创新活力，鼓励多出高质量科技成果，浙江省人民政府办公厅印发了《关于改革完善省财政科研经费管理的实施意见》。包括扩大科研项目经费管理自主权、完善科研项目经费拨付机制、加大科研人员激励力度、创新科研经费投入与支持方式、支持科研机构创新发展、改进科研绩效管理和监督检查等一系列举措，科研人员可以毫无顾虑地自主投身到科创事业当中去。

四 打造"产学研用金、才政介美云"十联动的创新创业生态，共建创新生态最优省

营造激励创新氛围，浙江高规格召开全省科技创新大会、科技奖励大会、科学家座谈会、省委人才工作会议，全面营造尊重人才、激励创造、鼓励创新的良好氛围；创新机制，实现项目、基地、人才、资金一体化高效配置；建立科研诚信联席会议制度和多部门协同监督机制，全面开展科研诚信审查，严肃查处重大科研失信案件，全面树立求真务实、开拓创新、团结奉献学术风尚。

强化创新金融支撑。浙江用金融活水激发科技创新活力，推出"浙科贷"等专属融资服务项目，切实解决科技企业融资难、融资贵、融资慢问题，精准有效浇灌"产业田"，已发放"浙科贷"610亿元，惠及企业6794家。发挥财政资金"四两拨千斤"作用，引导

全社会加大研发投入。全省研发经费支出从2016年的1131亿元增长到2021年的2132亿元，实现翻番，跃居全国第4位。

放大全域创新优势，激发市县创新活力。浙江开展"科技创新鼎"评选，其中涌现出一批具有超强科技创新硬实力的县（市、区）：杭州市西湖区大力发展数字经济，高新技术产业增加值占比达83.6%；绍兴市上虞区形成新材料、现代医药等新兴产业集群；安吉县持续推动经济生态化，形成生态旅居和绿色家居等优势产业等，县域科技创新工作始终走在全国前列。中心城市创新能级持续提升。杭州高新技术企业数量破万，宁波国家科技奖获奖数创新高，嘉兴祥符荡科创绿谷等科创区加速布局。全省获批国家创新型城市8个、国家创新型县（市）5个，数量分别居全国第3位和第1位。

大力实施共富科技创新行动。浙江出台《推动高质量发展建设共同富裕示范区科技创新行动方案》，并签署联动实施"先进技术与新兴软件"国家重点专项协议；出台《科技赋能26县跨越式高质量发展实施方案》《关于进一步支持省际创新飞地建设和发展的指导意见（试行）》等政策文件，实行"一县一策"精准支持，实施科技强农、机械强农"双强行动"，深化科技特派员制度，项目、平台、人才、资金等创新要素不断下沉，赋能山区县高质量发展、走向共同富裕。

五 大力培育"专精特新"企业，壮大浙江共同富裕根基

浙江民营经济发达、市场活力充沛，以中小微企业为主的结构特征、深厚的产业根基以及一大批企业家专注实业、深耕主业、敢为人先，奠定了浙江源源不断的"专精特新"企业发展基础。但对标国际国内先进水平，浙江"专精特新"企业培育发展中仍存在科技创新能力不足、核心竞争力不强、要素需求保障不到位等短板，亟须集成政策、增强合力、优化服务。

浙江省委、省政府高度重视"专精特新"企业培育工作，2022年4月浙江省人民政府办公厅印发《关于大力培育促进"专精特新"中小企业高质量发展的若干意见》（以下简称《若干意见》），以数字化改革为牵引，深入实施新一轮制造业"腾笼换鸟、凤凰涅槃"攻坚行动，健全完善"专精特新"企业梯度培育机制，引导支持中小企业专业化、精细化、特色化、创新型发展，为打造全球先进制造业基地、高质量发展建设共同富裕示范区提供坚实保障。

《若干意见》明确培育目标，到2025年，累计培育创新型中小企业5万家以上、省级"专精特新"企业1万家以上、省级"隐形冠军"企业500家、国家专精特新"小巨人"企业1000家，新增国家制造业单项冠军企业130家左右，打造成为补链强链和引领经济高质量发展的中坚力量，推动"专精特新"企业培育发展工作继续走在全国前列。

《若干意见》主要从创新、知识产权、人才、质量标准、政府采购、市场拓展、数字化转型、融资支持、要素保障、公共服务10个方面提出18条具体政策举措。

一是创新政策。充分发挥省企业创新发展联合基金作用，支持有条件的"专精特新"企业开展基础研究。在全面执行企业研发费用税前加计扣除国家政策基础上，鼓励有条件的市、县（市、区）对高新技术企业和科技型中小企业再按25%研发费用加计扣除标准给予奖补。

二是知识产权政策。深化"浙江知识产权在线"应用，探索建设"专精特新"企业知识产权加速器，为中小企业提供知识产权预警、专利创造、布局导航、公共存证等服务。

三是人才政策。在省级以上"专精特新"企业中，经省市认定为高层次人才的可享受当地同城待遇，在人才评价、住房、子女教育等方面优先给予支持。

四是质量标准政策。鼓励"专精特新"企业主导或参与制修订国际标准、国家标准、行业标准和先进团体标准，支持符合条件的企业申报浙江省标准创新贡献奖。鼓励各地对"品字标浙江制造"企业、"浙江制造"认证企业进行奖励。

五是政府采购政策。在政府采购中超过200万元的货物和服务项目、超过400万元的工程项目，预留预算总额的40%以上专门面向中小企业采购。对"专精特新"企业产品进行重点推荐，鼓励采购单位通过政采云制造（精品）馆采购。

六是市场拓展政策。完善民参军"专精特新"企业技术产品目录，推动符合条件的企业参与国防科工配套协作。及时发布展会目录，鼓励企业参加中国进出口商品交易会等，抢抓RCEP生效实施机遇，深化与其他RCEP国家的经贸合作。

七是数字化转型政策。发挥省智能制造专家委员会等作用，引导中小企业实施技术改造，加快建设"未来工厂"、智能工厂（数字化车间），参与分行业产业大脑建设应用试点。

八是融资支持政策。支持"专精特新"企业上市、股改、发债、融资。在浙江股权交易中心设立"专精特新"专板，为中小企业提供全流程服务。鼓励金融机构创新"专精特新"专属信贷产品、保险产品。政府性融资担保机构对单户担保、再担保金额1000万元以下的小微企业融资，平均担保费率保持在1%以下。

九是要素保障政策。对亩均评价等级为A类的"专精特新"企业新增投资项目，优先纳入省重大产业项目库，按规定给予用地、排放等要素保障。优先保障"专精特新"企业项目用能。

十是公共服务政策。组建"专精特新"企业服务联盟，以企业码为重点建设中小企业服务一体化平台。要求各市、县（市、区）政府为"专精特新"企业配备服务专员，指导企业确定服务联络员，精准对接政策资源。

第三节　扶持文化发展，助力精神富裕

共同富裕不仅包括物质富裕，还包括精神富裕，让广大人民群众享受多维综合的幸福生活和人的全面发展。①

共同富裕示范区的美好图景，既包括经济的高质量发展，也包括文化文明的繁荣；既要物质富裕，更要精神富有。特别是在建设人民满意的公共文化服务体系上不断取得新突破，不仅是推动文化事业发展的重要途径，更是维护人民群众文化权益的重要途径。

2003 年，浙江省委、省政府把"进一步发挥浙江的人文优势，积极推进科教兴省、人才强省，加快建设文化大省"作为浙江实施"八八战略"的一项重要举措。2005 年，浙江省委十一届八次全会通过了《关于加快建设文化大省的决定》，指出重点实施"八项工程"，搭建起浙江文化建设的"四梁八柱"。为打造"重要窗口"、争创社会主义现代化先行省、高质量发展建设共同富裕示范区铸魂塑形赋能。2015 年，省委办公厅、省政府办公厅制定《关于加快构建现代公共文化服务体系的实施意见》，发布《浙江省基本公共文化服务标准（2015—2020 年）》。各级政府切实采取有效举措，积极推进基本公共文化服务标准化建设工作。"十三五"时期，浙江省一般公共预算财政文化投入 978.69 亿元，年均增长 6.9%；省级以上财政共计投入 35.59 亿元，推进公共文化设施体系建设。到 2020 年年底，浙江全省基本完成《浙江省基本公共文化服务标准（2015—2020 年）》建设目标，在全国率先实现基本公共文化服务标准化，基本实现公共文化设施体系全覆盖，公共文化服务水平逐年提高，为加快构建现代公共文化服务体系打下扎实的基础。2021 年浙江省财政积极

---

① 李金昌、余卫：《共同富裕统计监测评价探讨》，《统计研究》2022 年第 2 期；李实：《共同富裕的目标和实现路径选择》，《经济研究》2021 年第 11 期；刘培林等：《共同富裕的内涵、实现路径与测度方法》，《管理世界》2021 年第 8 期；郁建兴、任杰：《共同富裕的理论内涵与政策议程》，《政治学研究》2021 年第 3 期。

协作，主动作为，保障省公共文化事业高质量发展；发布《中共浙江省委关于加快推进新时代文化浙江工程的意见》，制定《关于高质量建设公共文化服务现代化先行省的实施意见》。

党的十八大以来，浙江坚定不移沿着习近平总书记指引的路子，忠实践行"八八战略"，坚持一张蓝图绘到底，接续推进文化大省、文化强省、文化浙江等文化发展战略，大力弘扬社会主义核心价值观和中华优秀传统文化，不断深化文化体制改革，加快公共文化服务体系、现代文化市场体系和文化产业体系建设，走出了一条具有中国特色、时代特征、浙江特点的文化发展之路，文化事业全面繁荣，文化产业快速发展，人民群众对文化生活的获得感、幸福感和满意感全面提升，文化自信日益彰显，文化建设不断呈现新气象新面貌。

一 打造广覆盖、超便捷、受欢迎的基层公共文化设施网络

浙江基本建成"市有五馆（文化馆、图书馆、博物馆、非遗馆和美术馆）、县有四馆、区有三馆"，乡镇（街道）综合文化站和村（社区）文化服务中心实现全覆盖。"十三五"时期，浙江省级以上财政安排 7.5 亿元用于博物馆免费开放补助。全省各级博物馆基础设施不断完善，办馆质量持续提升，参观人数节节攀升。2021 年 8 月，浙江每万人拥有公共文化设施面积达 3670 平方米。截至 2020 年年底，已累计建成农村文化礼堂 17804 家，建有 456 家城市书房及 100 多个文化驿站。2015 年以来，建成图书馆 103 家、文化馆 101 家、博物馆 366 家、综合文化站 1365 个。从省到村的五级公共文化设施网络布局日臻完善。

2022 年浙江省建成"15 分钟品质文化生活圈"8000 个，城乡居民走出家门，步行 15 分钟左右，即可到达至少 1 个必备公共文化场馆和 2 个以上公益性公共文化空间（设施总量不少于 3 个），享受高品质的基本公共文化服务，其地域范围为居民住宅区辐射半径 1500

米左右。以杭州市为例，杭州市拱墅区利用运河两岸已有的博物馆、工业遗存等，积极打造"全域没有围墙的博物馆"，把运河元素积极融入社区文化家园、杭州书房等基层文化阵地建设，建成以社区为单位打造"运河书房""微博物馆"等170余处公共文化设施，全域构建了"10分钟文化生活圈"。

支持广泛开展全民健身活动，持续改善公共体育设施条件，促进体育场馆免费或低收费开放。做好省级重大体育设施建设工程财政经费筹措保障。浙江老百姓实现城乡"15分钟健身圈"，全省人均体育场地面积达到2.4平方米。

浙江的竞技体育成绩取得新突破，综合实力跻身全国前列，也离不开财政的支持和保障。2023年，杭州将举办亚运会。其中场馆建设是办好亚运会的硬件支撑和重要标志，杭州市财政局秉承"绿色、智能、节俭、文明"的办会理念，遵循"能改不建、能修不换"的原则，充分利用已有和在建的体育场馆，高质量高效率推进杭州亚运会场馆建设工作，助力杭州体育事业蓬勃发展。比如，对杭州师范大学仓前校区的体育馆和综合体育场进行改造提升，通过翻新田径草坪、更换看台座椅等举措，有效节约财政资金，实现资源效益最大化；支持杭州游泳馆、杭州市陈经纶体育学校、杭州市全民健身中心开展微治理、微循环、微改造、微提升，以小投入实现大转变。杭州亚运会共设置比赛场馆57个、训练场馆33个，其中由市本级财政出资的比赛场馆4个、训练场馆3个，项目总投资5.27亿元。坚持花小钱办大事，保障所有场馆赛时与赛后"可利用、可经营、可持续"，实现经济效益、社会效益最大化。比如，在亚运会结束后，杭州师范大学仓前校区的场馆和综合体育场不仅能继续用于学校教学运动，还能开展足球、田径等竞技体育赛事；杭州体育馆、杭州游泳馆、杭州市全民健身中心等不仅能用于举办大型赛事，也将继续对市民群众开放，让市民群众享受到最新的体育设备和最优质的健身环境，真正做到"还馆于民"，实现全民共享并发挥场馆最大绩效。

二 集中财力办大事，支持建设一批重大文化设施

全面建成了浙江自然博物园核心馆区、浙江小百花艺术中心等，持续推进之江文化中心、新时代文化艺术创研基地等一批重点项目，支持建设大运河国家文化公园（浙江）、宋韵文化传承展示中心、之江文化中心、四条诗路文化带等重点保障新时代文化浙江工程重点项目。

推进文明之源大遗址群和世界文化遗产群建设，加强西湖、良渚、大运河（浙江段）保护利用，推进上山文化申遗，加快实施"千年古城"复兴，打造具有代表性的浙江文化符号和文化标识，完善历史文化名城名镇名村保护体系。"十三五"时期，浙江省级以上财政安排15.86亿元用于文物保护和非遗传承。截至2020年，浙江有10个物质文化遗产和非物质文化遗产项目，列入联合国教科文组织人类非遗名录，217个项目入选国家级非遗代表性项目名录，196人被认定为国家级非遗代表性传承人，数量均居全国第1位。

2022年浙江全省文化和旅游集中开工重大项目总计195个，总投资达1792亿元，年度计划投资357亿元。新开工项目聚焦"四十百千"和"四条诗路"、十大海岛公园、百张文旅"金名片"、山区26县文旅发展、乡村振兴等重点领域。

三 落实文化奖励政策，推动公共文化事业繁荣发展

浙江省发布的《中共浙江省委关于加快推进新时代文化浙江工程的意见》对标世界一流、国内一流，系统性谋划文化建设的扶持激励机制，不少方面都是具有开创性的。在表彰奖励上，设立"之江潮"杯文化大奖，分设金、银、铜等奖项，每两年评一次，对为浙江文化建设作出重大贡献的单位和个人予以表彰奖励。在各级党代表、人大代表、政协委员以及劳动模范等各类先进典型评选中，增加文化工作者名额，真正做到政治上信任、思想上重视、情感上关爱。在创作扶持上，设立多层次文化艺术发展基金，建立以绩效

结果为导向的基金管理机制，艺术发展基金随着文艺成果绩效扩大，实现重大文艺精品创作扶持标准走在全国前列。在政策激励上，创新文化事业单位扶持激励政策，加大国有文化企业发展政策支持力度，健全与传媒集团发展相适应的工资决定机制，优化完善社科研究经费管理，提升科研经费间接费用比例，等等。这些政策制定与落地，一定能有效促进浙江形成文化工作者积极性创造性充分涌流、各类文化艺术创新资源活力迸发的文化氛围。

为进一步突出绩效导向，确保财政资金用在"刀刃"上，提升公共文化设施效能，提高文化支出的针对性、有效性和可持续性，浙江探索建立国有文艺院团财政拨款与绩效挂钩机制，推动深化国有文艺院团改革，进一步优化分配激励机制，激发舞台艺术创作主体积极性。推广"文化管家"等模式创新，引导社会多元投入，提升公共文化服务效能。健全国有文化资产监管体制机制，完善文化企业治理结构，健全外部监督体系，从源头上维护文化资产安全和出资人权益。完善考核评价体系，指导企业强化内控建设，加强对外投资、经营管理等的风险管控，切实加强国有文化资产监管，确保国有文化资产安全。积极发挥产业基金作用，引导社会资本投入，支持推进媒体深度融合改革发展，聚焦重点文化产业领域，推进区域内或跨区域并购重组，促进文化产业健康持续发展。

另外，浙江省政府强调各级政府要进一步加大公共财政对文化建设的投入力度，建立省市县三级联动的财政投入稳定增长机制。各地应设立文化建设专项资金，提高资金使用效率。加强对文化改革发展重点领域的支持保障，落实媒体融合发展专项资金，推动设立媒体融合发展产业基金。加强国有文艺院团财政保障，适当提高非遗传承、公益演出、农村电影放映等政府购买、活动补贴、专项补助经费标准。

四 注重补齐公共文化服务区域短板

浙江农村公共文化服务供给不断优化，公共文化服务效能日渐提升。2021年，浙江500人以上的行政村文化礼堂覆盖率已超过90%，舞蹈、歌曲、书法……各色文化活动等着村民去"赶集"。2020年，浙江全省"送戏下乡"2.1万余场、"送书下乡"290万余册、"送讲座展览下乡"1.6万余场。

针对基层公共文化服务效能不高的问题，浙江深入推进县级图书馆、文化馆总分馆制建设，推动优质公共文化资源延伸到基层；充分发挥公共文化场馆的作用，扩大公共图书馆、文化馆（站）、体育场馆等文化场馆免费开放范围；创新服务形式，延长开放时间，逐步实现错时开放、夜间开放；鼓励通过委托管理、购买服务等方式，引入专业团队参与管理和运行。通过创新公共文化服务方式，提升公共文化服务水平，实现全域高品质公共文化供给更加丰富，力争浙江成为精神普遍富足的省域范例。

浙江通过重点补助和事后奖补方式支持山区26县等相对不发达地区的文化提升，对山区26县公共文化建设倾斜，在"因素法"分配基础上，安排1300万元重点支持山区26县公共文化服务体系建设。2015年，浙江省政府对已确定的泰顺等10个重点市县，省级补助1亿元，带动投资36亿元实施重点提升。2017—2019年，完成对第二批10个重点县、107个乡镇和1230个村（社区）公共文化设施和服务的重点提升，带动完成投资37.21亿元。山区26县实现了乡村文化大礼堂、灯光球场、小镇图书馆等配套设施齐全。

浙江支持率先启动山区旅游业"微改造、精提升"计划，同时吸引社会资本深度参与山区旅游开发，统筹推进美丽乡村建设。积极挖掘26县当地文化基因，活化利用山区浓厚的传统文化积淀，支持打造"四条诗路"。以基本公共服务均等化为导向，推动加快文化、体育等领域基础设施建设，促进优质资源向山区26县下沉倾斜，补齐山区公共文化服务短板。

第四节 优化管理服务，引导公益慈善

以公益慈善为主要内容的第三次分配可以从"物质生活共同富裕"和"精神生活共同富裕"两个维度发挥积极作用，满足人民日益增长的美好生活需要。从"物质生活共同富裕"维度来看，第三次分配是在道德、文化、习惯等力量推动下，广大社会主体自愿通过民间捐赠、慈善事业、志愿行动等方式济困扶弱、推动公益事业发展，实现收入和财富向弱势人群、地区、行业以及教育、环保、科技等关键领域的合理分配，推动先富帮后富，构建和谐社会关系，促进城乡、区域、行业平衡充分发展，在高质量发展中缩小收入和财富分配差距，助力物质生活共同富裕。就"精神生活共同富裕"维度而言，第三次分配的推动力量主要是道德、文化、习惯等因素。树立公益意识、参与公益活动、发展公益事业，是一种具有广泛群众性的道德实践。广大社会主体，只要关心、支持公益事业，积极参与公益活动，就开始了道德积累。这不但有助于提高个人、企业和社会团体的社会责任感及公众形象，而且有助于改进全社会的公平、和谐与福利状态，进而增强社会凝聚力和向心力，促进在全社会更好地弘扬社会主义核心价值观，最终提升全社会的思想境界、道德水平和文明程度，助力精神生活共同富裕。

浙江在推动共同富裕的实践中，实施三次分配财税改革突破行动。以政策为引导，促进公益慈善事业加快发展，更好发挥三次分配在共同富裕中的作用。一是推动完善慈善事业税收支持政策体系。优化公益性捐赠税前扣除资格认定流程，完善对慈善机构非营利组织认定，探索慈善信托税收支持政策。二是财政资金直接引导，加大对公益事业的支持力度。三是打造"浙里捐赠"数字平台，探索建立善款上链、过程存证、信息溯源的捐赠生态闭环。四是拓展"公物仓"功能，共建"浙里公益仓"，发挥国有力量在公益慈善事

业中的引导作用。

一　落实税收优惠，助推公益慈善捐赠

发挥主观能动性，在"放管服"方面进行系列探索，积极主动贯彻落实中央有关公益慈善捐赠的税收优惠政策。

做好社会组织、群众团体的公益性捐赠税前扣除资格认定。在符合国家的改革方向和立法精神的情况下，将社会组织、群众团队是否享受公益慈善捐赠税收优惠政策的资格认定，由事后确认改成事先公告，率先按照这些组织上年的情况而非当年运营状况来确定，在年初将名单一次性公告，引导激励社会、企业知道免税资格的情况，确保公益性捐赠税收政策落地生效。

创新优化公益捐赠票据管理流程。按照慈善法和财政票据管理办法，财政部门负责公益捐赠的票据管理，浙江在全国创新上线基于区块链技术的捐赠电子票据系统。捐赠电子票据改革是推进财政票据管理领域"放管服"的重要举措，也是财政票据电子化改革的进一步深化。

捐赠电子票据可追溯、可查验、防篡改、防造假，大大提升了捐赠票据开具和送达的效率，降低了人力物力成本，真正做到"业务不打烊，捐赠零接触"。电子捐赠票据利用区块链技术，整合了常用的各种电子缴款方式，如网银、支付宝、微信等方式，打通捐献善款流向的全流程，在大大提升效率的同时，保障每一笔善款支出真实可信，增强捐赠人的信任感。有效解决了传统纸质票据开具速度慢、流程烦琐、管理低效等问题。如2021年共开具捐赠电子票据30万张，涉及金额110亿元。

探索慈善信托捐赠票据管理。依照《中华人民共和国慈善法》《慈善信托管理办法》，慈善信托的委托人可以依法享受税收优惠。然而在以往的慈善信托架构中，慈善组织作为慈善信托的执行方，只能向受托人开具慈善捐赠票据，无法直接向委托人开具捐赠票据。

2022年，慈善信托捐赠票据在杭州试点落地，并开出全国首张有政策支持的慈善信托捐赠票据。杭州市民政局、财政局、税务局和浙江银保监局联合发布的《关于通过慈善信托方式开展公益性捐赠有关问题的通知》，规定慈善信托受托人在将信托财产用于慈善捐赠活动时，经委托人和受托人协商一致后，由依法接受并用于公益性事业捐赠的公益性单位（含慈善组织）向提供捐赠的自然人、法人和其他组织开具公益性事业捐赠票据。慈善信托的委托人可以凭公益慈善组织开具的捐赠票据享受税收优惠。

二 安排财政预算资金，加大公益支持力度

浙江财政每年在预算中安排专项资金，加大财政资金对公益慈善事业的支持力度，为慈善组织提供资金支持和能力建设服务。设立财政引导资金支持慈善组织发展，支持各地统筹安排资金支持慈善组织开展公益活动和资金募集，支持慈善基地和一些平台的建设，对运营经费进行补助。扩大向符合条件的慈善组织、社会服务机构、志愿服务组织购买服务的范围。

2022年，浙江财政开始尝试设立慈善事业引导资金，用于支持市、县（市、区）慈善事业高质量发展、慈善组织激励、慈善环境营造等必要的工作支出。慈善发展激励，对年度慈善发展质量高的市、县（市、区）给予支持，促进全省慈善事业的发展。慈善组织激励，用于对组织管理规范、信息公开及时、引领带动作用强、资金募集数量多的慈善组织和合作参与政府重点工作、民生实事且成效显著的慈善组织给予支持，推动做强慈善组织、做优慈善项目。慈善环境营造，用于支持高校、智库、社会组织围绕共同富裕背景下发挥慈善作用、促进第三次分配开展理论研究、慈善组织评价、组织培训、表彰宣传和慈善信息化平台建设等，弘扬慈善文化，增加慈善行业和慈善活动的透明度和公信力，引导有意愿、有能力的企业、社会组织和个人积极参与公益慈善事业。

三 创新数字慈善平台，激励人人参与慈善

浙江财政在推动慈善事业发展的过程中，积极顺应数字化潮流，构建数字慈善平台。数字化让慈善离人民更近，推动慈善"指尖化""一键化"，让慈善流程简单化、慈善记录准确化、慈善激励感知化，"浙里捐赠"就是浙江数字化慈善平台建设中一个典型案例。

"浙里捐赠"由浙江省财政厅与浙江省税务局、浙江省民政厅联合推出。通过数字化手段再造慈善流程，用第三次分配之"手"发展慈善事业，是浙江财政深度参与共同富裕示范区建设的重要一步。"浙里捐赠"以财政捐赠票据为抓手，现已上线了"一键捐赠""一秒开票""一址查询"三个应用场景。浙江省内的企业、组织和个人可以一键完成定向或非定向公益项目的慈善捐赠、电子票据开具和相关政策查询。目前，支付宝公益、腾讯公益已相继接入，并实现捐赠后自动开票。

"浙里捐赠"的成功推行，背后离不开近年来持续赋能慈善捐赠事业的财税体制机制的推动。财政、税务、民政、慈善组织、政策激励等部门间信息共享和协同办理，形成"慈善组织可登记、开票资格可认定、开票项目可确认、捐赠渠道可选择、捐赠票据可取验、捐赠抵扣可推送、善款去向可追踪、捐赠积分可累计、慈善行为可激励、慈善组织可褒奖、监督管理可落地"的全闭环生态系统，激发慈善捐赠的社会合力。

通过体制机制引导，"浙里捐赠"再造了全链条的捐赠业务流程。慈善组织经登记认定后，可同步认定非营利组织免税资格和公益性捐赠税前扣除资格，改变以往要另行提供材料认定非营利组织免税资格和公益性捐赠税前扣除资格的做法。以民政部门的慈善项目备案名作为捐赠票据的开票项目名，改变以往慈善组织根据要求分开申请、分别提供材料，由民政部门和财政部门各自审定，可能出现同样的内容项目备案名与开票项目名不统一的现象。

为激励人人参与慈善助力共富示范区建设，"浙里捐赠"数字化平台梳理整合包括财税政策等在内的慈善捐赠激励政策，并在平台对应的捐赠项目中发布政策提示，让捐赠激励"可感知"；根据捐赠事项办理流程，引导捐赠人按需申请获取捐赠票据、关联获取相关财税支持政策和申请兑现社会积分等操作，让捐赠激励"可操作"；以捐赠票据为捐赠行为的唯一标识，同步向税务等相关部门推送并实现税收支持等各类政策和社会积分的兑现，并将兑现结果及时反馈给捐赠人，让捐赠激励"可享受"。

四 共建"浙里公益仓"，国有力量引导公益

政府公物仓，是对行政事业单位闲置、超标资产和临时机构的资产、执法执纪单位涉案罚没物品等进行统一管理、统一调配、统一处置的专门机构。目前全省、市、区（市、县）三级政府均在推广实施公物仓的建设和运行工作，杭州、绍兴、台州等地建设了相应的公物仓，陆续出台了各自地市的公物仓管理制度。

为盘活行政事业单位闲置国有资产，打通行政事业资产向社会捐赠的通道，发挥国有力量在公益慈善事业中的引导作用，共建共同富裕，浙江在原有政府公物仓的基础上，依托"公物仓"平台功能，将行政事业单位实际使用中周转率不高的闲置资产和报废淘汰资产中尚有使用价值的资产纳入"公益仓"进行维修、保养，并用于后续慈善捐赠，将提高公益物资管理的绩效，更好地推动公益事业发展。浙江的公益仓不仅限于国有资产公益捐赠，还接受个人和企业社会闲置资产捐赠，从而带动了全社会各方力量参与公益事业、充分发挥第三次分配作用，是对新型捐赠方式的积极探索。例如，温州市在全省率先建立"市级公益仓"，"以公物仓为基础、罚没仓为补充、公益仓为提升"推进资产共享共用，并与当地红十字会等合作，试点开放接受社会上的闲置资产捐赠。其中，进入公益仓的国有物资主要包括"公物仓中周转率不高的闲置资产和集中报废淘汰

资产中尚有使用价值的资产,通过维修、保养后可以用于公益捐赠的;市本级各行政事业单位闲置和淘汰可以用于公益捐赠的物资;罚没物品按规定可以用于捐赠的"。

第五节 小结

浙江通过创新应用财税政策,综合地激发了市场力量、政府力量与社会力量共同参与建设共同富裕的积极性和有效性,形成"政府—市场—社会"的良性互动,不断做大共同富裕的物质和精神"蛋糕"。

从劳动者的角度来看,浙江财税政策并非仅仅聚焦于高端人才、创新人才进行"人才争夺战",而是普惠性地针对各类劳动群体的特点,通过政策托底与激励引导,制度性激发各类劳动群体主动创新致富的活力,打造人尽其用、安居乐业、创新创业的"乐土"。这切实体现了"坚持以人民为中心"的发展思想。在市场经济活动中,虽然有些劳动群体在初次分配中不具有优势,但这类群体并非"共同富裕"建设的负担,相反,各类劳动群体都是"高质量发展"的生力军,也是"高品质生活"的缔造者。

从市场主体的角度来看,招商引资、创新激励的财税政策瞄准大企业、明星企业比较常见,但综观世界经济发展史,美国、德国、日本等被公认为科技创新力、市场竞争力强的国家,小微企业的作用非常重要,不断涌现的各类创新型小微企业是这些国家保持创新力的关键。浙江财税在鼓励科技创新方面,不仅重视大企业集团、大平台、科技领军人才的作用,也非常重视培育"专精特新"企业。更值得关注的是,浙江财税在促进创新方面,比较注意营造良好制度环境、全面开发资源潜力,促进学校、企业、研究所、政府等资源的畅通整合,实现人力资源、物质资本等要素的有机结合。市场主体虽然是创新的主体,创新活动却是一个系统工程,不仅受制于当地的资源禀赋，而且依赖当地的制度环境，更需要形成一个有益于各类创新活动的"创新生态系统"，激活创新的内生动力。

"高品质生活"必然要求文化高质量发展。在文化公共品的层次方面，"阳春白雪"和"下里巴人"均有所进展。一方面，充分发挥集中力量办大事的制度优势，做好高品质、大项目的"阳春白雪"式浙江文化标杆产品；另一方面，有效使用财政资金解决基层公共文化设施建设"不充分"的问题，增加可及性、普惠性，针对区域不平衡问题，采取资金转移支付、项目转移支付、文艺产品转移支付等多种举措。浙江财税在提供公共文化产品方面，既运用财政资金做好"政府提供"，又运用激励引导促进"市场提供"。财政资金进行公共文化基础建设，给薄弱乡村、地区送文化产品，这一方面满足需求端的公共文化富裕需求，另一方面对于文化产业发展、文艺产品创作形成了供给激励，再配合相应的文化产品评奖评优和产业发展激励，有助于形成一个有自生能力的文化公共品生产—消费系统。

从激发社会活力角度来看，引导公益慈善发展，浙江财税政策能够较好地处理经济激励与非经济激励问题。公益慈善行为主要还是一种"利他行为"，如果过度强调给予税收优惠、财政补贴或奖励，反而是将慈善行为主体动机无形中处理成"自利行为"。浙江更多的是在管理上下功夫，给予公益慈善行为主体更多便利性而非物质激励，让慈善行为更为顺畅，体现出政府与慈善同心同向而行，更好地营造社会氛围。

值得注意的是，为发挥支持、引导、激励的功能，这些财税政策不可避免地以补贴的形式出现。但各类补贴性财政政策应该确立及时退出机制，以免政府过度介入形成社会的"寻租空间"，滋生以"补贴"谋生存的市场主体或脱离群众需求的文化"虚假繁荣"，反而损害高质量发展共同富裕的内生动力。

第三章 发挥体制力量促进平衡发展

浙江财政管理体制思路清晰,行动一致。调查发现,浙江财政直接与市县发生联系,并积极引导市县有所作为。省级财政从推动市县财政事权和支出责任匹配、资金直达基层等方面,健全省级财政的调配功能。与此同时,统筹考虑了地级市、县域自身的发展激励及地区间的协调发展问题,并采取适当的激励、奖补、分类划档转移支付等手段进行有效引导。浙江与时俱进地推出了"钱随人走"体系,着力构建以人为核心的转移支付体系。此外,积极探索与践行以"绿水青山就是金山银山"为理念的财政政策,调动省以下地方政府的生态保护积极性,增强绿色发展的内生动力。

第一节 强调财力下沉,健全省级调控

理论上,层级越低的政府越掌握当地资源禀赋、居民偏好等关键信息,在有效提供地方性公共物品、推动当地经济社会发展等方面具有一定优势,应当给予足够的财力,以便因地制宜、相机决策,而更具外溢性的公共物品供应、区域发展的平衡等利益协调则需要充分发挥更高层级政府的调控作用,两者综合发力是达到国家治理

目标的关键。① 同样地，在实现共同富裕方面，也应当做到推动财权与事权相匹配，激活地方政府；特别是区县级政府在其中的作用与积极发挥上级财政在区域间协同工作中的统筹作用相结合。

提升县级政府财政自主权，有助于改善公共服务效率、提高居民满意度。② 1953年以来，浙江一直实行"省管县"的财政管理体制，财力下沉程度相对较高，区县级政府有较为充足的财力用于推动地区经济发展，进行公共产品的有效供给。在浙江省下辖的11个地级市中，除了宁波市属计划单列市由中央管辖，其余10个设区市、49个县共59个单位都归省里进行管理。市县级财政收支占浙江总财政收支的绝大多数，以2021年一般公共预算情况为例，从财政收入看，省本级财政收入仅占全省的4.2%，大部分集中在市县层面；从财政支出看，省本级仅占全省的5.9%。从省与市县的财政收入分成安排看，在财政收入增量的分配中，市县留成比例高，实行"二八分成"。当市县收入存在增量时，省级分享20%，市县保留80%，这既提升了市县的财力水平，也激励了市县培育财源、提高财政收入的积极性，有利于夯实共同富裕的物质基础。

在具体实践中，浙江财政建立了以权责明确、财力下沉、省级调控为主要特征的有利于推动高质量、平衡、协调发展，有利于满足人民美好生活需要的省域财政基本框架。

一 推动市县财政事权和支出责任匹配，明确省以下财政职责

浙江省级财政坚持不做"大锅饭"，应由省级财政承担的职能，

---

① Weingast, B. R., "Second Generation Fiscal Federalism: Political Aspects of Decentralization and Economic Development", *World Development*, Vol. 53, 2014, pp. 14-25；鲁建坤、李永友：《超越财税问题：从国家治理的角度看中国财政体制垂直不平衡》，《社会学研究》2018年第2期。

② 高琳：《分权与民生：财政自主权影响公共服务满意度的经验研究》，《经济研究》2012年第7期。

省级不推诿，应由市县级财政发挥作用的领域，省级财政也绝不能越俎代庖。事权和支出责任的明确划分，可以保证财政在应发挥职能的时候可以名正言顺地开展工作，在需要负责任的时候不至于互踢"皮球"。早在2018年，浙江省人民政府便就这一问题发布了《浙江省人民政府关于推进省以下财政事权和支出责任划分改革的实施意见》，着力推进省与市县财政事权与支出责任的明确划分。

（一）推进省与市县财政事权划分

第一，制定省级财政事权清单。在中央授权的省以下财政事权范围内，制定省级财政事权清单，明确界定省级财政事权，适度加强省级保持经济社会稳定、促进区域协调发展、推进基本公共服务均等化等方面的财政事权。对省级委托市县行使的财政事权，受委托市县在委托范围内，以委托单位的名义行使职权，承担相应的法律责任，并接受委托单位的监督。

第二，制定省与市县共同财政事权清单。按照财政事权属性和划分原则，制定省与市县共同财政事权清单，逐步减少并规范省与市县共同财政事权，并根据基本公共服务的受益范围、影响程度和事权构成要素、实施环节，分解细化省与市县政府承担的职责，避免由于职责不清造成互相推诿和交叉重叠。逐步将体现省委、省政府战略意图，跨区域且具有地域管理信息优势的基本公共服务，确定为省与市县共同财政事权，并明确各承担主体的职责。

第三，明确市县财政事权。属于省以下财政事权且未列入省级财政事权清单和省与市县共同财政事权清单的事项，明确为市县财政事权。其中，对直接面向基层、量大面广、与当地居民密切相关、由市县提供更为方便有效的基本公共服务，在中央、省有关政策和支出标准内，赋予市县政府充分自主权，依法保障其履行财政事权，调动和发挥市县政府的积极性，更好地满足市县基本公共服务需求。逐步将地域性强、外部性较弱、信息较为复杂且主要与当地居民密切相关的基本公共服务确定为市县财政事权。

第四，建立省以下财政事权划分动态调整机制。根据中央各领域改革进程及财政事权划分情况，围绕省委、省政府重点工作，动态调整财政事权划分相关内容。

(二) 完善省与市县支出责任划分

第一，省级财政事权由省级承担支出责任。省级财政事权清单确定的财政事权应当由省级财政安排经费，省级各职能部门和直属机构不得要求市县安排配套资金。省级财政事权如委托市县行使，要通过省级转移支付安排相应经费。

第二，省与市县共同财政事权区分情况划分支出责任。省与市县共同财政事权清单确定的财政事权，应当区分情况划分支出责任和分担比例。根据基本公共服务的属性，体现国民待遇和公民权利，涉及全省统一市场和要素自由流动的财政事权，根据中央制定的统一标准，由省与市县按比例承担支出责任；对受益范围较广、信息相对复杂的财政事权，由省与市县按比例或省给予适当补助的方式承担支出责任；对省与市县有各自机构承担相应职责的财政事权，省与市县各自承担相应支出责任；对省级承担监督管理、出台规划、制定标准等职责，市县承担具体执行等职责的财政事权，省与市县各自承担相应支出责任。

第三，市县财政事权由市县承担支出责任。属于市县的财政事权，应当由市县通过自有财力安排经费。市县的财政事权如委托省级机构行使，市县政府应负担相应经费。

(三) 深化财政专项资金管理改革

根据省级财政专项资金支持财政事权情况，分类实施财政专项资金改革。市场能够有效发挥作用的事项，省级财政专项资金一律退出，过渡期间由政府产业基金通过市场化方式予以支持；属于委托市县行使省级财政事权的事项，可以安排省级财政专项资金予以支持；属于省与市县共同财政事权的事项，可以安排省级财政专项资金予以支持，并建立省与市县分担机制；对属于市县财政事权的事项，省级财政专项资金建立退出机制。

二 资金直达基层，财力充分下沉

在直达资金分配时重点向基层倾斜，财力最大限度下沉市县，有效提高基层财政保障能力。在实践中，浙江财政构建了"全过程""实名制""全流程""无死角""双驱动"的财政资金直达机制。

系统化构建，首创"全过程"管理制度体系。为推动直达资金管理规范化、制度化、系统化，省财政厅从横向、纵向两个维度建立健全常态化直达资金管理机制。建立面向市县基层财政部门的《浙江省直达资金管理实施细则》，从资金分配和下达、资金调拨、资金使用管理、资金监督管理、系统保障和完善、工作机制等方面，督促指导基层加强直达资金管理，打通直达资金政策落地的"最后一公里"。制定面向省财政厅内部的《浙江省财政厅直达资金管理工作规范》，遵循"明确职责、实时监控、立整立改"的原则，进一步明确职责，压实工作责任。同时，印发《关于进一步加强直达资金预算执行管理的通知》等，推动直达资金落实到位、规范使用。

动态化晾晒，建立"实名制"定期通报机制。每周以市为单位对直达资金分配、支出进度进行通报，每月对市本级、县（市、区）直达资金分配、支出进度进行通报，并"实名制"通报监管发现的问题，避免其他市县再次出现同类问题。同时，根据市县直达资金分配、支出进度以及直达资金监控系统数据质量等情况，分类建立关注名单，进行动态调整。对特别关注的地区和重点关注地区，视情况采取下发关注函、实地督导、开展约谈等措施。2021年对全省各地情况开展月通报累计11次，对省财政厅内部各处室工作周通报累计46次。

全方位跟进，创新"全流程"业务指导模式。建立厅领导直接督导市县制度和"业务处室分口指导+专班全过程指导"并行的业务指导模式，对直达资金分配、下达和使用进行全过程督促指导。规范直达资金数据导入流程，升级本地生产系统与直达资金监控系统的对接程序，进一步减轻基层工作压力。同时，完善直达资金工作考核，将各地直达机制落实情况纳入全省财政管理绩效考评重要内容，量化直达资金考核标准，构建直达资金分配进度、支付进度、数据质量等全方位、全流程的指标体系，并与相关转移支付资金分配挂钩，强化正向激励。

数字化牵引，创建"无死角"监管督查系统。依托直达资金动态监控系统，跟踪预算下达、资金支付等情况，对异常情况提前预警、及时处理，深入了解各地直达资金及政策落实情况，帮助基层解决实际困难和问题。根据直达资金动态监控系统反映的普遍问题，组建督查小组，围绕资金分配、拨付、台账数据等方面开展实地督查。综合运用日常监管、重点监控、现场核查等多种手段，结合外部监督，分两次组织开展直达资金管理使用情况排查并针对相关问题提出具体整改意见，确保资金及时拨付、精准直达、安全使用。同时，鼓励市县因地制宜开展创新，形成"蜗牛项目清单"等具有地方特色的项目督导措施，确保资金使用规范高效。

协同化推进，发挥"双驱动"部门协作效应。根据财政部2021年明确的直达资金范围，会同主管部门提前开展谋划，强化部门协调配合，有针对性地加强财政项目库建设，着力提升项目储备数量和质量，全力支持重大项目、重要领域建设。同步建立管理清单，协同主管部门积极争取、倒排节点、对标推进，加快资金分配细化进度和项目具体实施。同时，协调主管部门做好对下督促指导工作，切实担负起本领域直达资金使用的主体责任及督导职责，共同推动中央直达资金精准落地。

2021年，全省中央直达资金分配进度100%，支出进度96.8%，居全国前列。省财政做好"过路财神"，将中央下达全省资金总量的92.5%分配下达市县基层，获得资金支持的市县财政部门利用好财政支出权力，凭借自身信息优势，做好"功能财政"，市县级财政支出占全省直达资金支出总额的92.4%。

不做"甩手掌柜",在财政资金使用权力充分下放的同时,省财政对市县财政资金使用进行严格监督,确保每一分钱都用在刀刃上。在落实直达资金时,突出加大惠企利民力度,支持各类型企业发展,激发市场主体活力;帮扶困难群众,坚持兜牢民生底线,满足基本民生需要;聚焦重点工程,缓解地方财政近年来减收增支压力,保障地方各类基础设施建设项目有序开展,增强地方做好"六保""六稳"工作信心。不仅将财政资金"送得准",也确保送到基层政府手中的资金"用得好",发挥了资金直达基层的政策效用。2021年,全省直达资金直接惠及各类市场主体6.9万家,有效支持保市场主体;直接惠及6706.9万人次,有效支持保基本民生。

三 发挥省级财政资金的引导作用,推动区域结对均衡发展

浙江省内地形以丘陵山地为主,平原主要分布于东北部和沿海地区,区域内资源禀赋差异较大,东部沿江沿海地区发展程度较高,中西部丘陵山地地区较为落后。根据浙江省统计局数据,2020年,位于浙江东部沿海地区的宁波市居民人均可支配收入为59952元,同期位于浙江西部丘陵山地地区的衢州市居民人均可支配收入仅为37935元,浙江省内不同地市间人均收入水平仍存在一定差距。

山与海,赋予了浙江城乡摇曳生姿的美,却也一度成为区域协调发展中横亘着的沟壑。如何在"七山一水二分田"的先天条件下,推动山区26县高质量发展?习近平同志在浙江工作期间提出并推进"山海协作工程",为浙江破解发展不平衡不充分问题指明了方向。浙江沿着习近平同志指引的路子,高质量实施"山海协作"工程,使其成为浙江破解省内区域发展不平衡问题、推动经济欠发达地区高质量发展的有效举措,也是浙江推进共同富裕示范区建设的重要路径。

"山海协作"需要调动"山""海"两个行为主体的能动性,

既要"山"走向"海"("飞地"),也要"海"拥抱"山"("山海协作产业园"),在推动区域结对发展过程中,浙江财政发挥引导作用,通过财政资金引流撬动社会资金杠杆,助推缩小区域发展差距。

"山"走向"海"——引导欠发达地区到发达地区开展"飞地"建设。2003年,浙江财政率先设立西部大开发和山海协作贷款贴息资金,用于"消薄飞地""科创飞地""产业飞地"等基础设施项目贷款贴息以及山海协作乡村振兴示范点和社会事业等领域合作项目。

2021年1月,浙江出台《关于进一步支持山海协作"飞地"高质量建设与发展的实施意见》后,绍兴滨海新区第一时间和衢州开化县、台州仙居县对接,实行专班化运作、项目化实施、清单化推进。3个月后,绍兴滨海新区、衢州开化县两地便成功牵手结对,诞生了全省首个山海协作"产业飞地"。目前,山区26县中已有25个"产业飞地"签订共建协议,成功引进项目20个;13个"科创飞地"启动建设,完成投资28.7亿元,孵化项目276个,回流山区26县实现产业化项目99个,引进副高职称及硕士以上人才327人。以文成紫金科创飞地为例,作为由文成县与浙江大学合作共建的文成首个科技创新飞地,文成(杭州)紫金科创飞地搭建了一个科技研发双向交流平台,实现了"科技研发在杭州、产业落地在文成",高科技人才"工作生活在杭州、智慧服务在文成",为文成打造了科技高地、双创高地和人才高地,全面提升了创新创业环境,目前已有8家企业进驻。浙江大学技术转移中心文成分中心的成立进一步打通了文成引进以浙江大学为代表的在杭高校、科研院所的高层次人才与科技智力资源的通道,有利于加快浙江大学等高校的科技成果在文成转化落地,为文成大孵化集群建设提供智力支持;36个"消薄飞地"有效带动超过2900个经济薄弱村实现返利近3亿元。衢江区120个行政村入股鄞衢山海协作"消薄飞地",由财政资金、扶贫资金、村集体自筹资金拼盘共投入11000万元,投资鄞州经济开发区万洋众创城厂房项目,2020年"消薄飞地"固定收益达600万元,带动衢江13.5万人受益。

"海"拥抱"山"——引导发达地区到欠发达地区开展"山海协作产业园"建设。主要围绕欠发达地区的生态优势、绿色资源,由发达地区协助欠发达地区共同开发、共同发展。2013年,浙江开始推动"山海协作产业园"建设,鼓励省内较发达的地区与山区26县立足发挥"山""海"比较优势,建立协作平台。与此同时,省级财政也同时给予配套的资金支持,即"省级山海协作产业园建设资金"。该资金属于一般性转移支付,纳入省与市县财政年终结算,具体内容如表3-1所示。资金的分配遵循"分类分档、奖补结合,动态考核、以奖促建"的原则,资金设置力在"扶上马、送一程",充分发挥省级财政的引导作用。

目前,该项资金已实施两期,第三期自2022年开始实施。如表3-1所示,从三期政策的对比情况来看,资金面向的对象逐步扩大,反映出参与"山海协作"的地区和项目在逐步增加;资金的分配主要以"补助+奖励"的形式进行,而资金下拨的要求越加严峻,绩效考核保障了财政资金使用的有效性;浙江对资金适用范围做了规定,并提出了"专项资金禁止用于平衡当地财政预算,禁止用于机关或事业单位的办公经费,禁止用于发放津贴补贴"的要求,保障资金的准确使用。十年来,浙江共安排省级财政资金27.29亿元,支持9个省级山海协作产业园的建设及提升工程,推进18个山海协作生态旅游文化产业园建设,打造"山海协作"升级版。在政策带动下,省级山海协作产业园建设呈现出推进有力、进展顺利、成果明显的良好态势。从2003年全面启动"山海协作"工程,到2019年打造"山海协作"工程升级版,再到现在的建设共同富裕示范区,浙江在"山海协作"模式下稳扎稳打,走出了一条互助合作、互利共赢的"山""海"共富之路。

表 3-1　　浙江省不同时期的山海协作资金管理办法

	2014—2017 年	2018—2021 年	2022—2024 年
文件名	《浙江省财政厅 浙江省人民政府经济合作交流办公室关于印发浙江省山海协作产业园建设专项资金管理办法的通知》	《浙江省财政厅 浙江省发展和改革委员会关于印发浙江省山海协作产业园建设资金管理办法的通知》	《浙江省财政厅 浙江省发展和改革委员会关于印发浙江省山海协作资金管理办法的通知》
面向对象	9 家省级山海协作产业园所在县（市、区）政府	省级山海协作产业园、省级生态旅游文化产业园所在县（市、区）政府	省级山海协作"产业飞地"、特色生态产业平台所属的山区 26 县
资金分配	基础补助资金（1.2 亿元）：排名前 3 位的产业园分别补助 1600 万元，排名第 4—6 位的分别补助 1300 万元，排名第 7—9 位的分别补助 1100 万元；考核奖励资金（0.8 亿元）："大好高"项目引进权重为 0.25，其他补助因素权重为 0.75	省级山海协作产业园根据年度绩效评价结果，按排名分三档给予分配；省级生态旅游文化产业园根据确定的产业园数量和年度绩效评价结果及其权重进行分配	平均每个"产业飞地"和特色生态产业平台各 4000 万元；按照"基础奖励（60%）+中期绩效奖励（40%）"方式进行分配
资金使用范围	（一）产业园基础设施建设，包括交通、能源、水利、环保及其他配套设施建设；（二）为园内企业提供管理咨询、市场开拓、劳务实训、技术创新等支持的公共服务平台建设；（三）科技含量高、带动效应强、符合发展导向的优质项目和重大项目资金补助或贷款贴息	（一）产业园基础设施建设项目，包括交通、能源、水利、环保及其他配套设施建设；（二）产业园规划编制、市场开拓、劳务实训、技术创新等相关项目；（三）产业园内科技含量高、带动效应强、符合主导产业的优质项目、生态园范围内的综合性旅游开发、酒店设施、养老养生等文商旅综合体项目、农家乐（渔家乐）、民宿以及农业观光田综合体等旅游新业态项目	（一）"产业飞地"和特色生态产业平台范围内政府投资的基础设施建设项目；（二）"产业飞地"和特色生态产业平台人才培训和技术创新等相关项目；（三）其他山海协作"产业飞地"和特色生态产业平台建设相关的重点工作

第二节 注重以人为本,推进"钱随人走"

实现共同富裕需要进一步落实以人为中心的发展理念,促进全体人民的全面发展。① 让全体人民享受优质的教育、医疗等基本公共服务,既是共同富裕的关键内容,又是推动共同富裕的推动力量。② 探索以人民为中心的中国特色社会主义公共产品供给模式,是推动共同富裕的制度优势构建的关键,这主要体现在基本公共服务均等化的财政职能方面。③ "基本公共服务均等化"不仅是 2035 年远景目标之一,也是当下与实现共同富裕的要求相比存在诸多短板和差距的领域。④ 2021 年 10 月 16 日,习近平总书记在《扎实推动共同富裕》中强调"尽力而为、量力而行"的工作原则,要求"统筹需要和可能,把保障和改善民生建立在经济发展和财力可持续的基础之上",指出重点是"加强基础性、普惠性、兜底性民生保障建设"⑤。

《中共中央 国务院关于支持浙江高质量发展建设共同富裕示范区的意见》中强调,浙江发展必须坚持以人民为中心。坚持发展为了人民、发展依靠人民、发展成果由人民共享,始终把人民对美好生活的向往作为推动共同富裕的奋斗目标,瞄准人民群众所忧所急所盼,在更高水平上实现幼有所育、学有所教、劳有所得、病有所医、老有所养、住有所居的工作原则要求。

---

① 李实、朱梦冰:《推进收入分配制度改革 促进共同富裕实现》,《管理世界》2022 年第 1 期。

② 李金昌、余卫:《共同富裕统计监测评价探讨》,《统计研究》2022 年第 2 期;刘培林等:《共同富裕的内涵、实现路径与测度方法》,《管理世界》2021 年第 8 期;吕光明、陈欣悦:《2035 年共同富裕阶段目标实现指数监测研究》,《统计研究》2022 年第 4 期;马凤岐、谢爱磊:《教育平衡充分发展与共同富裕》,《教育研究》2022 年第 6 期。

③ 闫坤、史卫:《中国共产党百年财政思想与实践》,《中国社会科学》2021 年第 11 期。

④ 李实、杨一心:《面向共同富裕的基本公共服务均等化:行动逻辑与路径选择》,《中国工业经济》2022 年第 2 期。

⑤ 习近平:《扎实推动共同富裕》,《求是》2021 年第 20 期。

在实践过程中，浙江财政充分发挥职能，推动基本公共服务均等化，较好地践行了这一原则。

一 以标准化促进均等化，打造全生命周期公共服务体系

浙江是经济大省，也是一个名副其实的人口净流入大省。根据第七次全国人口普查数据，浙江外来常住人口比重占总常住人口比重高达43%。这种人口构成意味着，对于浙江共同富裕的评价绝不能仅聚焦于户籍人口，而应该关注所有常住人口，同时浙江的公共服务体系的涵盖范围也必须将所有生活在浙江省域内的人民包括在内。

实现公共服务的均等化需要一套行之有效的公共服务体系，而评价公共服务提供的质量或将不同居民所享受的公共服务水平进行比较必须要有一个统一的标准。浙江在推动公共服务均等化的实践中摸索出一条通过标准化推动服务体系建设，从而逐步实现公共服务均等化的道路。专栏3-1提供了海盐案例，展示了地方政府通过基本公共服务标准化促进均等化的全方位成效。

从基本公共服务保障标准体系的省级构建来看，浙江省发展改革委联合29个省级部门出台的《浙江省基本公共服务标准（2021年版）》（以下简称《浙江标准》），明确指出95项基本公共服务标准。该标准围绕人的全生命周期展开，涉及"幼有所育、学有所教、劳有所得、病有所医、老有所养、住有所居、弱有所扶、军有所抚、文有所化、体有所健、事有所便"11个领域。结合浙江经济社会发展实际和更好地满足人民美好生活的需要的要求，《浙江标准》有13项服务标准高于《国家基本公共服务标准（2021年版）》，如残疾儿童及青少年教育服务项目，免费教育服务对象从家庭经济困难的残疾学生扩大到所有残疾学生，服务内容增加了"在校残疾人大学生和研究生的学费住宿费减免"。在基本公共服务类型上多了15项，比如，明确为未成年人、老年人、现役军人、残疾人和低收入人群，

提供文物建筑及遗址类博物馆门票减免、文化和自然遗产日免费参观等服务。

在《浙江标准》中，每一个服务项目都包含了服务对象、服务内容、服务标准、支出责任和牵头单位五大要素。其中，在服务对象方面，《浙江标准》努力推进基本公共服务从户籍人口向常住人口全覆盖。在95项基本公共服务标准中，70%以上服务项目覆盖常住人口，如优生优育服务项目、孕产妇健康服务等项目服务对象都明确为辖区常住人群对象，推进基本公共服务从户籍人口向常住人口全覆盖。为确保每项基本公共服务都有财政保障，浙江省级部门出台了128个政策文件明确具体支出责任。

从基本公共服务保障标准体系市级构建来看，各级财政在实践中充分发挥保障功能。以温州市为例，2022年以来，温州市财政局以"构建基本公共服务保障标准体系改革"省级试点为契机，第一时间建立领导小组、成立工作专班、制定实施方案，创新建立"1个清单+1个机制+1个体系"基本公共服务保障标准体系，稳步推进基本公共服务均等化改革。

一是创新建立"分类+分档"保障标准清单。全面排摸梳理温州市区保障标准，针对各区保障标准不一、差距较大的情况，多次开展研讨，形成覆盖"1张清单、38个项目"的财政保障标准体系，直观反映各地基本公共服务财政保障情况。横向构建固定标准和暂定标准，为进一步探索"统一提标、动态调标"提供参考依据。其中，固定标准为中央或省、市已明确金额或计算公式的标准，涉及项目20个；暂定标准为各地已出台文件但标准各异，或通过上年度执行数和服务对象等因素测算得出的标准，涉及项目18个。

二是创新建立"基数+系数"动态调整机制。在建立清单的基础上，建立温州市区基本公共服务财政保障标准动态调整机制，对基本公共服务保障标准进行"一年一梳理"，明确动态调整的启动条件，实施"发起调整、财政初审、绩效评审、财政评估、备案发布"的全链条管理。同时，根据地方经济发展、财力状况和重大改革任务等因素，按照"历史基数+调整系数"的形式，科学合理调整保障标准，确保基本公共服务财政保障与经济发展水平相适应。

三是创新建立"个性+共性"绩效评价体系。为提高财政资金使用效益，市财政局创新将预算绩效管理理念延伸至基本公共服务领域，聚焦"执行情况、社会效益、群众评价"三个维度，选择覆盖面广、资金量大、社会关注度高的项目开展重点评价，确保将有限的财政资金用在基本公共服务的"刀刃"上。目前已制定了5类共性指标，细分为52项个性指标，覆盖11个基本公共服务项目。同时，将绩效评价结果作为动态调标的依据，滚动推进标准清单迭代完善，实现财政保障更加科学、更加精准、更富成效。

专栏3-1：海盐高标准推进城乡基本公共服务均等化纪事

这是殷露娜寻常的一天。吃过早饭，家住海盐县百步镇百联村的她，开车五分钟，将儿子送进镇中心幼儿园。随后，她带母亲去家附近的镇卫生院复诊高血压。医生问诊后，一张处方"飞"到十多公里外的县中医院药房电脑上，调配师立马审核、抓药，药房熬好的中药当天免费快递到家。晚饭后，殷露娜母子走进不远处的镇图书分馆，离开时从自助机上借走一本书。"城里有的，我们农村都有，都挺好。"殷露娜一脸骄傲。

在海盐，"优质均衡"四个字并不是抽象的概念，而似柴米油盐融进了百姓寻常生活。"共同富裕，重在城乡'共同'。多年来,海盐致力于消除城乡之间的鸿沟,一盘棋谋划、一体化推进,高品质满足城乡居民公共服务需求,努力让城与乡在优质均衡中逐梦共同富裕。"海盐县委书记王碎社说。

浙江各个县(市、区),海盐经济体量处于中游水平,如何合理分配有限的财力、"把蛋糕切好"?公共服务水平的提升,带来哪些深层次的变化?城乡均衡发展过程中,农村在跟上城市发展步伐的同时,如何保持乡土特色、留住乡愁?……近日,带着这些问题,记者在海盐城乡间穿梭。

落落大方登上舞台,举手投足间充满自信——最近在嘉兴市一项演讲比赛夺冠的海盐官堂小学五年级学生柴欣瑶说:"演讲时觉得自己在发光。"四年前,她在全班同学面前连发言都不敢。这一转变,从海盐城区学校"流动"到官堂小学的老师王丽勤功不可没。2018年和城里学校结对后,"下乡"的王丽勤带领官堂小学教师团队自主编写校本教材,每周三下午以快板、相声、朗诵等形式教学,如今学生们一上台就"范儿"十足。

在海盐农村学校,城里来的老师越来越多。2008年始,海盐探索校际合作发展模式,27所农村学校与7所城里学校全部结对。现在,全县1/3的农村学校校长曾是城区学校名师,近五年,义务教育教师有35%参与城乡师资流动,其中38.5%为骨干教师。城乡学校课堂也开始"同步"。记者走进沈荡中学多功能教室,一根网线、一个摄像头显示出它的不同。"这是'同步课堂',每个星期我们都有几堂课跟城里的实验中学一起上。"如今,海盐已成为全省首个实现全域开展同步课堂的县(市、区)。

城乡之间"同频共振"的不止于此。在与群众日常生活密切相关的教育、卫生、文化三大领域基本公共服务方面,海盐力求做到城乡优质均衡,在这三架天平上"称"出老百姓的获得感。

不久前，西塘桥街道八团村村民王帅因胸闷前往村卫生站就诊。心电图检查后，医生怀疑是心梗，马上联系县人民医院，及时安排转院治疗。王帅"抢回一条命"，得益于海盐创新的医共体建设。如今，2家县级医院分别与9家基层医疗卫生机构结对，87家村（社区）卫生服务站均为"紧密型服务站"。老百姓愿意在家门口看病的越来越多了。县人民医院西塘桥分院执行院长黄爱民说，近三年，分院门诊量每年递增30%。去年，海盐县财政对卫生健康领域投入3.65亿元，5年间翻一番。近日，全国8个基层卫生健康综合试验区公布，海盐名列其中，为浙江唯一。

在文化公共服务方面，农村新的需求也正被点燃。通元镇"涵芬"智慧书房的借阅室，200多平方米的空间，5000余册图书，30余项阅读学习活动……"家门口就有图书馆，看书不用去县城。"家长们评价。早在2014年年底，海盐就率先构建了城乡一体化文化馆总分馆体系——县文化馆为总馆、镇街设分馆、村（社区）文化活动中心（文化礼堂）为支馆。"涵芬"智慧书房是实现无人值守的实体街区图书馆，提供24小时图书自助借还服务。

为让"全民健身"在乡村落地生根，去年8月，海盐首个"运动家"智慧体育社区在望海街道应运而生。200多平方米的健身房，跑步机、椭圆机、划船机等十余套专业健身器材一应俱全。体育指导员还为村民开出"运动处方"，帮助群众科学健身锻炼。

海盐在"分好蛋糕"的同时，真切地看到了"做大蛋糕"的另一面。来自四川宜宾的吴寒，现在秦山街道一家服装厂工作，他说，海盐服装业的工资不一定比其他市县高，但自己却在这干了20年："两个孩子都先后在这里上学，他们特别喜欢，无论如何不愿意离开！"吴寒的例子不是个别，很多地方都有的用工荒，在海盐很少出现。

二元难题的新解法。城市和农村之间，横亘的"鸿沟"由来已久。曾经，海盐近8万户农户分散居住在3953个自然村。土地低效利用、人员分散居住的状况，导致公共服务难以均衡有效配置，成为城乡一体化的难点。为扭转局面，海盐相继出台多项宅基地收储、置换政策，不仅盘活了农村土地资源，更有效地促进了人口集聚，为公共服务城乡均等化奠定基础。眼下，通过农村土地综合整治，海盐将3953个自然村规划为9个新市镇，引导农户逐步向城镇、社区集聚。

值得一提的是，在海盐，城乡"均衡化"并不意味着"同质化"，尤其是乡村，仍是一方存有乡土味、容得下乡愁的地方。在沈荡中学，走出最后一幢教学楼，便是孩子们另一片天地——农耕文化园。老师交给学生种子，体验从播种、耕作到收获，甚至最后烹饪的全过程，既了解植物生长规律，又体验博大精深的农耕文化，还能成为写作的绝佳素材。学校还根据当地特色和农村学生特点，开设30门拓展性课程，为学生个性化发展提供舞台。

"量力而行"的改革更有生命力。农村基层文化阵地无人管、文化队伍无人带、文化活动无人组织，怎么办？早在2011年，海盐在全省首创文化下派员制度，9名舞蹈、音乐、曲艺专业毕业的大学生到镇街担任宣传文化下派员。2013年，村（社区）专职文化管理员队伍建立，在村、社区和村民之间建起文化纽带。如今，全县104个村（社区）均已配备专职宣传文化管理员。

眼下，城乡差异不再是物理上的差异，数字化改革为破解城乡二元难题提供了更优解法。今年，海盐在全省率先打造数字化健康服务中心，为高血压、糖尿病等患者提供在线复诊。家住西塘桥街道海塘村的黄炳荣只需在家打开电视，县人民医院医生就会如约出现，问诊、开方、付费全部在线完成，前后只花10分钟。中医药配药还可在线"接单"。走进海盐县中医院全省首个中医药"共享大药房"，可见一张张处方不断从电脑上"跳"出。"每天500多张中药处方，7成来自乡镇。"县中医院院长顾永良说，全县三级公立医疗机构均按省级标准设立中医药诊疗区。

海盐正以数字化改革牵引，为填平城乡鸿沟提供持续动力。在海盐采访时，经常会听到这样一些话，让人心头一热："无论是城里还是乡下，最漂亮的房子必须是学校，而且是一样漂亮"——这是县领导的话；"村里的老百姓如果觉得哪里还比不上城里，我们就从哪里做起"——这是镇街干部的话；"我是从农村学校读出来的，只有回到这里，才能最大限度实现自己的人生价值，我不打算回去了"——这是县城学校"下乡"的老师的话。三言两语让人感受到无论是决策者、执行者，还是参与者，都不满足于把事"做成"，而是致力于用心把事"做好"。我们看到，"事"的背后，是"人"，是一个个用心用情做事的人。

一个"均"字，重千斤。功成不必在我，功成必定有我。在推动公共服务迈向更高水平的优质均衡中，海盐历届县委、县政府和党员领导干部真正做到了一张蓝图绘到底、一任接着一任干。

"多去村里走一走，就会明白我们做的事情多有意义。"今年10月，汤敏建履新于城镇党委书记。此前，他在于城镇已工作7年。让老百姓在家门口就能参与文化活动，是镇党委、政府每年都抓的重点。2015年起，仅用2年就让村级文化礼堂全覆盖，构筑百姓"10分钟文化活动圈"。"老百姓想的，就是我们努力去干的。"前些年，当地村民提出，能否把废弃老粮仓变成公共服务场所。2018年起，于城镇将7幢老粮仓改造为城市客厅，并将其中一幢打造成智慧书房。"我们还将继续完善'历史记忆馆'，让村民找回乡愁。"汤敏建说，"更多推动公共文化资源向基层延伸的内容等已写入小镇未来五年规划"。

任何改革都应是决策者、执行者、参与者、受惠者合力参与，多方互动。眼下，海盐公共服务已从"过度依赖政府"转变成多元参与、互动共赢。在官堂小学，去年"支教"期满的王丽勤选择留下来。三年时间，她教过的班级学生成绩从全县倒数成为名列前茅。"我会安心扎根这里，探索更适合乡村的教学方法。""85后"文化下派员董苗苗在县开发区（西塘桥街道）带领大家唱歌跳舞的同时，她听说永宁社区居民以前逢年过节有扎草龙的习俗，后因种种原因中断，下决心重拾传统文化。董苗苗查阅了大量史料，设计队形、编排动作、挑选配乐，请老艺人耐心地教授村民，编排了舞草龙，让这一民俗再现。"文化下派员职责里没有这个要求，这是我的'自选动作'。"董苗苗说，眼看着村民文化生活越来越丰富，由衷感到高兴和骄傲，更会寻思着能不能再多做点什么。在海盐，还有很多"王丽勤"和"董苗苗"们，都在为着同一个梦想，付出微小而坚韧的努力，正如点点微光，逐渐汇聚成星河，齐心协力把梦想点亮。

如今，随着海盐城乡之间的通道逐渐被打开，令人着迷的变化正如金黄的稻穗，在广袤的田野上沉淀出一个丰收季。

（来源：浙江新闻，2021-12-13）

二 构建以人为核心的转移支付体系，解决好外来人口的公共服务保障

让市县的财力保障更加均衡、各地提供的基本公共服务水平更加均等，以促进基本公共服务均等化。2022年，浙江省财政厅正式印发《"钱随人走"制度改革总体方案》，浙江成为全国首个系统化、集成化探索"钱随人走"制度改革的省，并指出构建"1+X+N"制度体系，即出台1项核心实施意见，制定X项配套制度，修订完善N项"钱随人走"转移支付资金分配文件，把财政资金配置到最需要的地方，形成政策合力，发挥集成效应，有效提升"钱随人走"制度改革的整体管理能力。专栏3-2展示了浙江省构建以人为核心的转移支付体系的基本思路与具体成效。

具体而言，"1"是指《关于推进"钱随人走"转移支付制度改革的实施意见》（以下简称《实施意见》），对分领域的"钱随人走"转移支付资金管理办法提供指导性思路和意见。"X"是指围绕《实施意见》中的改革工作任务，研究制定X项配套制度，为《实施意见》提供政策依据支撑，主要包括基本公共服务财政保障标准管理制度、财政承受能力评估制度、基本公共服务领域财政事权和支出责任划分改革实施方案和农业转移人口市民化财力保障机制。后期，还将根据改革实践的需要增加相关基础性制度。"N"是指出台或修订N个领域的"钱随人走"转移支付资金管理办法，以加强和规范各领域"钱随人走"转移支付资金管理。

在浙江"钱随人走"改革探索过程中，形成了一个清晰明确的实施路径。首先，聚焦什么"钱"，以公共服务属性划分，分类确定资金项目。省财政厅以《浙江省基本公共服务标准》明确的11类公共服务领域、95项公共服务项目为基础，结合各类基本公共服务的提供主体、服务内容、服务对象等属性，确定纳入"钱随人走"制度改革的范围清单。其次，聚焦什么"人"，以基本公共服务对象划

分，实现精准挂钩。浙江省政府强调改革不是简单的"一刀切"，不同的公共服务领域对应的保障人群和服务对象是不同的。例如，公共卫生对所有人群开放，但义务教育只服务于纳入学籍管理的学生。针对普惠型公共服务和特定享受对象领域、省内转移人口和省外流入人口等不同类型，实施分类改革。再次，聚焦怎么"走"，以支出成本关联度划分，分布优化资金分配。浙江按照先易后难、分步走的改革思路，结合改革实施主体的财力状况，优先选择与人口或特定享受对象直接相关、按核定标准执行的运行成本，合理确定补助标准和人口因素权重。比如，义务教育的改革，优先选择学生生活补助、免费提供教科书等与学生密切相关的项目，再逐步推广到学校运行、校舍建设等方面。最后，聚焦"谁"来改，以事权支出责任划分，分级确定改革主体。进一步明确"钱随人走"制度改革的分级实施主体，分层级有序推进改革。省级重点对属于省与市县共同财政事权（省级委托市县事权）的基本公共服务领域开展改革试点，相应深化省以下基本公共服务领域财政事权和支出责任划分改革，并统筹协调市县改革过程中涉及跨地区的事务；市县参照省级改革模式，负责市域、县域范围内的基本公共服务领域"钱随人走"制度改革。

专栏 3-2：浙江省探索"钱随人走"制度体系创新公共服务均等化有效路径

浙江地处长三角，作为中国沿海发达地区，也是民营经济最发达的省份，吸引了大量外来人口就业，为经济社会发展提供了重要支撑。根据第七次全国人口普查数据显示，浙江常住人口 6457 万，居全国第八位，但流动人口高达 2792 万，居全国第二位，占常住人口比重达43.2%。

如何做好流动人口的公共服务供给，优化资源分配，是浙江探索构建共同富裕示范区的一个重要课题。"过去我们都是从静态地理概念看待地区之间的贫富差距，并对加快发展地区进行转移支付。但是从人口流动的角度来看，地区间贫富差距已经从静态变成动态，如果还是根据原有户籍人口进行分配，就可能与实际需求脱节。"浙江省财政厅负责人介绍道，"浙江是共同富裕示范区，那我们就要勇敢破冰，放弃以静态地理概念来缩小区域差距和分配公共资源的传统做法，让公共资源的配置、布局跟随人走，推进基本公共服务均等化。"

百尺竿头更进一步，为不断提升全省基本公共服务均等化水平，浙江省财政厅在深入基层走访调研的基础上，创新探索构建体系化、集成化的"钱随人走"制度体系，以更加精准的转移支付调节，实现更加均衡的财力保障，提供更加均等的基本公共服务。

一 构建以人为核心的转移支付体系，实现更加精准的转移支付调节

针对转移支付分配不够精准的问题，浙江省财政厅强化顶层设计，构建"钱随人走""1+X+N"政策体系，即出台1个转移支付制度改革实施意见，建立完善X个配套制度，优化N项分领域转移支付资金分配管理办法，加大转移支付资金与常住人口因素的联系程度，推动转移支付资金分配与基本公共服务对象精准挂钩，并在教育、卫生领域率先试点突破。

"引入工作当量考核后，做得多就拿得多，基层医护人员的工作积极性和主动性被充分调动起来。"织里镇社区卫生服务中心公共卫生科科长举例说，"原本一些居民不了解、不愿意建立健康档案，医护人员也就多一事不如少一事。现在就不一样了，

我们的医护人员会主动给那些没有建档的居民打电话，引导他们积极建档，帮助居民们更好地掌握自己的健康情况"。在公共卫生领域，湖州市吴兴区创新引入公共卫生服务"当量法"优化转移支付分配，根据每个项目的服务标准、人力成本、资源消耗、风险和难度，确定各个项目的标化工作当量，在财政资金分配时，按照各地当量的多少进行分配，使资金跟着享受服务的人群和服务工作的绩效走，提高了基层卫生机构为辖区内的群众提供均等化公共卫生服务的积极性。

二 强化政策激励、做好兜底保障，实现更加均衡的财力保障

针对山区海岛县因人口流出等因素导致财力减少等问题，浙江省财政厅深化完善均衡性转移支付体系，充分考虑山区海岛县地理区位、人口流失等因素造成基本公共服务成本较高的客观实际，通过适当加大补助力度、设置保底补助等形式予以倾斜。

为缩小地区差距，浙江省财政厅设立均衡性转移支付制度，将资金分配重点向山区26县在内的财政困难地区倾斜，并配套建立稳定增长机制，确保资金规模每年按一定比例增幅稳定增长，有效提高县级基本财力保障水平，推进基本公共服务均等化。以景宁县为例，综合考虑其山区地理位置与少数民族特点，2021年给予补助7800多万元，有效支持了当地的民生水平提升。

三 优化人口布局财政激励政策，提供更加均等的基本公共服务

针对山区海岛地区因人口分散导致公共服务支出绩效低的问题，浙江省财政厅持续完善山区26县人口集聚资金奖励方案，奖励资金向集聚人口增加、集聚程度提高的市县倾斜，鼓励山区海岛县加快优化人口布局调整进程，提升基本公共服务质量。

在义务教育领域，浙江省财政厅创新打造教育领域"钱随人走"转移支付办法，加大对现有义务教育专项经费整合力度，设计了优化转移支付分配模式、吸纳流动学生奖补、小规模学校布局优化奖补等系列政策体系，提高财政预算资金的绩效。同时，强化市县义务教育支出优化，打通"钱随人走""最后一公里"。

"离岛求学，虽然远离家乡和亲人，但能享受到城市优质的教育，政府还给予一定的生活补助，对海岛居民子弟来说，还是值得的。"舟山市普陀区教育局相关人士介绍道。针对辖区内各小岛居住人口不断减少、小岛学校学生人数少的情况，普陀区财政局创新出台"离岛补助金"政策，对离岛求学的学生，如在就读地区未购买住房，区财政会给予每个学生每年一定的补助。

四 共富路上财政同行

"钱随人走"制度改革在过去发展型财政正常体系的基础上，更加突出人的因素，切实解决依附在人身上的公共服务资源配置问题，不仅仅关注公共服务"物"上有没有，更关心群众要不要、觉得好不好，实现从"发展型"向"共富型"的转变。

此前，浙江财政在设定"钱随人走"改革目标时，一反财政人用数字说话的职业习惯，用了这样几句温馨的话来表述：未来，希望有更好发展的人，仍可以往大城市跑；喜欢安逸生活的就留在县城，也不用担心那里的教育、医疗等基础公共品会比大城市差太多。

（来源：人民论坛网，2022-10-24）

第三节　科学分类管理，精准激励奖补

推动共同富裕、持续做大"蛋糕"，需要实现各方激励兼容、增强内生发展动力。[①] 为进一步激发地级市扶持所辖各县（市）发展的积极性，增强地级市统筹区域发展能力和辐射功能，引导地级市加大对所辖各县（市）基础设施建设、产业发展以及民生改善等方面的投入，进一步整合区域资源，推动区域统筹发展，提高区域竞争力，浙江在财政体制上打通地级市与县（市）的通道，在财政省直管县的总体框架下，建立了区域统筹发展激励奖补机制，引导地级市加大对所属县（市）的投入，促进区域均衡发展。除省以下财政体制安排之外，浙江省在改革省以下财政体制的过程中，还特别强调县（市）的均衡发展，并出台了若干专项措施。

一　分类分档，以差异促均衡，缩小地区间财力差距

从2008年开始，浙江探索建立转移支付地区分档体系，实施"因素法"分配，以各市县经济发展水平、财力状况等因素为依据，将全省市县分为二类六档，财政越困难的市县，转移支付系数越高，同等条件下获得的转移支付资金越多。进行差异化转移支付，使转移支付资金进一步向财政困难地区倾斜，以此均衡全省财政资源分配，充分体现二次分配的公平性。

2015年，浙江省财政厅下发《关于深化财政体制改革的实施意见》，明确实施新一轮省对市县财政体制，进一步优化完善转移支付分类分档体系，以各市、县（市）经济社会发展最新水平、经济动员能力、财力状况等因素为依据，将59个市县分为二类六档，做到"有上有下""有进有出"，将经济相对不发达、财力相对不富裕的地

[①] 李实：《共同富裕的目标和实现路径选择》，《经济研究》2021年第11期；郁建兴、任杰：《共同富裕的理论内涵与政策议程》，《政治学研究》2021年第3期。

区归为一类,分成三档,转移支付系数分别赋值 1、0.9、0.8,其中,淳安县等 7 个县,转移支付系数为 1;苍南县等 18 个市、县(市),转移支付系数为 0.9;三门县等 4 个市、县(市),转移支付系数为 0.8。经济相对发达、财力相对富裕的地区为二类,分成三档,转移支付系数分别赋值 0.6、0.4、0.2,金华市等 10 个市、县(市),转移支付系数为 0.6;海宁市等 14 个县(市),转移支付系数为 0.4;杭州市等 6 个市,转移支付系数为 0.2。当转移标准为 1 元时,转移支付系数为 1 的地区(如庆元等偏远山区的市县)可以得到 1 元;转移支付系数为 0.2 的地区(如杭州等发达市县)可以得到 0.2 元。

而自 2012 年起,浙江建立了地级市对所辖县(市)年度财政补助奖励政策,引导地级市加大对所辖县(市)基本公共服务均等化的支持力度(见表 3-2)。举例来说,若丽水、衢州对所辖县(市)财政补助资金为 1,则省财政相应奖励补助为 2。相对而言,经济较为薄弱的地级市,受到的补助力度更大。如上文所述,2015 年,奖补系数进行了一次修订,杭州等 6 个地级市的系数从 1:0.3 增加到 1:0.5。自 2015 年起,建立地级市区域统筹发展收入激励政策——对地级市的收入奖补,与地级市所辖县(市)地方财政税收收入当年增收额挂钩。具体为:杭州、嘉兴、湖州、绍兴、金华、温州、台州 7 个地级市的比例为 10%,丽水、衢州、舟山 3 个地级市的比例为 15%,同样更倾斜于省内较薄弱地区。此外,强调奖补资金必须用于所辖县(市)统筹发展。不难看出,近十年来,浙江积极促进区域内部的均衡发展,在提升地级市市内的均衡发展上煞费苦心。

表 3-2 浙江省地级市奖补系数

	2012 年	2015 年
丽水、衢州	1:2	1:2

续表

	2012 年	2015 年
金华、舟山	1∶1	1∶1
杭州等6个地级市	1∶0.3	1∶0.5

资料来源：根据浙江省人民政府网站公开信息整理。

新一轮财政体制改革政策主要包括以下创新举措。

第一，强化区市统筹。在坚持省管县财政体制的基础上，激励设区市进一步发挥区域统筹发展的作用，强化设区市支出责任，促进区域统筹协调发展、共享发展。加大设区市区域统筹发展激励政策力度，提高浙江对设区市奖补比例，但挂钩范围改为与所辖县（市）地方税收收入当年增收额挂钩，其中，杭州等7个设区市挂钩比例由2.5%提高至10%，丽水等3个设区市的比例由5%提高至15%。提高杭州等6个设区市对所辖县（市）财政补助的奖补系数，由原来的0.3提高到0.5，其他设区市按原规定执行。强化和规范设区市支出责任。市、县（市）政府不得擅自调整省出台的基本民生支出政策，确需调整的，设区市政府应统筹考虑所辖县（市）并承担相应的支出责任，且需报经省政府审批同意后执行。同时，设区市不得将支出责任转嫁给所辖县（市），也不得违反规定从所辖县（市）统筹资金。

第二，加强方向引导。进一步发挥财政职能作用，引导加快创新发展、绿色发展和开放发展。建立高新技术产业地方税收增量返还奖励政策，引导创新发展。经国家认定的高新技术企业的企业所得税（地方部分）增收上交省当年增量部分，全额返还所在区，引导市县支持高新技术产业加快发展。建立第三产业地方税收收入增长奖补政策，引导绿色发展。对丽水等29个市、县（市）实行省激励补助与其第三产业地方税收收入增长率挂钩，将丽水、衢州、舟山3个设区市的奖励挂钩比例从5%调整为15%，淳安等26个县（市）奖励挂钩比例从10%调整为15%；奖励与其第三产业地方税收收入增收额挂钩。优化转移支付资金使用方向，引导开放发展。优化财政支出结构，建立健全因素法、以奖代补、竞争性分配等补助方法，重点支持国家战略以及省委、省政府一系列转型升级组合拳的加快实施和发挥作用。

第三，机制调整完善。对2012年出台的财政体制中的部分机制适当调整完善，促进均衡、加快发展。一是调整完善分类分档体系。二是优化完善转移支付地区分类分档体系，以经济社会发展水平、经济动员能力、财力状况等因素为依据，将市、县（市）分为二类六档，并建立换档激励奖补机制。三是调整完善地方财政收入激励奖励政策，适当提高挂钩比例。对杭州等30个市、县（市）实行省奖励与其地方财政税收收入增收额挂钩的办法，适当提高挂钩比例。将杭州等7个设区市奖励由与全市税收收入挂钩改为与市本级税收收入挂钩，挂钩比例由5%提高到10%；将桐庐等23个县（市）挂钩比例由5%提高到10%。明确收入激励资金主要用于支持经济转型升级、七大产业和农业农村加快发展。四是取消营业税增收上交省返还奖励政策。

二 探索以增强内生发展动力为目标的财政收入激励奖补政策体系

浙江自20世纪90年代末就开始探索财政收入激励奖补机制，延续至今，激励形式、挂钩方式随时代而变。2015年，浙江省财政厅下发《关于深化财政体制改革的实施意见》，指出建立换档激励奖补机制，使转移支付系数与市县财政状况更加匹配。目前，通过财政体制和转移支付体系不断完善，全省发达及较发达县（市）与财政困难县（市）人均财政支出水平基本相当。现行政策依据"因素法"对各市县进行分类，经济相对不发达、财力相对不富裕的一类地区（主要是山区26县为主）既有"奖"，又有"补"。"奖"就是根据各市县当年财政收入增量，将原本应由省级分享的、增收额的15%（按规定，财政收入增量由省级分享20%）返还给市县，激励发展经济、增加财政收入。"补"就是根据上年财政补助的基数，结合当年度财政收入的增幅,给予市县补助,每年递增,确保财政比较困难的地方的财力保障。对于相对发达的二类地区,只有"奖"没有"补"。"奖"就是将市县财政收入增量中原本应由省级分享的、增收额的10%,奖励给地方,激励经济发展的积极性。

各地财政收入具体激励奖补政策,包括第三产业地方税收收入增长奖补政策和地方财政收入激励奖励政策。

第一,第三产业地方税收收入增长奖补政策。对丽水等29个市、县(市),在确保实现当年财政收支平衡、确保完成民生改善等政府职责任务的前提下,实行省激励补助与其第三产业地方税收收入增长率挂钩,奖励与其第三产业地方税收收入增收额挂钩的办法。补助办法为:市、县(市)第三产业地方税收收入每增长1%,省补助按一定系数相应增长。丽水等29个市、县(市)补助系数分三档,第一档为文成等7个县,补助挂钩系数为0.4;第二档为苍南等18个市、县(市),补助挂钩系数为0.3;第三档为三门等4个市、县(市),补助挂钩系数为0.2。奖励办法为:省对丽水等29个市、县(市)按其第三产业地方税收收入当年增收额的一定比例给予奖励。奖励分两档,第一档为丽水等3个设区市,按全市第三产业地方税收收入增收额挂钩计算,挂钩比例为增收额的15%;第二档为淳安等26个县(市),按本县(市)第三产业地方税收收入增收额挂钩计算,挂钩比例为增收额的15%。

第二,地方财政收入激励奖励政策。在确保实现当年财政收支平衡、确保完成政府职责任务的前提下,对杭州等30个市、县(市)实行省奖励与其地方财政税收收入增收额挂钩的办法。奖励办法为:省对杭州等30个市、县(市)按市本级、县(市)地方财政税收收入当年增收额的10%给予奖励。

表3-3汇总了浙江省县(市)发展激励政策内容。对于在省内经济较为薄弱的地区,实施奖励与补助相结合的政策,在经济较好的地区,则只有奖励政策,意在促进地区发展的积极性。从两轮对

比来看，2015 年的政策更加细致，重点强调了第三产业的重要性，奖补力度也大于上一轮。当然，所有奖补的前提是确保实现当年财政收支平衡，确保完成政府职责任务。

表 3-3　　　　　　　　浙江省县（市）发展激励政策

	2012 年（32+31）	
欠发达地区激励补助政策（补助）	地方财政税收收入每增长 1%，省补助按一定系数相应增长	第一档 6 个县系数 0.4；第二档 20 个市、县（市）系数 0.3；第三档 6 个市、县（市）系数 0.2
欠发达地区激励补助政策（激励）	地方财政税收收入当年增收额（环比）的一定比例给予奖励	第一档 4 个设区市，比例为增收额的 10%（9% 发展资金+1% 考核奖励）；第二档为 28 个县（市），比例为增收额的 10%（8% 发展资金+2% 考核奖励）
发达地区和较发达地区激励奖励政策	地方财政税收收入当年增收额（环比）的一定比例给予奖励	第一档 6 个设区市，比例为增收额的 7.5%（7% 发展资金+0.5% 考核奖励）；第二档 25 个县（市），比例为增收额的 5%（4% 发展资金+1% 考核奖励）
	2015 年（29+30）	
丽水等 29 个市、县（市）补助	第三产业地方税收收入每增长 1%，省补助按一定系数相应增长	第一档 7 个县系数为 0.4；第二档 18 个市、县（市）系数为 0.3；第三档 4 个市、县（市）系数为 0.2
丽水等 29 个市、县（市）奖励	第三产业地方税收收入当年增收额的一定比例给予奖励	第一档 3 个设区市，挂钩比例为全市第三产业地方税收收入当年增收额的 15%；第二档 26 个县（市），挂钩比例为本县（市）第三产业地方税收收入当年增收额的 15%
杭州等 30 个市、县（市）奖励	奖励与其地方财政税收收入增收额挂钩	市本级、县（市）地方财政税收收入当年增收额的 10%

此外，将江苏、山东、广东和浙江进行对比研究。整理发现，各省均对转移支付按地区进行了划档，省级分摊比例如表 3-4 所示。总体而言，省内财政越困难的市县位于更低档，转移支付系数越高，转移支付资金越向其倾斜。转移支付系数的设计力在缩小地区间原有的财力差距。在分档上，除了广东仅设四档，其余三省均为六档，广东也是唯一一个将地级市所辖区进行细化分类的省份，即同一个

地级市下辖的区可能处于不同的分档之中。从转移支付系数上看，浙江和广东两省的最高转移支付系数都达到了100%。相对而言，江苏的省级转移支付补助力度较小（系数小），山东的力度较大（位于较低档次的地区较多）。

表 3-4　　　浙江、江苏、山东、广东四省转移支付划档　　　单位：%

	第一档	第二档	第三档	第四档	第五档	第六档
浙江	100	90	80	60	40	20
江苏	70	60	50	40	30	20
山东	90	80	70	60	50	40
广东	100	85	65	30	—	—

资料来源：根据浙江、江苏、山东、广东四省人民政府网站公开信息整理。

三　贯彻落实中央重大决策部署，实施绿色发展财政奖补机制

研究表明，绿色发展可以通过提升生产力水平、缩小贫富差距、改善就业质量等多种途径促进共同富裕。[①]

浙江既是陆域面积最小的省份之一，又处于经济总量第一梯队，如何统筹修复、治理"七山一水两分田"，是摆在浙江人面前的时代命题。2005年，时任浙江省委书记习近平同志在浙江安吉首次提出"绿水青山就是金山银山"理念。浙江财政立即转变观念，迅速跟进工作，同年便在全国率先建立了生态环保财力转移支付制度。此后又陆续出台了生态公益林补偿机制、重点生态功能区财政政策、污染物排放财政收费制度等一系列政策。2017年浙江深入贯彻"绿水青山就是金山银山"理念，按照集中财力办大事的原则，在有机整

---

① 郑石明、邹克、李红霞：《绿色发展促进共同富裕：理论阐释与实证研究》，《政治学研究》2022年第2期。

合原有生态环保类财政政策的基础上，系统化构建了具有浙江特色的绿色发展财政奖补机制（以下简称"绿奖"），有力地推动了绿色发展。2020年5月浙江省政府办公厅印发了《关于实施新一轮绿色发展财政奖补机制的若干意见》，共推出出境水水质、森林质量、空气质量财政奖惩以及湿地生态补偿试点等11项政策，既有对现有政策的优化完善，也有结合新形势、新要求出台的新政策，更注重激励与约束相结合，力求在推动生态环境质量全面提升上更加精准发力。表3-5汇报了2017年以来浙江绿色发展财政奖补资金投入情况。

表3-5　　2017年以来浙江绿色发展财政奖补资金投入情况　　单位：万元

	2017年	2018年	2019年	2020年	2021年
资金	1197265	1226660	1164311	1358834	1402587

资料来源：浙江省财政厅提供。

至今，绿色发展财政奖补机制共进行了两轮（2017—2019年、2020—2022年），如表3-6所示。"绿奖"主要包含污染物排放、单位生产总值能耗、出境水水质、森林质量、"绿水青山就是金山银山"建设等与生态环境有关的内容。不论是从奖励还是惩罚角度，新一轮明显力度更大，也加入了空气质量财政奖惩制度（针对PM2.5）和湿地生态补偿试点、生态产品质量和价值相挂钩试点两个试点项目。在所有项目中，金额数最大的当属"绿水青山就是金山银山"建设财政专项激励，这是唯一一个以"亿元"为单位的项目，且地方政府收到的奖励资金没有规定专项用途，可以统筹使用。总体来看，"绿奖"指标客观且奖惩清晰，对于浙江的生态保护和环境治理以及对山区的财力提升均有重要意义。从财政资金上看，"绿奖"实施的五年间，共兑现奖补资金近635亿元，取得了较好的政治效益、社会效益、经济效益和生态效益，有效促进了绿色发展和生态文明建设。

表 3-6　　　　　　　　　浙江绿色发展财政奖补机制

	2017—2019 年		2020—2022 年	
	地区及要求	奖惩	地区及要求	奖惩
主要污染物排放财政收费制度	开化、淳安	5000 元/吨	开化、淳安	6000 元/吨
	其他	17 年 3000 元/吨，18 年起 4000 元/吨	其他	5000 元/吨
单位生产总值能耗财政奖惩制度	单位生产总值能耗比上年每降低/提高 1 个百分点	奖励 50 万元/扣罚 100 万元	单位生产总值能耗高于全省平均水平的地区比上年每降低/提高 1 个百分点	奖励 75 万元/扣罚 125 万元
	降幅超过全省平均降幅部分，每 1 个百分点	奖励 100 万元	单位生产总值能耗低于全省平均水平的地区比上年每降低/提高 1 个百分点	奖励 100 万元/扣罚 100 万元
出境水水质财政奖惩制度	开化、淳安Ⅰ类、Ⅱ类、Ⅲ类占比，每年每 1 个百分点/Ⅳ类、Ⅴ类占比，每年每 1 个百分点	奖励 180 万元、90 万元、45 万元/扣罚 90 万元、180 万元	同上一轮	奖励 360 万元、180 万元/分别扣罚 180 万元、360 万元
	丽水等Ⅰ类、Ⅱ类、Ⅲ类占比，每年每 1 个百分点/Ⅳ类、Ⅴ类占比，每年每 1 个百分点	奖励 120 万元、60 万元、30 万元/扣罚 30 万元、60 万元	同上一轮	奖励 180 万元、90 万元/扣罚 90 万元、180 万元
	Ⅰ类、Ⅱ类、Ⅲ类占比比上年每提高/下降 1 个百分点	奖励/扣罚 1000 万元、500 万元、250 万元	Ⅰ类、Ⅱ类占比比上年提高/Ⅰ类、Ⅱ类、Ⅲ类占比比上年下降每个百分点	奖励 500 万元、300 万元/扣罚 500 万元、300 万元/200 万元
森林质量财政奖惩制度	森林覆盖率每高于全省平均水平 1 个百分点	开化、淳安奖励 300 万元/丽水等奖励 200 万元	未明确	未明确
	林木蓄积量比上年每增加/减少 1 万立方米	开化、淳安奖励/扣罚 75 万元，丽水奖励/扣罚 50 万元	未明确	未明确

续表

	2017—2019 年		2020—2022 年	
	地区及要求	奖惩	地区及要求	奖惩
生态公益林分类补偿标准	省级最低标准	30 元/亩	省级最低标准	33 元/亩
	主要干流和重要支流源头县以及国家级和省级自然保护区公益林	40 元/亩	附加淳安等 26 个加快发展县	40 元/亩
生态环保财力转移支付制度	"绿色指数"	生态环保财力转移支付资金	同上一轮	同上一轮
"绿水青山就是金山银山"建设财政专项激励政策	"绿水青山就是金山银山"（一类）	1.5 亿元激励资金/年	"绿水青山就是金山银山"（一类）	1.5 亿元激励资金/年
	"绿水青山就是金山银山"（二类）	1 亿元激励资金/年	"绿水青山就是金山银山"（二类）非海岛县（市、区）	1 亿元激励资金/年
			"绿水青山就是金山银山"（二类）海岛县（市、区）	3000 万—4000 万元激励资金/年
上下游横向生态保护补偿机制	上下游地区自主协定	500 万—1000 万元范围内自主协商确定	同上一轮	同上一轮
空气质量财政奖惩制度	—	—	衢州等 PM2.5 浓度若高于当年全省平均水平	比上年降低 1 个百分点奖励 75 万元/提高扣罚 125 万元
	—	—	衢州等 PM2.5 浓度若低于当年全省平均水平	比上年降低 1 个百分点奖励 100 万元/提高扣罚 100 万元
湿地生态补偿试点	—	—	生态保护绩效考核达标的省级重要湿地开展试点	30 元/亩
生态产品质量和价值相挂钩试点	—	—	丽水试行生态产品质量和价值相挂钩的财政奖补机制	

山东也有类似的政策。例如，在《山东省人民政府关于深化省

以下财政管理体制改革的实施意见》中提到，自2019年起，根据化学需氧量、氨氮、二氧化硫、氮氧化物4项主要污染物年排放总量，对省内东部、中部、西部地区分别按每吨800元、600元、400元的标准（氨氮按每百公斤）向各市政府征收主要污染物排放调节基金，以后年度逐步提高征收标准。当然，这与同类标的下浙江5000元/吨（开化、淳安两县6000元/吨）的收费标准相去甚远。

（一）因地制宜，加强顶层设计

在研究实施绿色发展财政奖补机制时，对不同特点的地区，分类实施差别化的生态环境质量财政奖惩制度，构建与主体功能区布局相适应的财政政策体系。

浙江"七山一水两分田"，各地功能定位和生态布局差异很大。因此，为进一步强化政策效果，促进资源节约，提高资源利用效率，在新一轮绿色发展财政奖补机制中，浙江依据主体功能区布局及地区功能定位，区分特别生态功能区、重点生态功能区、非重点生态功能区，分类实施差别化的生态环境质量财政奖惩制度，进一步强化政策效果，体现科学分类、精准施策的政策导向。例如，对非重点生态功能区实行生态环保财力转移支付制度；对重点生态功能区实行与出境水水质、森林质量和空气质量挂钩的财政奖惩制度；对特别生态功能区则实行标准更高的奖惩制度。

（二）运用客观指标，明晰地方政府发展方向

绿色发展财政奖补机制涉及的11项政策，共采用了交接断面水质类别、森林覆盖率、PM2.5等30多项指标，指标数据真实、稳定、客观，从制度设计上避免了人为因素干扰，确保了数据的可得性、客观性，彰显了政策兑现的公正性、公平性。例如，生态环保财力转移支付分配与"绿色指数"挂钩，该指数由出境断面水质类别占比、森林覆盖率、PM2.5浓度3项客观指标加权形成，"绿色指数"越高，得到的补助资金也越多。又如，根据各地主要污染物实际排放总量直接核定地方财政上缴金额，排放总量越大，上缴金额

也越大。由于选取的指标客观,地方政府干事创业的方向因此更加明晰,从而进一步提升了地方政府的主观努力程度。

(三) 奖励和扣罚均实现标准化、精细化管理

以出境水水质财政奖惩制度为例,纳入实施范围的市县,水质按Ⅰ类、Ⅱ类占比,每年每1个百分点分别给予180万元、90万元奖励;按Ⅳ类、Ⅴ类占比,分别扣罚90万元、180万元。同时,Ⅰ类水占比每提高1个百分点奖励500万元,每下降1个百分点扣罚500万元,实现正向激励和反向倒逼相结合。空气质量财政奖惩标准则进一步细分,市县PM2.5浓度高于当年全省平均水平的,每降低1个百分点奖励75万元,每提高1个百分点扣罚125万元;PM2.5浓度低于全省平均水平的,每降低1个百分点奖励100万元,每提高1个百分点扣罚100万元。对于单位生产总值能耗、森林质量的奖惩,也都采取与实际设计相适应的规则。为进一步强化政策效果,促进资源节约,提高资源利用效率,在新一轮绿色发展财政奖补机制中,将原有对市县实行的统一奖惩政策,调整为分类实施不同的奖惩政策,并适当提高奖惩标准。

经过多年探索和实践,浙江绿色发展财政奖补机制实现了绿色发展从理念到实践、生态政策从碎片化到集成化、奖补区域从局部到全域、结果运用从单向补偿到有奖有罚的突破。好的机制、好的政策带来了好的绩效,直接体现为生态环境质量的明显提升。浙江生态环境状况综合指数连续多年位居全国前列,水环境质量、空气环境质量等大幅改善。2021年,浙江全省296个地表水省控断面Ⅰ—Ⅲ类水质比例为95.2%,比2016年提高了17.8个百分点;县级以上城市日空气质量优良天数比例达94.4%,比2016年提高了7.8个百分点。专栏3-3提供了武义县以财政奖补谋绿色发展的具体做法和成效。

专栏3-3：武义以财政奖补，谋绿色发展之路

"这笔奖补资金对我们乡来说大有用处，扶持豆腐合作社优化升级、增加旅游基础设施建设、投入共富驿站站点建设……"近日，武义县下达2021年度乡镇（街道）财政体制结算资金指标，三港乡乡长俞振昊细细规划着，旨在把乡里的绿色富民产业进一步发展起来。

该资金是武义首次兑现的2000万元生态保护一般性资金，惠及全县18个乡镇（街道）。此次三港乡获得的120多万元奖补资金，对乡里来说意义重大。分配表显示，相较于往年，今年三港乡获得的奖补资金增加额达120多万元，生态保护一般性资金额约等于增加额，也就是说，原先该乡镇分配到的资金量几乎为零。因此，这笔奖补资金无疑成了三港乡经济发展的"强心剂"。放眼全县，南部乡镇均较往年多了一笔可观的奖补资金，为各乡镇的协调发展提供了有力支撑。

一直以来，南北区域发展差距大是武义空间布局的特点。武义北部交通便利，工业区和主城区均位于此处，约占地域面积的三分之一，几乎集中全县所有工业；南部崇山峻岭，山高路远、发展受限，但自然资源丰富、风光秀丽，是生态和农业发展区。按照原先武义乡镇财政体制结算，每年只有2000万元促发展奖励资金，而且资金分配以税收分成为依据，该体制下，北部镇街有着绝对优势。

为缩小南北差距，形成区域协调的体制机制，武义自去年1月1日开始实行《武义县乡镇绿色发展财政奖补实施办法》，县财政在2000万元促发展奖励资金的基础上，每年增加5000万元用于乡镇绿色发展财政奖补，其中3000万元生态保护专项资

金按相关文件规定专款专用，2000万元生态保护一般性资金采取基础补偿和激励考核相结合的方式进行分配，考核指标以绿色发展为主，按年度结算。

新一轮的绿色奖补机制，改变了以往财力分配"北多南少"的局面，不少南部乡镇首次获得的生态保护一般性资金，已接近北部镇街依靠税收分成获得的体制结算收入。而对于发展较快、生态环境较差的北部重点镇街来说，环境改善空间大，这些资金可以补充基本公用支出的不足，用于工业园区管理、工业垃圾清运等，进一步夯实了工业生产基础。

围绕生态做文章的新体制促成了"保护生态—获得奖补"的良性循环。2021年，武义城市水质指数改善幅度位列金华全市第一位，荣获2021年度浙江"五水共治"工作优秀县（市、区）"大禹鼎"银鼎。2021年，全县绿化造林面积5225亩，所有18个乡镇（街道）均比上年增加；全县森林面积达1683595亩，比上年增长1182亩。

近年来，武义相继推出组建区域发展联盟、"四张报表"考核、"富民增收20招"等系列举措，推动资源北调、收益南补、发展共享，真正实现"北强、南富、中兴"，让富的地方更美、美的地方更富。

（来源：武义县财政局，2022-08-03）

四 优化"一事一议"财政奖补，打造高质量发展共富村

早在2010年，浙江就已开展了"一事一议"财政奖补探索，从助力解决"出行难、饮水难、环境差"等基础设施短板问题起步，到持续推进农村基础设施迭代，再到建设美丽乡村升级版，已经积累了丰富的经验。截至2021年，中央和全省各级财政累计投入"一

事一议"财政奖补资金256.76亿元,带动村级自筹投入128.96亿元,社会捐助15.86亿元,共建成公益事业项目49916个,打造升级版美丽乡村575个,奖补政策基本覆盖全省所有行政村,成果惠及数千万村民群众。

2022年,浙江决定在全省开展"一事一议"财政奖补支持打造共富村试点工作,希望探索出多种类型、多个层次的共富村实现路径,最终建设一批可复制、可推广、具有浙江辨识度的高质量发展共富村样本。和以往支持单个村庄不同,此轮打造共富村将更倾向于鼓励地域相邻、产业相近、交通互通、人文相融的行政村抱团协作,建设片区(组团)式乡村共富联合体。同时,支持重点也将从建设农村公益设施更多转向发展乡村产业和壮大集体经济,增强村级组织的内生功能,提升乡村治理水平和能力,推动强村富民。

首批100个共富村有20个试点县(市、区),根据实际情况各选出5个行政村作为打造对象。根据"扩中""提低"的要求,此次共富村以经济基础中等的行政村为主,适当向基础条件较弱的行政村倾斜。同时,明确避开已获得较多政府项目和资金支持,或在全国有一定知名度的明星村,避免出现依靠政府投入重金打造盆景的现象。20个试点县(市、区)中一半是"山区26县",分别是淳安县、平阳县、泰顺县、仙居县、柯城区、龙游县、江山市、龙泉市、缙云县和松阳县。

表3-7汇总了浙江省2022年度第一批及第二批"一事一议"财政奖补资金分配情况。第一批"一事一议"财政奖补资金主要来自中央,部分来自省级;第二批奖补资金则完全由省级财政支持。浙江指出,下达的"一事一议"财政奖补资金,主要用于"一事一议"财政奖补项目和"一事一议"财政奖补支持打造共富乡村试点实施类项目,同时指出"下达的补助资金与地方财政安排的资金由县级统筹管理,各地要加强资金使用监管,确保专款专用"的要求。补助资金原则上通过乡镇财政渠道下达,切实发挥乡镇财政所(局、

办)的就地就近资金监管作用。资金直达基层也在此表现明显。在首批100个共富村有20个试点县(市、区)中,淳安县两批次共获得3326万元资金,松阳县位居其后,获得3015万元资金。相比之下,西湖区仅获得620万元资金,越城区获得808万元资金。在"一事一议"奖补上,省级财政也更倾向于发展较为落后的地区,这与分类划档的转移支付系数保持一致。专栏3-4展示了嘉善县"一事一议"财政奖补政策所取得的积极成效。

表3-7 浙江省2022年度第一批及第二批"一事一议"财政奖补资金分配情况　　　　单位:万元

	第一批(2022年1月)			第二批(2022年3月)	
	中央资金	省级资金		省级资金	
		一事一议	共富乡村	一事一议	共富乡村
淳安县	1018	358	840	110	1000
平阳县	1063	186	0	0	0
泰顺县	930	163	0	318	0
仙居县	909	159	850	212	0
柯城区	828	145	0	236	0
龙游县	869	152	0	194	0
江山市	895	157	850	317	0
龙泉市	809	142	840	263	196
缙云县	872	153	850	241	0
松阳县	754	132	840	289	1000
十县合计	8947	1747	5070	2180	2196
浙江省合计	55795	9948	29962	15141	15196

资料来源:浙江省财政厅网站。

> **专栏3-4：嘉善财政——"一事一议"财政奖补政策带动乡村"蝶变"**
>
> "一事一议"财政奖补政策是农村税费改革的一项制度创新，2021年是浙江省全面实施"一事一议"财政奖补政策10周年。10年来，嘉善县在省、市各级的支持和指导下始终将"一事一议"财政奖补工作与乡村建设重点工作相结合，强化资金保障、规范制度建设、创新工作机制、加强项目监督、注重宣传引导，走出一条具有本地特色的发展新路子。截至目前，嘉善"一事一议"财政奖补项目368个，项目投资额3.87亿元，受益人次达35.5万，有力地助推乡村振兴。
>
> 第一，小资金撬动乡村大变化。"一事一议"财政奖补项目坚持规划先行、先议后筹、先筹后补、以奖代补的原则开展，通过民主议事决策，再由县级审定通过，符合奖补条件项目的所在村召开村民代表大会民主商议确定后，向所在镇（街道）提出项目建设需求申请，经镇（街道）收集、汇总、初审后上报县级财政，由县"一事一议"领导小组审定后，报省财政厅备案，最终入选奖补项目名单。嘉善县从试点开始，已累计立项村级公益事业建设"一事一议"财政奖补项目282个，包括道路硬化49个，村级污水设施建设27个，公共活动场所59个，美化绿化亮化类项目42个，项目计划总投资2.85亿元，已拨付财政奖补资金1.57亿元，建成一批投资省、见效快、受益广的民办公助项目，财政奖补的资金绩效和社会效应得到较好的体现，真正做到通过财政"小资金"撬动乡村"大发展"。
>
> 第二，因地制宜提升乡村功能。嘉善县"一事一议"财政奖补工作坚持与乡村建设热点相结合，以群众需求为导向，优

先解决村民最关心、最现实、最急需的公益事业建设。村里公益事业建什么、怎么建，建好后怎么管，全都由村民自己说了算。在"惠民"导向下，全县不搞铺张浪费、大拆大建，积极发挥奖补资金普惠性质，村均建成项目1.64个，农村整体环境得到有效改善。农村道路亮化项目，方便群众夜行；美丽乡村建设项目使河道"脏乱差"的周边环境得到整治；雨污改造项目实现农村集聚区、生活密集点污水、雨水的有序排放；陆续建设的村级公共活动场所，使一大批养老中心、家宴中心、文化活动中心、口袋公园如雨后春笋般出现在各村（社区），丰富村民文化娱乐活动。

第三，共建共享促进基层自治。村民民主议事、民主决策，是"一事一议"工作的基本前提和重要环节，为的是让农民群众成为村级公益事业建设的主人。奖补资金项目全过程借助村务公示公开强化村民监督。建设前，建设内容、方案、资金来源、筹资计划公开；建设时，公开招投标；建设后，审价、审计报告公开公示；资金支付时由村理财小组审签，真正做到群众参与、民主管理、人人监督。奖补资金项目的实施，对村级项目的民主决策、公开公示、档案管理、制度建设都起到了较好的示范作用。同时，项目实施也进一步增强农民的集体意识和村民自治意识，增强村两委班子凝聚力，成为村干部服务群众的桥梁纽带，解决群众实际问题，密切党群、干群关系，为基层民主治理建设提供展示平台

（来源：中华人民共和国财政部，2021-06-29）

第四节　小结

浙江通过优化、创新财政管理体制，促进省内全面平衡发展。从

财政效率角度，浙江采取资金直达基层的方式，有效保障了市县的财力；从财政激励角度，浙江谋划对地市县的转移支付系数及奖励体系，创新绿色发展财政奖补机制，奖补资金可灵活使用，极大地促进了地市县的发展动力；从区域发展角度，浙江依靠自有优势，因地制宜，创造出"山海协作"等项目，助力欠发达地区的发展；从公共服务可及性角度，"钱随人走"政策的蓝图已初具雏形，打造全生命周期公共服务体系已坚定地迈出步伐。

浙江的财政管理体系整体保持放权、调动地市县发展积极性、促进均衡发展的思路，并取得了一定的成效。地区间的发展差异形成已久，仅通过财政资金的拨付恐成效不理想。一方面，通过放权，充分发挥基层政府的作用，使其"有钱做事""可以做事""多做好事"。另一方面，从公共产品供给的角度，推动基本公共服务均等化，解决人民群众医疗、交通、教育等基本衣食住行和全面发展上存在的问题。诚然，均衡的发展不是相同的发展，共同富裕不是相同富裕。均衡的发展允许地区间差异的存在，但人最基础的需求需要得到满足，最低生活水平可以逐步提高，发展差距可以逐步缩小。在这一方面，财政发挥了举足轻重的作用。

第四章　开展组织变革提升治理效能

国家治理效能提升必然要求国家治理体系变革。实现共同富裕建设是一项伟大工程,"为全国推动共同富裕提供省域范例"是浙江高质量发展建设共同富裕示范区的重要使命。调研发现,浙江为全面保障共同富裕在财政管理体制等方面进行了一系列组织变革,取得了良好的治理效能。具体而言,浙江财政组织变革有两大显著特点,一是数字化,二是法治化。2021年开始,浙江开启了比较全面的数字化改革,数字政府建设走在全国前列,财政数字化转型取得了重要进展。财政数字化实现了财政业务的省级集成与统一,预算管理、社会服务等财政职能作用得到提升,财政风险监测与预警机制得到强化,呈现数字化提升财政治理效能的省域范例。法治化不仅体现在提升财政体系自身法治水平上,也体现在财政职能发挥对社会治理法治化的促进作用上,如通过政府购买服务、资金激励引导等提升社会治理法治化,特别是保障基层社会治理法治化水平。

第一节　善用数字技术,变革财政组织

数字技术的发展给公共决策中诸多难题的解决提供了新契机,财政数字化转型能帮助提升政府的公共服务能力和质量。[①]

---

① 王志刚:《财政数字化转型与政府公共服务能力建设》,《财政研究》2020年第10期。

一 开展财政体系的数字化改革

浙江在工作中不局限于提供数字化财政应用平台,而是围绕着制度重塑、共建共享、创新应用三大亮点开展了系统的制度建设,推进财政体系的数字化变革。

一是制度重塑。财政数字化改革通过"一个门户、四个系统"的建设,将重塑财政部门运行机制,上接省委、省政府的政策决策等大事,下接老百姓的缴费取票等小事,中间连接所有预算单位的财政业务办理,从根本上解决财政部门内外融合、上下对接等难题,实现财政部门内部以及与外部环境的高效协同。

二是共建共享。无论是预算管理一体化系统,还是服务社会应用系统,都采用全省统建模式。全省统建模式既有利于全省数据的集中共享和财政业务整体智治,又可以通过集约化建设提高财政资金使用绩效。财政数字化改革大力倡导综合集成、迭代提升、量力而行的开发建设模式,采用"一地先行、全省共享"推广模式,率先在部分市县试点,待试点成功后再推广应用。

三是创新应用。数字化改革要求从整体上推动经济社会发展和治理能力的质量变革、效率变革和动力变革。在财政数字化改革中,从"三保"动态监测和风险预警、"浙里报"、涉企财政政策仿真与评估等项目入手,争取在全国率先实现基层"三保"预算执行情况动态监控,实现移动端随时随地的无纸化财务报销,实现涉企财政政策仿真。

在财政数字化改革推行过程中,浙江省财政厅"量力而行、尽力而为",围绕领导班子、应用场景、应用建设、改革方向、制度成果五个方面系统有序推进。

(一)加强组织领导,协同推进改革

将财政数字化改革作为"一把手"工程,厅主要负责人亲自研究、亲自部署、亲自推进,牢牢扛起"带班子抓改革"的政治责任。

第一时间成立由"一把手"任组长的财政数字化改革领导小组，组建由省、市、县业务骨干和技术骨干组成的工作专班，工作专班由 50 名省厅成员和 20 名市县财政局成员组成，全力推进数字化改革工作。厅主要负责人亲自研究谋划财政数字化改革方案，突出打造整体智治财政体系，提出"一个门户、四个系统"的总体框架，"一个门户"即数字财政综合应用门户，"四个系统"即构建集中力量办大事系统、预算一体化系统、核心业务事件反馈系统和服务社会应用系统。明确总体思路和建设内容，对全省财政系统提出"对外做到高水平、高绩效保障，当好'助推器'；对内做到高质量、高标准建设，当好'领跑者'"的要求，纵向合力推进财政数字化改革。在各应用场景建设中，要求各工作专班加强与省发展改革委、省大数据局、省税务局等部门的协同，横向合力推进预算管理一体化、浙里办票、浙里报账等重大应用建设。

在全面开展财政数字化改革期间，厅主要负责人共主持召开了 3 次厅党组会、1 次厅长办公会、18 次工作专班例会，传达贯彻了袁家军同志的重要指示精神，听取了"一个门户、四个系统"及 13 个重大应用场景建设情况，及时查找问题、把准方向，部署每个阶段的工作重点。厅党组每月初都要制定重点工作安排，明确财政数字化改革的月度目标任务，要求各重大应用建设聚焦重点抓落实，挂牌作战、压茬推进。同时，建立数字化改革任务督办制度，针对难点堵点进行督办立项，直到问题解决。

（二）注重制度重塑，推广创新应用

目前已形成浙里办票、浙企一表通（数智会计）、统一公共支付（浙里缴费）、浙里报账、地方政府性债务风险与防控、预算管理一体化、集中财力办大事、政府采购数字化应用（政采云）、财政金融协同支农服务（浙里担）、国资智管在线（浙里资产）、浙里基财智控、浙里垫付、涉企财政政策仿真与评估 13 个重大应用，并将随着财政数字化改革进展，不断进行迭代升级。目前 13 个应用全部入选全省数字化改革重大应用"一本账S1"目录,其中浙里办票、浙企一表通、浙里报账等11个应用入选数字政府重大应用目录并整合形成彰显财政特色的"浙里财税智治"应用,政府采购数字化应用和财政金融协同支农服务2个应用入选数字经济重大应用目录。政采云、"浙里办票+浙里报账"参与第二批全省数字化改革最佳应用评选,统一公共支付(浙里缴费)参与2021年度改革创新项目评选。

其中,浙里报账应用在全国首创电子会计凭证归档业务指引,明确结构化数据可作为归档凭证,为会计档案电子化铺平道路,同时串联起政府公共经济活动全流程,实现对政府资金资产的全方位、全过程、全覆盖追踪监管。浙里办票研究制定电子会计凭证实施办法,制定区块链财政电子票据应用规范浙江省地方标准。目前,省财政厅已制定出台了一系列制度,包括《浙江省预算管理一体化业务规范实施细则》等多项管理办法。同时,正在研究制定《项目支出预算管理办法》《零基预算编审指引》《全国支出标准制定办法》《集中财力办大事业务规范》等,实现数字化改革的制度创新与变革。

二 打造数字化财政运行分析评估体系

突出风险防控,构建地方财政运行分析评估体系,横向涵盖浙江省内宏观经济和财税运行主要领域,纵向实现对浙江主要行业和所有建制县四本预算"收、支、余"的全覆盖。构建了地方财政运行分析评估数据库体系,进一步实现数据从"看"到"用"的转变,较大幅度地提升了分析评估的数字化水平。

出台财政监管数字化改革工作方案,着力打造"1+5+4"的财政监管数字化改革总体框架,即构建一套财政监管综合集成体系,谋划推进五大财政监管业务板块数字化改革,夯实四方面基础支撑。在其中的地方财政运行分析评估板块,提出深入贯彻数字化改革理念,健全覆盖全域经济运行、全省财税政策执行、全建制县财政状况的宏观财政经济形势监控分析体系的目标。经济运行从供给侧改革和需求侧管理两个维度入手，跟踪投资、消费、出口情况和三大产业发展态势，财政运行聚焦"四本"预算"收、支、余"全链条开展监控；政策执行要跟踪省市县三级减税降费政策执行，并进一步向微观主体延伸，推动政策精准落地。

综合考虑财政监管的核心重点和数据支撑，聚焦地方财政运行分析评估领域开展重点突破。依托财政部浙江监管局逐年积累的基础数据和业务成果，按照"创新打造财政监管评价指标综合体系"和"整合构建财政监管信息数据智库"的思路，构建地方财政运行分析评估监控数据库体系。夯实数据基础，深刻认识基础数据重要作用，分别建立经济数据库和财政数据库，梳理总结多个部门历年递送数据，为整个体系提供坚实的数据支撑。把牢监管重心，建立运行评估主库，从监管实际出发，围绕经济、财政、"三保"运行和微观主体四个方面，形成覆盖全省各建制县的全方位监管评价体系。深挖数据价值，建立政策法规库和分析材料库，业务上实现对政策法规、工作成果和外部门材料的梳理，从政策和业务两个方面进一步提升对财政监管的支持；技术上实现对文字信息类材料的归集，为知识图谱等更高水平的智能化运用打下基础。按照"业务技术融合，更加注重业务"的理念，推动数字化改革成果更好地服务财政监管决策。

重视部门间、省级与市县间数据共享。建立与财政、税务、海关等8个省级部门的数据共享渠道，设立多个数据监测点，实现多方信息汇总。构建了反映地方财政经济形势变化的主要指标体系，围绕总体形势、财经协调、地市比较、区县全貌、"三保"底线、市场主体6个维度，提供地方财政运行状况总览图。建立了属地县区财政运行日常监控指标体系，涵盖税收质量、"三保"保障、直达资金、地方债务和库款管理等领域细化指标，对10个市本级和82个区县级财政运行状况开展常态化评价。通过在数据库体系中增设专题库，充分盘活历年沉淀的报告、专题材料等工作成果，从政策和业务两个方面进一步提升对财政监管的支持。

第二节 利用数字优势，提升治理效能

一 财政治理能力显著提高

在党政机关整体智治"点亮贯通"推进工作中，省财政厅率先完成财政专题门户建设，成为省级专题门户模板。全力推进预算管理一体化建设，全省所有市县区均已开展2022年项目储备和预算编制工作，截至目前，总预算编制、部门预算编制、预算执行、单位会计核算全省覆盖率均已达到100%，在最近财政部考核中排全国第三名。地方政府性债务风险防控应用通过跨部门协同，对7000多家国有独资或国有控股企业的银行贷款、企业债、公司债等融资工具进行建模分析，及时发现并处置疑似隐性债务风险同时探索与财政部全口径债务监测系统数据共享，逐步扩大系统监测范围。浙里报账上线公务出行、会议活动、学习培训、办公用品购置4个高频应用场景，先后在4个省级部门和4个地区（含乡镇）开展试点，实现省、市、县、乡四级贯通。国资智管在线（浙里资产）已初步贯通全省2万多家行政事业单位、1万多亿元国有资产的在线监管。

二 服务社会能力有效提升

浙里办票协同省税务局推进税务发票、财政票据电子化改革，在全国率先上线全省电子发票（票据）综合服务平台，率先试点电子发票（票据）开具、报销、入账、归档等全流程无纸化应用，全省累计3.62万家单位实施财政电子票据改革，累计开票12.36亿张，金额达2.29万亿元，财政票据电子化率达95%，实现行业类型、票据种类、县（市、区）地域"三个全覆盖"，各项改革进度均位列全国第一。全省43万家单位通过平台归集发票数据，实现150亿条发

票数据安全"回家"。统一公共支付（浙里缴费）推动与统一行政处罚办案等系统进行多业务集成协同应用，累计受理缴款业务3.2亿笔，金额超1.7万亿元，网上缴款率达97.4%，累计服务人次突破3亿，2021年受理收缴业务超8000万笔，位居全国第一。政采云已推广到全国18个省，1088个行政区划，订单突破1343万笔，累计交易额突破1.43万亿元。财政金融协同支农服务汇集新型农业主体16万余家，涉农主体超过300万家，累计为4.5万多个农业主体办理担保贷款150亿元，其中通过"银担直连"为5502户提供担保24亿元，相关做法在"数字化改革工作动态"第91期刊发。浙里垫付当事人通过"浙里垫付"发起的申请达925件，全省累计向1979人次垫付道路交通事故社会救助基金1.59亿元。

第三节　推动财税法治，促进社会和谐

和谐的社会环境是隐性的收入，虽然并不直接反映在居民可支配收入的增长上，但对于人民的生活水平提升至关重要，和谐有序的社会环境是实现共同富裕的必然要求。浙江财政以自身法治为基础，以财政资金为依托，以切实提升人民获得感为目标，积极推动社会综合治理能力提升，在创建法治浙江、平安浙江的工作中发挥重要作用。

一　从自身出发，提升财政法治水平

法治政府是建设法治国家的基础，浙江财政作为政府机构中的一员，在推动自身法治建设中坚持高标准，将基础性的法治工作与创新性的法治新方法结合，走出了一条具有浙江财政特色的法治道路。

（一）提升政治能力，贯彻习近平法治思想，加强党对财政法治工作的领导

深化落实习近平法治思想常态化学习机制，深化建设法治中国示

范区行动自觉，高标准落实《法治浙江建设规划（2021—2025年）》《浙江省法治政府建设实施纲要（2021—2025年）》各项任务。

坚持党对法治工作的领导，积极服务厅党组把法治工作作为一项统领全局的中心工作来抓，每年至少两次研究部署财政法治工作，把党的领导贯穿于财政法治建设全过程，统筹谋划、高位推进，定期研究解决财政法治建设中的重大问题和突出问题。完善党政主要负责人履行推进法治建设第一责任人职责的机制。

抓住"关键少数"。让法治成为党员领导干部工作的基本准则，凡是涉及重大问题，决策前先行学习相关法律法规。组织开展厅省管领导干部法律知识学习考试，健全领导干部年度述法工作机制。

（二）提升治理能力，显著提高财政依法治理效能

健全清单化履职机制。建立健全权力事项编码和权力清单网上运行机制，完善权责清单动态调整机制，加强标准化建设，实现同一事项的规范统一。积极融入行政备案规范管理改革工作，研究编制覆盖省市县三级的行政备案事项清单，分类规范行政备案事项，推进行政备案网上办理、一网通办，对企业和群众办事高频事项探索实施智能备案。

塑造财政领域"亲清"政商关系。完善政企沟通机制，在涉企政策制定中充分听取企业和行业协会商会意见。除有法定依据外，严禁各级财政部门采取要求特定区域或者行业、领域的市场主体普遍停产停业的措施。

严格"红头文件"管理。严禁越权发文、严控发文数量、严格制发程序、严明发文内容。全面落实行政规范性文件合法性审核和备案审查制度，严格执行单位负责人集体讨论（审议）制度，完善行政规范性文件动态清理工作机制。实行配套规范性文件与法规规章草案同步研究、同步起草，并在法定时限内实施。

落实重大行政决策程序规定。稳步推进决策科学化、民主化、法

治化，切实避免因决策失误引发社会矛盾、损害群众利益、造成重大损失。按照突出针对性、具备可行性、保留灵活性、提高透明度原则，进一步明晰财政系统重大行政决策事项标准，建立立项机制，完善目录公开制度，实行目录动态管理。严格履行公众参与、专家论证、风险评估等决策程序，确保重大行政决策合法性审查和集体讨论决定100%全覆盖。

强化公平竞争审查制度落实。根据"谁制定、谁负责"的原则，对政策措施实施事前评估、动态清理，坚决防止和纠正滥用行政权力排除、限制竞争行为。完善公平竞争审查例外规定，建立公平竞争审查内部抽查机制。

推进以承诺制为核心的极简审批。全面推行涉企经营许可事项和证明事项告知承诺制，建立承诺失信公示和约束机制。推动政府管理进一步转向宽进严管，把更多行政资源从事前审批转到事中事后监管上来。

（三）提升执法能力，严格规范财政执法行为，防范化解财政执法风险

提升财政执法数字化水平。加强与省大数据局、省司法厅、省市场监管局沟通，细化财政内部分工协作，强化专班工作力量，深入推进"互联网+监管"工作。建立健全财政部门重点领域的风险监测预警系统，并与风险预警中心实现闭环。

全面推进行政执法规范化、标准化建设。严格落实行政执法三项制度。健全行政执法裁量基准制度，进一步细化量化裁量，将裁量基准运用情况纳入法制审核范围，研究建立裁量依据适用及说明理由制度。推进实施轻微违法行为告知承诺制，推动不予处罚事项清单具体化、标准化，让执法既有力度又有温度。按照行政执法类型，制定完善行政执法程序规范，统一行政执法文书基本标准。建立行政执法案例指导制度，建立健全行政执法风险防控机制。建立健全行政执法评议制度，开展执法制度、监管履职、执法质量、执法绩

效等全方位评议。争取行政执法案卷合格率达95%以上。

推进财政行政裁决示范建设。总结杭州—富阳政府采购行政裁决试点经验，建立完善体系健全、渠道畅通、公正便捷、裁诉衔接的裁决机制，积极争取行政裁决最佳实践培育试点。推行行政裁决权利告知制度，规范行政裁决程序，细化行政裁决流程，强化案例指导和业务培训，提升行政裁决能力。

深入开展行政争议"诉源治理"。坚持和发展新时代"枫桥经验"，既要治已病，更要治未病，推动更多法治力量向引导和疏导端用力，不断完善预防和化解行政争议调处机制。将调解工作落实到财政工作全过程，夯实调解主体责任，落实行政机关负责人和主办处（科）负责人出庭应诉制度，推进更多的行政争议得到实质性的化解。

（四）提升普法教育能力，落实"八五"普法规划，开展大格局普法

制订实施财政"八五"普法规划，不断提升财政干部的法治意识和法治素养，引导社会公众更加熟悉、理解和支持财政工作，为财政改革发展营造良好的法治环境。深化"服务大局普法"，将浙江财政普法工作融入浙江共同富裕示范区建设、国家总体战略规划全局之中。

（五）提升变革能力，整合各种力量，加强法治队伍建设

提升塑造变革"八个力"。打造想干事、会干事的队伍，着力解决财政法治工作中群众、企业、基层反映集中的重点、难点、堵点问题。

打造一支"主力军"三组"特种兵"。推动县级财政法治机构建设，夯实基层财政法治基础。加强财政法治机构工作人员对于财政核心业务的学习，既懂财政又懂法，发挥财政法治工作"主力军"作用。加强业务处（科）室法治联络员队伍建设，提升依法行政能力。加强财政系统公职律师队伍建设，积极开展法治财政建设相关

的前瞻性课题研究和法律咨询服务。健全完善法制顾问工作机制，积极发挥依法行政参谋助手作用。

推进"清廉财政"建设。教育引导广大财政干部坚持用法治思维和法治方式作决策、想问题、办事情，严格依照法定权限、规则、程序行使权力、履行职责。加强党风廉政建设和作风建设，习惯在受监督和约束的环境中工作和生活，确保干成事、不出事。

二　推动政府购买服务改革，增强社会治理能力

推进政府购买服务是党中央、国务院从全面深化改革的战略高度作出的一项重大决策部署。近年来，浙江以"干在实处"的韧劲、"走在前列"的决心，不断探索，创新改革，通过搭建政府购买服务制度体系，大力推动政府职能转变和公共服务水平提升，财政支出效率稳步提高，财政和社会治理能力不断增强，购买主体、承接主体、服务对象等获得感普遍提升，成效较为显著。

浙江按照中央总体部署，结合实际，第一时间明确改革目标任务，强化前瞻性。首先是进一步转变政府职能。浙江及时梳理职能清单，加强和创新社会管理，在公共服务领域更多地利用社会力量，政府从自己"划桨"提供服务转变为着力"掌舵"指导方向，切实提升社会治理能力。其次是进一步提高公共服务供给水平和效率。浙江优化政策和市场环境，通过公开择优确定社会力量承接并提供优质服务，满足人民群众日益增长的公共服务需求。最后是进一步提升财政资金使用绩效。浙江加快建立现代财政制度，把钱用在刀刃上，着力解决人民群众的难点、痛点，强化资金绩效。

（一）强化改革保障，注重建章立制

一是强化组织保障。早在2014年，浙江就建立了由政府分管领导担任总召集人的政府购买服务工作联席会议制度，省财政厅作为牵头部门，成立了由厅主要负责人担任组长的财政工作领导小组，各地按照有关规定，健全完善相关体制机制，形成了"全省一盘棋"

的局面。

二是强化制度保障。省政府确定了"一个意见、两个目录、若干个办法"的制度框架体系,省财政牵头制定政府购买服务指导性目录并每年常态化更新,研究制定政府购买服务预算、采购等具体管理办法,其他部门按照职责分工,完善了包括政府职能清单、社会组织推荐性目录等在内的制度规定。

三是强化政策保障。结合省政府"服务企业、服务群众、服务基层"的要求,认真做好政府购买服务改革政策解读和舆论引导,主动回应群众关切。通过会议、培训、授课等多种形式,送政策上门。为各地各部门做好政策文件把关工作,2015年以来已为600多个征求意见文件提供政策建议。

(二)立足系统推进,着力重点突破

政府购买服务是一个系统工程,横向涉及各个部门,需要协调配合,共同推进;纵向涉及各个层级,需要上下一心,合力推进。为此,浙江省政府于2014年及时下发《关于政府向社会力量购买服务的实施意见》,在全省范围内对政府购买服务改革进行统一部署、系统推进,明确指出改革总体要求和目标任务,为全面启动政府购买服务工作确定了路线图、时间表、任务书。同时,注重试点先行、边破边立。2015年下发政府购买服务试点扩面通知,要求积极试点、重点突破;2016年下发进一步深化试点通知,明确5个设区市和11个省级部门的16个公共服务项目开展深化试点工作;2019年下发政府购买服务第三方绩效评价工作试点实施方案,选取两个县、三个设区市、四个省级部门深化试点,努力打造浙江模式。

(三)深化绩效评价,注重结果应用

浙江高度重视绩效评价工作,以绩效评价为手段,以评价结果运用为目标,强化政府购买服务事前、事中、事后控制。在省级层面,浙江于2017年委托浙大公共政策研究院对全省政府购买服务制度建设和试点项目开展独立的第三方绩效评价,由其通过《公共政策参考》形式将评价报告直接报送省政府,提升评价公允性、专业性、权威性;2017年,对5个设区市的政府购买服务深化试点项目开展绩效评价,促进重点民生项目全面铺开;2018年对11个省级部门开展的16个民生项目进行绩效评价,总结试点成效,分析存在问题;特别是2019年,浙江被财政部确定为全国10个政府购买服务改革第三方绩效评价工作试点省份之一后,在原有绩效评价工作较早起步的基础上,及时出台全省深化工作试点实施方案,从制度层面进一步明确有关规定,强化第三方绩效评价工作。同时,浙江高度重视绩效评价结果运用,将绩效评价结果作为以后政府购买服务项目预算安排、承接主体选择、政策调整等的依据,使事后评价的控制作用切实落到实处。

三 财税积极引导,支持基层治理体系建设

1963年,浙江枫桥的干部群众创造了"发动和依靠群众,坚持矛盾不上交,就地解决,实现捕人少,治安好"的"枫桥经验"。毛泽东同志批示肯定并全国推广。59年来,"枫桥经验"先后历经社会主义革命和建设时期、改革开放和社会主义现代化建设新时期、中国特色社会主义新时代三个阶段的转型发展,始终是基层社会治理实践创新的生动范例。《中共中央 国务院关于支持浙江高质量发展建设共同富裕示范区的意见》把"坚持和发展新时代'枫桥经验',构建舒心安心放心的社会环境"作为建设共同富裕示范区的重要内容。

在实践中,浙江财政税务系统充分发扬"枫桥经验",重视基层治理体系建设,创建新时代"枫桥式"税务分局(所),将矛盾化解在基层,有效提升了治理水平。

(一)加大对基层组织建设的保障力度

2017—2018年,浙江共安排落实村主职干部基本报酬补助、村级组织运转补助、村级便民服务中心运转补助、社区党组织服务群

众补助、扶持集体经济薄弱发展资金等基层组织建设相关资金32.8亿元。2018年起，根据省委、省政府关于推动全面从严治党延伸至城市基层、巩固党在城市执政基础、加强城市社区工作的要求，新增社区工作经费8773万元。2019年，为推动各地规范提升村级组织活动场所（党群服务中心）建设，省财政安排转移支付资金1.49亿元，支持村级活动场所的新建、改建工作。

（二）持续推进乡镇财政职能作用发挥

一是在省、市、县、乡四个层面全都设立了乡镇财政管理机构。全省1019家乡镇财政所（局、办）平均工作人员4.4人。二是建立健全了对乡镇所有财政性资金进行就地就近监管的工作机制。2013年以来，每年开展全省乡镇财政资金就地就近监管工作专项核查，通过核查督促各地强化资金监管工作力量、提高资金监管工作效率、加强资金监管工作结果应用。三是强化对基层财政干部业务培训。推行两个"五年轮训计划"，省、市、县级每年分别举办各类乡镇财政管理人员培训班，促进全省乡镇财政干部队伍专业素质的全面提高。四是稳步提升乡镇公共财政服务平台运行效率。通过将涉农补贴和民生补助资金纳入乡镇公共财政服务平台管理，做好就地就近监管财政资金工作，同时方便老百姓对相关补助发放信息的查询。截至目前，全省纳入乡镇财政管理统计范围的74个县（市、区）全部建设运行了乡镇公共财政服务平台，且平台信息全部纳入浙江政务服务网。"一个门进、一个平台办事、一卡通使用"的"一站式"乡镇公共财政服务模式已逐步形成。乡镇财政管理工作基础逐渐夯实，乡镇财政职能基本得到发挥，较好地促进了基层治理各项事业的发展。

（三）创建新时代"枫桥式"税务分局（所），从源头解决涉税矛盾

浙江省全面启动新时代"枫桥式"税务局（所）建设，推动完善基层税收治理体系、提升基层税收治理能力。

2022年4月,国家税务总局浙江省税务局以"矛盾不上交、平安不出事、服务不缺位"为目标,在全省开展新时代"枫桥式"税务分局(所)建设工作,发掘、打造一批有浙江特色、有社会影响的新时代"枫桥式"税务分局(所)。

目前,有关建设工作正在全省税务系统开展,绍兴市税务局扛起"枫桥经验"发源地的使命担当,聚焦矛盾源头治理,全域开展基层税收治理创新。从2021年就开始创建"枫桥式"税务分局(所),为促进争议化解,市局推出了公职律师结对服务基层税务分局(所)制度,全市36个基层税务单位,每个都对应有一位公职律师提供法律服务。这一制度实施以来,公职律师和基层单位及时互动,累计开展活动75场次,解决问题163个。

第四节 小结

浙江财政通过数字化、法治化等组织变革,提升了财政治理效能。从财政部门的行政效率来看,数字化转型提供了提升行政效率的新工具。财政部门职责重大,资金量大,涉及面广,建立了一套全省集成统一的系统,不仅能提升不同职能部门之间、财政部门上下协同能力,而且可以通过信息的及时汇集、追溯查验等提升省级财政决策、监管、评估能力。也正因如此,在财政数字化改革过程中,对实际职权和责任分配产生影响,容易打破既有的利益格局,遇到一定阻力。在浙江财政数字化改革过程中,坚持全省"一盘棋",推进过程中加强党的领导,负责同志亲自督战、协同推进,顺利推进数字化转型。另外,值得注意的是,数字化转型不是没有成本,相应的数字化、智能化、网络化等硬件、软件建设均需要投入一定资金,省级统筹集成,能够发挥类似"集中采购"的规模经济。相比于具体部门或市县个别地方的"单点突破"式数字化,省级统筹集成,避免了数字化标准不统一等造成新的"数据孤岛"问题,也同时提高了应对潜在技术风险隐患的数字化系统安全保障能力，这一点值得其他省份借鉴。

从提升财政的治理效能来看，数字化转型提供更多应用端口，不仅可以直接提升"窗口部门"服务人民群众、企业的能力，提高高质量发展促进共同富裕相关政策靶向精准性和及时性，而且能够通过实时数据交换、核验等提升其他职能部门的社会服务能力。财政数字化本身既为财政法治化提供一定的支撑，如大大提高财政资金使用规范、政府采购流程优化等；也可以更为及时地支撑社会治理法治化。随着"全面依法治国"的系统推进，财政法治化变革将会日益完善，各省财政体制虽然有所差异，但财政系统自身法治化以及财政职能发挥带来的社会治理法治化面临的许多问题具有共性，浙江财政法治化的改革举措和实践探索蕴含打造新时代财政治理"枫桥经验"的潜力。

第五章 促进高质量发展的财税政策

高质量发展不仅意味着做大共同富裕的各类资源基础，也意味着初次分配中较好地解决城乡、区域等不平衡程度。中国省域之间在高质量发展水平方面存在差异，政策体系也各有千秋。为了更好地呈现浙江高质量发展的特征，定量地了解已经取得的成效和思考潜在的优化方向，本章将进行省际比较分析，通过构造统一、可比的高质量发展指标，把浙江与广东、江苏、山东等经济大省进行比较，并梳理浙江财政政策在产业层面、区域层面以及乡村振兴等方面促进高质量发展方面的做法。特别地，考虑到县域经济的重要性，本章聚焦测度四个经济大省在县域高质量发展绝对指标及县域之间发展平衡性并进行比较分析。具体而言，通过分析高质量发展的内涵与特征，从经济发展、社会保障、财政金融和生态环境四个维度，选取4个一级指标和10个二级指标，构建了县域高质量发展水平指标体系。在此基础上，使用熵值法测算了2002—2015年浙江、江苏、山东和广东四省的县域高质量发展水平。此外，本章还针对产业升级、区域平衡和乡村振兴三个高质量发展的重要内容，提供了山东、江苏、广东的典型做法并进行省域互鉴。

第一节 高质量发展水平的测度与比较

一 高质量发展的内涵

2015年10月，习近平总书记在党的十八届五中全会上指出高质量发展的五大理念，即创新、协调、绿色、开放、共享新发展理念。同期，人民日报社论将高质量发展的五大理念阐释为：能够很好满足人民日益增长的美好生活需要的发展，是体现新发展理念的发展，是创新成为第一动力、协调成为内生特点、绿色成为普遍形态、开放成为必由之路、共享成为根本目的的发展。2017年10月，习近平总书记在党的十九大报告中作出"我国经济已由高速增长阶段转向高质量发展阶段"[1]的重要论断。2022年10月，习近平总书记在党的二十大报告中再次强调了高质量发展的重要性。党的二十大报告指出，"高质量发展是全面建设社会主义现代化国家的首要任务"[2]，要贯彻新发展理念，着力推进高质量发展，推动构建新发展格局。高质量发展于中国现阶段发展形势的重要性不言而喻。

从浙江建设共同富裕示范区的角度，促进高质量发展有以下更为具体的内涵。财政部《支持浙江省探索创新打造财政推动共同富裕省域范例的实施方案》指出，要"支持浙江省探索形成助推经济高质量发展的财政政策"，并从科技创新、教育体系、产业集聚、"山海协作"等角度作出谋划。浙江拟定的《浙江高质量发展建设共同富裕示范区实施方案（2021—2025年）》也指出，要"率先基本形成更富活力创新力竞争力的高质量发展模式"，"打好服务构建新发展格局组合拳，推进经济高质量发展先行示范"。其中的具体要求包括："经济发

---

[1] 习近平：《决胜全面建成小康社会 夺取新时代中国特色社会主义伟大胜利——在中国共产党第十九次全国代表大会上的报告》，人民出版社2017年版，第30页。
[2] 习近平：《高举中国特色社会主义伟大旗帜 为全面建设社会主义现代化国家而团结奋斗——在中国共产党第二十次全国代表大会上的报告》，人民出版社2022年版，第28页。

展质量效益明显提高，人均生产总值达到中等发达经济体水平；巩固壮大实体经济根基，加快建设具有国际竞争力的现代产业体系；打造数智金融先行省，构建金融服务共同富裕政策制度等。总结下来，高质量发展涉及经济生活的方方面面，与人民生产生活息息相关，推动高质量发展可以为共同富裕的实现奠定良好基础。"

二 县域高质量发展水平指标体系的构建

如何构建高质量发展指标是难点所在。若能较好地通过数据测算出四省的高质量发展水平，并进行比较分析，将会更有利于为浙江省共同富裕示范区建设提出针对性建议。目前，众多学者对高质量发展水平进行了测算，但主要研究层级集中在省级和国家级。[①] 本章以县为最小单位，测算各省县域高质量发展水平。本章选择县为最小单位的目的，一是可以在平均值意义上比较各省的高质量发展水平，二是可以比较分析各省内部的高质量发展水平的不平衡状况。如果仅以省级数据计算，则无法实现后一目标。

高质量发展指标的选取尤为关键。为避免指标选取时的主观性和随意性，依据聂长飞和简新华的研究[②]，遵循以下原则进行指标选取：全面性原则，全面选取能够真正体现高质量发展水平的指标，构建的指标体系可以体现高质量发展的基本特征；代表性原则，基于认识能力与数据可获得性，穷尽所有指标是不可能的，但需要确保代表性指标的存在；可比性原则，为使不同地区测算得到的数据具有可比性，指标计算方式以比例指标为主，可以达到一定程度的数据标准化需求；可操作性原则，在指标选取时兼顾数据可获得性，构建的指标体系能体现时效性。

---

① 马茹等：《中国区域经济高质量发展评价指标体系及测度研究》，《中国软科学》2019 年第 7 期；刘亚雪、田成诗、程立燕：《世界经济高质量发展水平的测度及比较》，《经济学家》2020 年第 5 期。

② 聂长飞、简新华：《中国高质量发展的测度及省际现状的分析比较》，《数量经济技术经济研究》2020 年第 2 期。

在借鉴现有构建高质量发展水平的高频指标之上，结合李金昌、史龙梅、徐蔼婷①，刘亚雪、田成诗、程立燕②，吴志军和梁晴③的研究，综合县域数据的可获得性，最终选取4个一级指标和10个二级指标对县域高质量发展水平进行衡量，具体内容和指标设定如表5-1所示。指标构建的层级为县级（含县和县级市，不含区），囿于数据的可得性，时间跨度为2002—2015年。一级指标从经济发展、社会保障、财政金融和生态环境四个角度进行构建，可以较好地衡量新发展理念中的协调、绿色和共享，但创新和开放暂无较为完整的县级指标可以表示。二级指标大部分采取比值形式进行计算，以人口或地区生产总值为分母进行初步的标准化处理。其中，社会保障类指标仅选用了万人社会福利性床位数。这一是因为受统筹层级的影响，很多社会保障类指标在县级并不可得；二是因为社会福利性床位数是社会保障事业发展中常被忽视的一环，如果一个县级政区最弱的一环能够发展较好，相信其社会保障事业整体发展水平也较高。指标体系中的PM2.5数据来自加拿大达尔豪斯大学大气成分分析组，二氧化碳排放数据来自中国碳排放和碳封存数据库，其余数据均来自相关年份《中国县域统计年鉴》。为避免数据极端值的影响，在构建指标之前，对所有变量（$x1$—$x10$）进行1%水平的缩尾处理（小于1%分位的数值用1%分位的数值代替，大于99%分位的数值用99%分位的数值代替）。

表5-1　　　　　　　　　　高质量发展指标体系

一级指标	二级指标	衡量方式	指标属性
经济发展	人均地区生产总值（$x1$）	地区生产总值/年末总人口	+

---

① 李金昌、史龙梅、徐蔼婷：《高质量发展评价指标体系探讨》，《统计研究》2019年第1期。

② 刘亚雪、田成诗、程立燕：《世界经济高质量发展水平的测度及比较》，《经济学家》2020年第5期。

③ 吴志军、梁晴：《中国经济高质量发展的测度、比较与战略路径》，《当代财经》2020年第4期。

续表

一级指标	二级指标	衡量方式	指标属性
经济发展	地区生产总值增长率（$x2$）	（当期地区生产总值−前一期地区生产总值）/前一期地区生产总值	+
	工业增加值占GDP的比重（$x3$）	规模以上工业总产值/地区生产总值	+
	第三产业增加值占GDP的比重（$x4$）	第三产业增加值/地区生产总值	+
社会保障	每万人社会福利性单位床位数（$x5$）	各种社会福利收养性单位床位数/年末总人口	+
财政金融	财政支出占GDP比重（$x6$）	地方财政一般预算支出/地区生产总值	+
	财政自给率（$x7$）	地方财政一般预算收入/地方财政一般预算支出	+
	年末贷款余额占GDP比重（$x8$）	年末金融机构各项贷款余额/地区生产总值	+
生态环境	二氧化碳排放强度（$x9$）	二氧化碳排放量/地区生产总值	−
	PM2.5（$x10$）	PM2.5排放量（微克/平方米）	−

在指标合成方法上，众多学者使用熵值法对高质量发展水平进行测算。[①] 与平均赋权法和专家评分法相比，熵值法可以尽可能消除权重确定时主观因素的干扰，保证测度结果的客观合理性。[②] 本章借鉴已有研究，同样采用熵值法对县域高质量发展水平进行测算。

在计算熵之前，首先需要确定正向指标（与所合成指标内涵正向相关）和负向指标（与所合成指标内涵负向相关），在表5-1的最后一列以指标属性的正负号进行区分。本章使用的前8个二级指标（$x1$—$x8$）均为正向指标，含义为：指标的数值越大，表明高质量发展

[①] 滕磊、马德功：《数字金融能够促进高质量发展吗？》，《统计研究》2020年第11期；刘亚雪、田成诗、程立燕：《世界经济高质量发展水平的测度及比较》，《经济学家》2020年第5期；吴志军、梁晴：《中国经济高质量发展的测度、比较与战略路径》，《当代财经》2020年第4期；简新华、聂长飞：《中国高质量发展的测度：1978—2018》，《经济学家》2020年第6期。

[②] 吴志军、梁晴：《中国经济高质量发展的测度、比较与战略路径》，《当代财经》2020年第4期。

水平越高。后 2 个二级指标（$x9$—$x10$）为负向指标，含义为：指标的数值越大，表明高质量发展水平越低。

在本章的指标构建中，由于 10 个二级指标的单位不一，首先通过归一化的方法去除量纲，具体见式（5-1）和式（5-2），其中对于正向指标和负向指标的归一化方法略有差异。归一化后的数值有利于后续计算，且含义均为：指标数值越大，表明高质量发展的水平越高。去除量纲后，继而使用熵值法对各个指标的权重进行计算。熵值法计算权重的主要依据是信息熵的大小，指标内部差异越大，熵越小，表明指标包含和传输的信息越多，最后得到的权重越大。[①]

$$ 正向指标：\frac{x-\min}{\max-\min} \tag{5-1}$$

$$ 负向指标：\frac{\max-x}{\max-\min} \tag{5-2}$$

熵值法在处理面板数据时，将对每一个年份的不同指标重新计算权重。表 5-2 列出了 2002 年和 2015 年 10 个二级指标的权重，每一年所有指标的权重之和均为 1。可以发现，不同年份 $x1$—$x10$ 的权重有较大差异：如 $x2$（地区生产总值增长率）在 2002 年时的权重达到 0.132，而 2015 年的权重仅为 0.022；$x8$（年末贷款余额占 GDP 比重）在 2002 年的权重为 0.052，但 2015 年时权重升至 0.112。

表 5-2　　　　　　　　　高质量发展水平各指标权重

	$x1$	$x2$	$x3$	$x4$	$x5$	$x6$	$x7$	$x8$	$x9$	$x10$
2002 年	0.203	0.132	0.116	0.036	0.089	0.198	0.069	0.052	0.046	0.060
2015 年	0.171	0.022	0.096	0.030	0.114	0.179	0.126	0.112	0.043	0.106

高质量发展水平最终数值通过 $x1$—$x10$ 的权重分别与其原值归一化后的结果相乘再相加得到。计算得到的高质量发展水平数值范围为 0—

---

① 杨宇：《多指标综合评价中赋权方法评析》，《统计与决策》2006 年第 13 期。

1，如表 5-3 所示，数值越大，说明地区的高质量发展水平越好；反之，则说明高质量发展水平较低。需要注意的是，各省数据中包含县的数量以 2015 年为基准，对于 2015 年后各省部分县进行"撤县设区"等行政区划的变更不做调整。

三 县域高质量发展水平四省比较分析

从表 5-3 初步分析可知，从高质量发展的绝对水平得分来看，浙江的县域高质量发展平均水平在四个经济大省中居首位，均值达到 0.415；其次是江苏，均值为 0.355；再次是广东，均值为 0.272；最后是山东，县域高质量发展水平相对较低，均值为 0.249。从各省内部县域高质量发展方面的均衡性看，标准差均值为 0.074，是四省县域标准层的一半左右（全样本标准差为 0.115）。总体来看，浙江省内各县的高质量发展水平较为均衡，与广东相近，但县域之间的差异略大于广东。同期广东县域之间高质量发展的标准差为 0.061。结合标准差和分位数，浙江的高质量发展水平历年最小值为 0.266（平阳县，2004年），最大值为 0.599（义乌市，2015 年）。相比之下，江苏和山东在县域高质量发展的均衡性方面相对较低。江苏的标准差为 0.117，最小值仅为 0.134（东海县，2003 年），最大值达到 0.665（太仓市，2015年），省内不平衡程度较高。山东的标准差为 0.108，省内不平衡程度较高。与全样本的标准差进行比较可知，四省县域之间高质量发展的差异主要来自山东和江苏的省内县域差异。特别地，将浙江与江苏相比较可知，浙江样本区间内县域数量多于江苏，在省内县域差异上却远小于江苏。这说明浙江在高质量发展方面，不仅绝对水平处于领先地位，而且省内地区间经济质量平衡性也处于先进水平。

表 5-3　　　　　　四省高质量发展水平描述性统计

省份	县数（个）	观测值	平均值	标准差	最小值	25%分位	75%分位	最大值
山东	81	1134	0.249	0.108	0.029	0.191	0.314	0.614

续表

省份	县数（个）	观测值	平均值	标准差	最小值	25%分位	75%分位	最大值
广东	57	798	0.272	0.061	0.148	0.226	0.311	0.534
江苏	41	574	0.355	0.117	0.134	0.261	0.425	0.665
浙江	52	728	0.415	0.074	0.266	0.360	0.469	0.599
全样本	231	3234	0.311	0.115	0.029	0.232	0.383	0.665

本章进一步分析高质量发展的趋势。图 5-1 展示了四省高质量发展水平趋势图，省级数据通过省内各县的平均值计算得到，可以更直观地展示四省高质量发展水平的异同。2002—2015 年，四省的高质量发展水平均有较为明显的上升，表明发展形势总体向好：浙江从 0.329 增长到 0.521，江苏从 0.280 增长到 0.468，广东从 0.236 增长到 0.361，山东从 0.214 增长到 0.347，四省年均增长率分别为 4.17%、4.80%、3.78%、4.44%。从四省对比来看，浙江的高质量发展水平一直处于最高位，其次是江苏，山东和广东两省的高质量发展水平在四省中处于较低水平，数值大小较为接近。

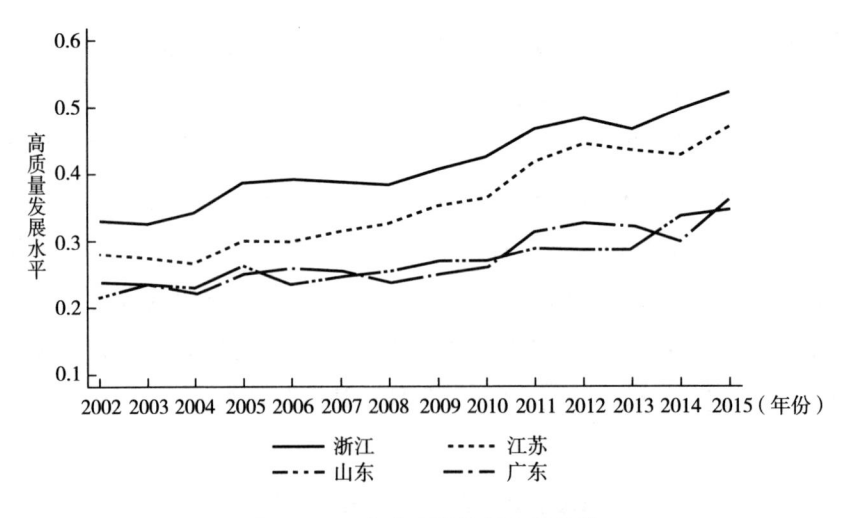

图 5-1 四省高质量发展水平趋势

具体到浙江省内部，本章对比分析相对落后县域和其他县域之间的差异。图5-2将浙江县域经济划分为山区26县和非山区26县两组，分别绘制了两组县域经济高质量发展水平的趋势图。较为明显的是，与直观经验相一致，非山区26县的高质量发展水平在各年均略高于山区26县。但从时间趋势来看，山区26县的高质量发展同其他地区一样，均实现了较快的增长，增长趋势非常类似，并且山区26县的相对增长速度高于非山区26县。具体而言，非山区26县的高质量发展水平从2002年的0.343提升到了2015年的0.540（年均增长率4.10%），而山区26县同时期则从0.315提升到0.501（年均增长率4.22%）。这说明山区26县与非山区26县的发展差距并未随着时间的推移而扩大，山区26县的绝对水平虽然相对较低，但发展速度相对更快，两大区域内的高质量发展水平逐步在更高绝对水平上趋同，呈现区域高质量发展趋同状态。这也说明在筑牢高质量发展物质基础方面，浙江取得了明显成效，共同发展、共同富裕。

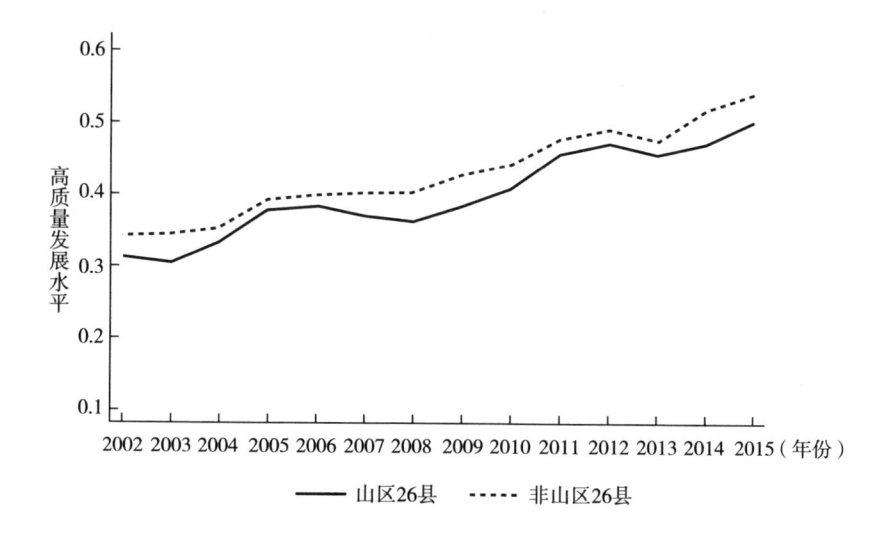

图5-2 浙江高质量发展水平

四 转移支付分档与高质量发展水平

本章进一步考察各省转移支付与高质量发展之间的关系。转移支付在推动均衡发展方面具有重要作用，如果转移支付能够激励相对落后地区的发展，将会促进省内各县域之间在高质量发展方面的趋同。笔者查阅了四省对市县分档补助比例情况或者省与市县事权划分分档承担比例情况，以各省文件核定的市县分类分档情况来识别各市县享受转移支付力度，并据此比较不同转移支付强度组的高质量发展情况。根据各省文件，档类数值越大，收到的转移支付越少，例如浙江省内一类一档收到的财政转移支付最多，广东第一档市县收到的财政转移支付最多。按照这种官方文件进行分类，是一种省域内部相对指标，避免了不同省份相关指标绝对水平差异导致的不可比问题，更便于进行转移支付强度排序比较和高质量发展排序比较的关联分析。

图 5-3 展示了四省按转移支付分档分别计算的高质量发展水平。可以看出，各省总体上均对高质量发展较为落后的地区给予了更多的转移支付，而且浙江省内各转移支付组之间在高质量发展指标上的差距最小，说明浙江转移支付较好地实现了促进均衡发展的作用。在转移支付中省内分档数值越小、按政策享受更多收到转移支付的地区，其经济发展水平较为落后，测算得到的高质量发展水平分值更低。熵值法的计算结果验证了这一点：从转移支付分档来看，浙江高质量发展水平测算得出的分值最高档为二类二档，广东为第四档，江苏和山东同为第六档，均为四省转移支付分档中的最高档位。从图 5-3 可见，浙江的省内差距明显更小，五条线的垂直距离均小于 0.1；江苏的第六档发展优势明显，远高于其余五档，但第一档和第六档的差距也较大；2011 年前，广东四档之间的差距较大，但随后有明显的四线交错趋势，表明省内差距在缩小；山东除第六档外，大部分地区的高质量发展水平在 0.3 以下，且省内差距尚无缩小之势。

(a）浙江

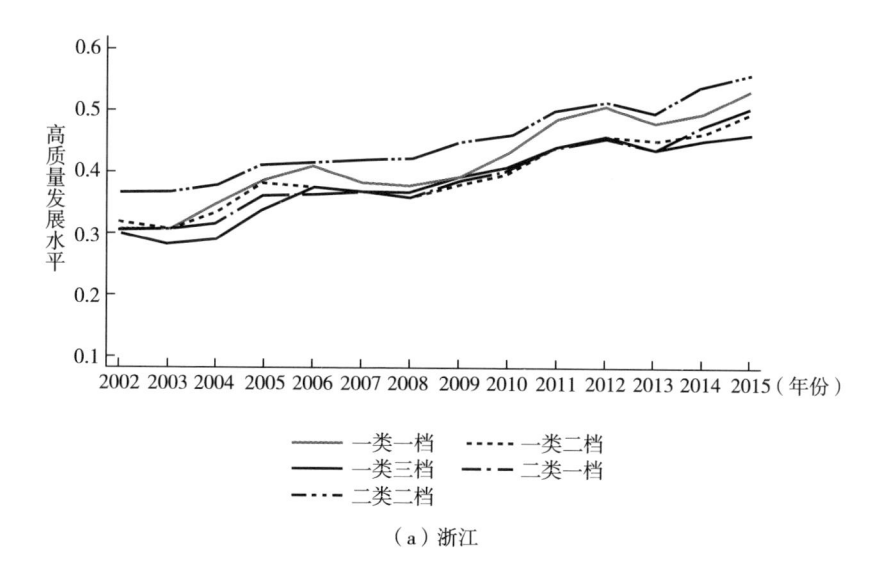

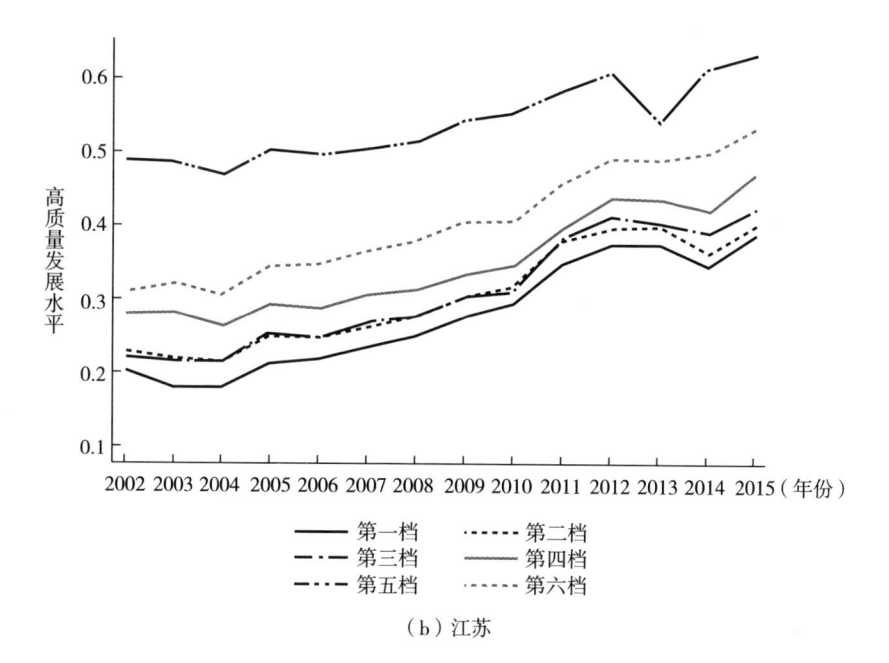

(b）江苏

(c) 广东

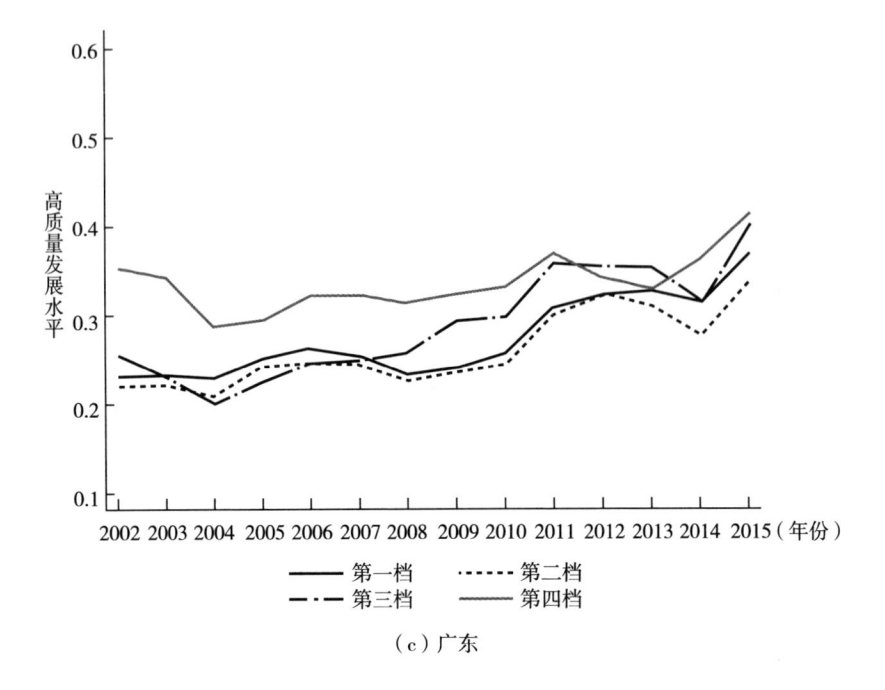

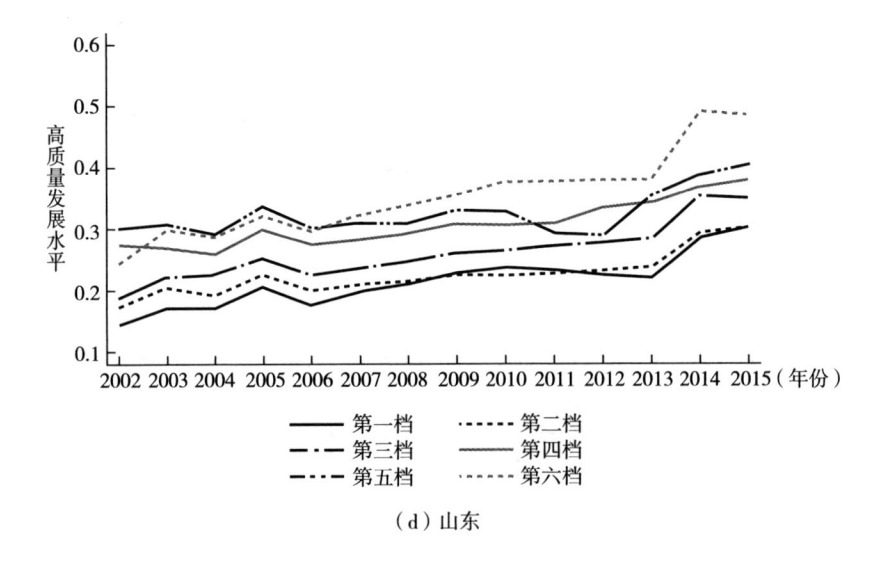

(d) 山东

图 5-3 四省高质量发展水平（按转移支付分档）

五 分指标比较分析

浙江经济发展居于前列,并且金融发展情况领先。图 5-4 绘制了四省经济发展、财政金融 2 个一级指标的得分情况。从经济发展上看,四省明显具有共同趋势,而浙江一直位居前列,且远高于广东。但是浙江在 2007 年之后逐渐被江苏和山东赶超。这可能是因为经济发展指标中规模以上工业总产值占地区生产总值的比重,江苏和山东比较有优势,都属于实体经济、制造业大省。而广东的表现较不理想,一直处于四省最末位。分析财政金融指标发现,浙江在本项指标表现优异,2002—2010 年保持持续高速增长,年均增长率达到 14.81%,远远领先于其他省份,同期广东和山东的年均增长率仅为 7.12% 和 4.18%。从财政角度看,浙江一般公共预算支出占 GDP 比重较大,并且财政自给率情况较好;从金融角度看,浙江民营经济繁荣,整体经济有活力,融资活动活跃,金融深化程度较高。

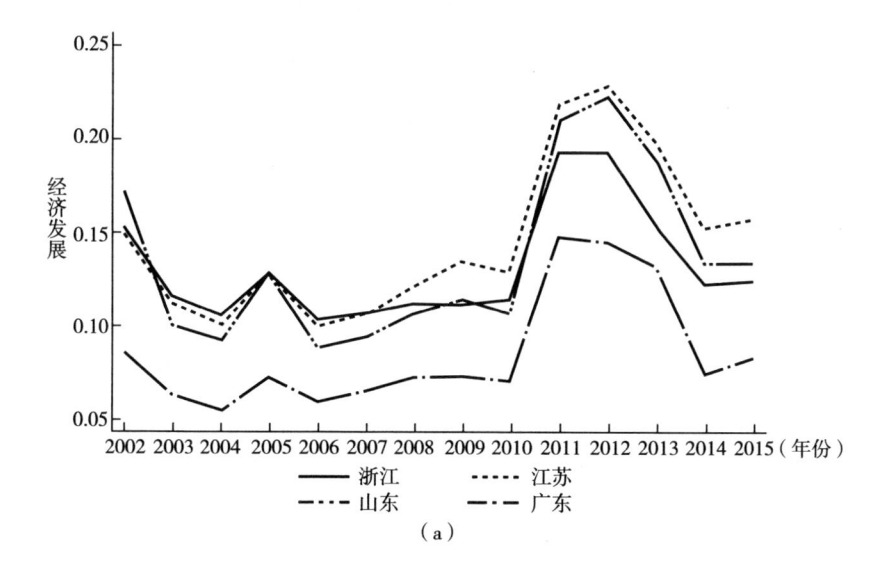

(a)

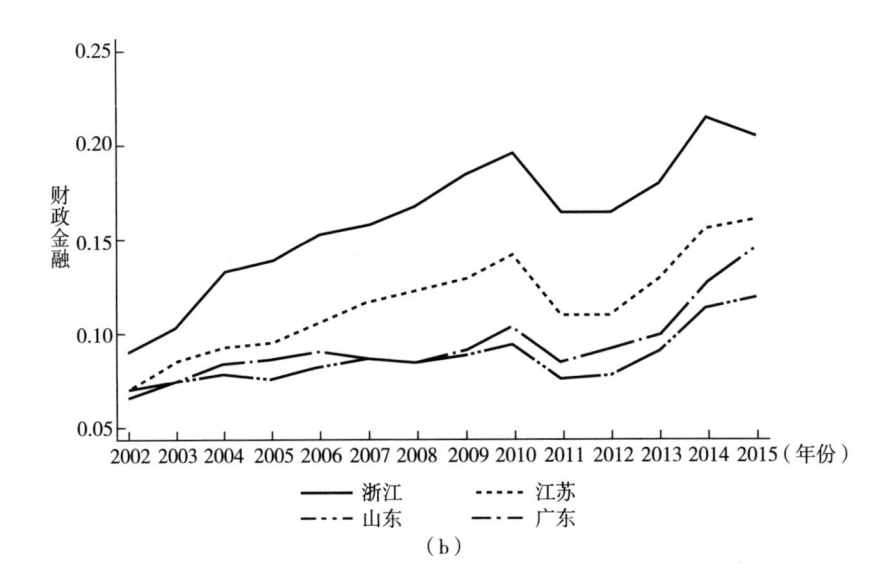

图 5-4　四省经济发展与财政金融一级指标得分情况

浙江在社会保障和生态环境方面的发展质量长期处于领先地位。图 5-5 分项绘制了四省社会保障和生态环境 2 个一级指标的得分情况。从社会保障角度来看，浙江连年稳居首位，其次是江苏，在众多年份与浙江数值贴近。山东在 2012 年前略低于江苏，但在后续年份差距逐渐拉大。广东在社会保障一级指标的表现较不理想，原因在于其"各种社会福利收养性单位床位数"数量明显少于其余三省。广东"各种社会福利收养性单位床位数"历年最大值仅为 4355 床（普宁市，2015年），75%分位为 795 床（阳春市，2005 年）；而浙江最大值为 17081床（温岭市，2014 年），75%分位为 2662 床（义乌市，2008 年）。可以看出，在原始数据准确的情况下，广东"各种社会福利收养性单位床位数"明显偏低（同样低于山东和江苏），导致本项得分最低。在生态环境方面，以单位地区生产总值二氧化碳排放量和 PM2.5 排放量作为生态环境指标，浙江同样表现最优，其次是广东，山东在此项劣势较大。本项指标说明江浙两省的大气污染程度较低，单位地区生产总值污染量也较低，高质量发展中绿色生产方式转型比较好。

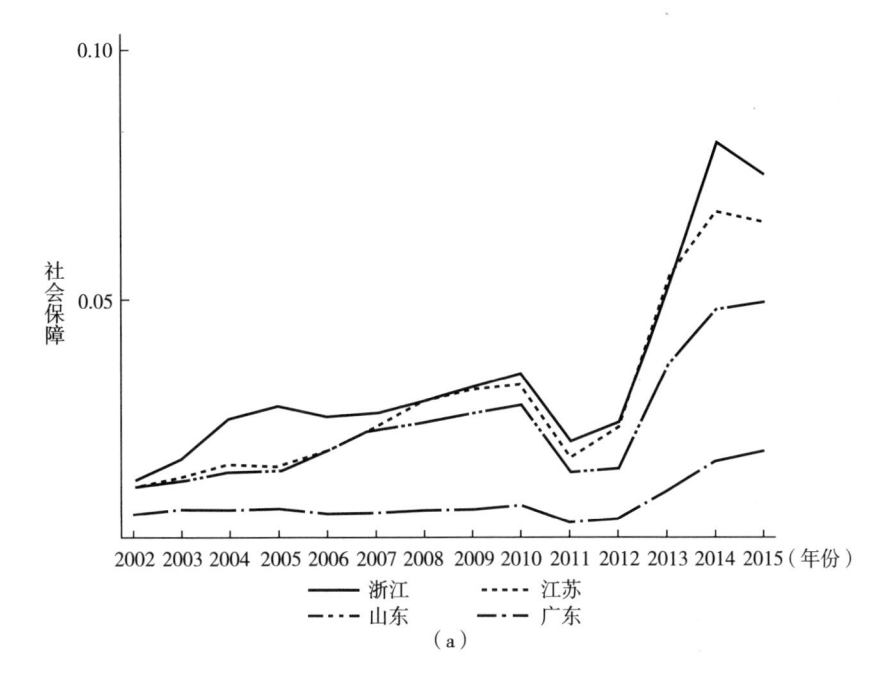

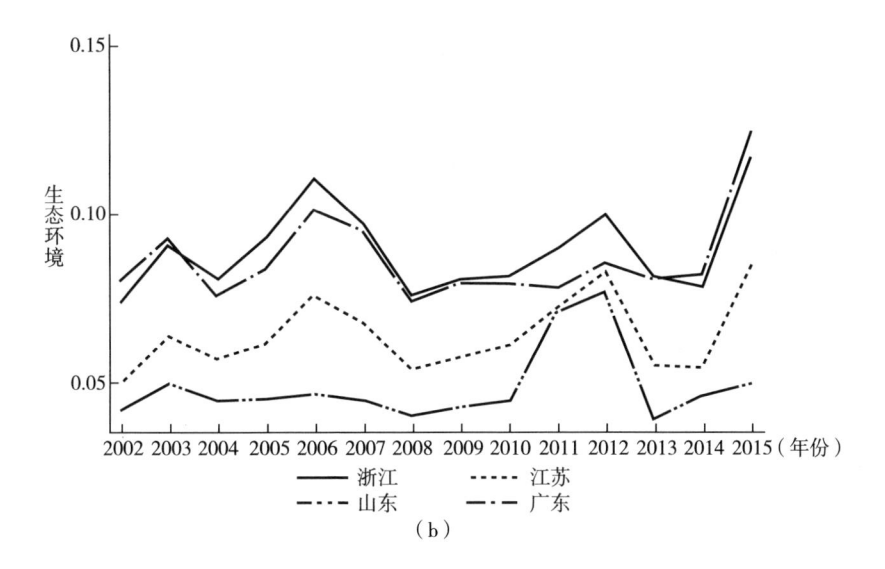

图 5-5 四省社会保障与生态环境一级指标得分情况

六 省内县域不平衡程度的泰尔指数分析

在初步分析四省高质量发展水平后,参考聂长飞和简新华的研究①,本章使用泰尔指数对高质量发展水平进行分解,以测算各省省内的不平衡程度。泰尔指数的数值大小与不平衡程度反向相关,即泰尔指数越大,不平衡程度越高。式(5-3)中,T 表示高质量发展水平的泰尔指数,n 表示各省县的个数,下标 p 表示省份、i 表示县。Q_{pi} 代表此前测算的各县高质量发展水平,$\overline{Q}_p$ 表示各省县域高质量发展水平均值。T_p 的数值越小,表明省内差异程度越小,反之表明省内差异程度越大。

$$T_p = \frac{1}{n_p} \sum_{i=1}^{n_p} \left(\frac{Q_{pi}}{\overline{Q}_p} \times \ln \frac{Q_{pi}}{\overline{Q}_p} \right) \quad (5-3)$$

浙江省内县域之间高质量发展水平的不平衡程度最低。表 5-4 列出了根据式(5-3)计算得到的四省高质量发展水平泰尔指数,四省对比来看,浙江的高质量发展水平泰尔指数最小年均值为 0.0050,表明浙江省内各县的发展水平差距小。江苏和山东的高质量发展水平泰尔指数较大,历年均值超过 0.03。2015 年,除山东的泰尔指数为 0.0411 外,江苏和广东两省的数值均低于 0.02,浙江更是低至 0.0044,仅约为山东的 1/10。

表 5-4   四省高质量发展水平泰尔指数

年份	广东	江苏	山东	浙江
2002	0.0205	0.0612	0.0694	0.0064
2003	0.0169	0.0763	0.0373	0.0075
2004	0.0209	0.0674	0.0373	0.0062
2005	0.0160	0.0557	0.0329	0.0050
2006	0.0124	0.0503	0.0411	0.0047

---

① 聂长飞、简新华:《中国高质量发展的测度及省际现状的分析比较》,《数量经济技术经济研究》2020 年第 2 期。

续表

年份	广东	江苏	山东	浙江
2007	0.0104	0.0436	0.0343	0.0050
2008	0.0115	0.0400	0.0299	0.0060
2009	0.0129	0.0348	0.0325	0.0060
2010	0.0147	0.0309	0.0311	0.0057
2011	0.0081	0.0182	0.0523	0.0045
2012	0.0053	0.0160	0.0539	0.0042
2013	0.0091	0.0106	0.0578	0.0031
2014	0.0135	0.0245	0.0410	0.0044
2015	0.0148	0.0181	0.0411	0.0044

为了更直观地呈现各省县域不平衡程度并了解相应的发展趋势，图5-6更直观地绘制了泰尔指数时间趋势变化。可以发现，浙江的高质量发展水平泰尔指数在2002—2015年没有较大幅度的波动，均位于四省最低水平。广东略高于浙江，也没有明显的提升或降低趋势。而同样在样本年份内，江苏的泰尔指数有较大幅度的下降，从2002年的0.0612降至2015年的0.0181，降幅达70.43%。而山东的泰尔指数处于波动状态，在高质量发展水平连年提升的情况下，省内县域发展差距并未明显缩小。自2010年起，山东的高质量发展水平泰尔指数为四省最高，大致在0.04以上。而其余三省开始有接近的趋势，大致保持在低于0.02的水平。总体来看，浙江的省内各县发展差距最小，江苏省内发展差距缩小明显，广东与山东处于波动状态，但广东比山东表现更优。

本章通过分析高质量发展的内涵与特征，从经济发展、社会保障、财政金融和生态环境四个维度，选取4个一级指标和10个二级指标，构建了县域高质量发展水平指标体系。在此基础上，使用熵值法测算了2002—2015年浙江、江苏、山东和广东四省的县域高质量发展水平。

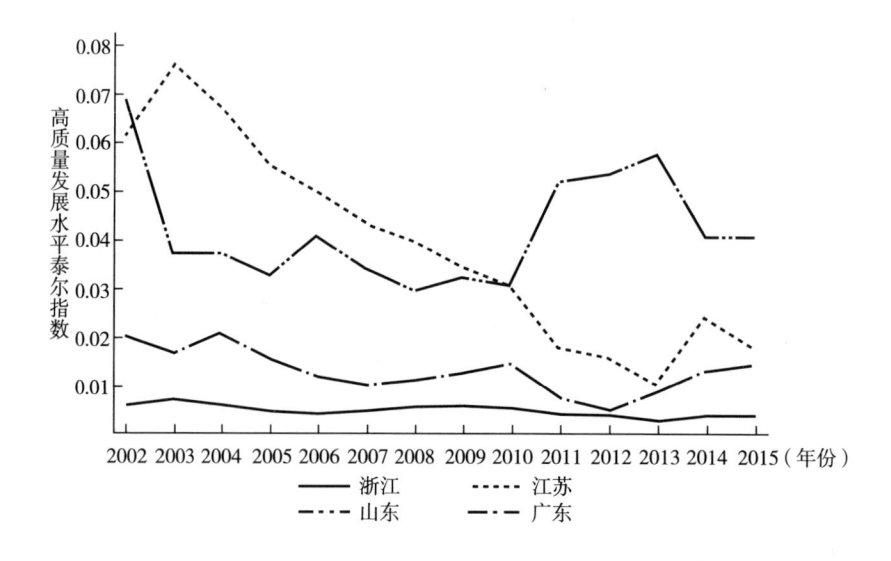

图 5-6　四省高质量发展水平泰尔指数

测算结果表明：

第一，四省的高质量发展水平总体呈现增长态势，浙江的高质量发展水平最高，山东和广东两省的高质量发展水平略低。

第二，从分项指标来看，浙江在财政金融、社会保障和生态环境 3 个一级指标的表现优异，但在经济发展上规模以上工业发展相对不足。

第三，使用泰尔指数对高质量发展水平进行分解，结果表明浙江省内各县的发展差距较小，江苏和山东两省的省内差距较大。

第四，从省对市县转移支付的分档情况看，各省均对于高质量发展相对不足的地区给予更多转移支付，但从实际效果来看，浙江不同档位县域之间在高质量发展方面的差异最小。

第二节　促进现代产业体系建设的财税政策

浙江促进高质量发展，建设现代化产业体系，始终坚持把发展经济的着力点放在实体经济上，以发展制造业为基础，积极探索传统制造业的改造升级，通过"腾笼换鸟"这制胜一招，推动浙江各地高耗低效整治提升。另外，积极培育发展新兴产业，支持"专精特新"企业发展，实施数字经济"一号工程"，形成传统产业与新兴产业协调互补、良性发展的新格局，助力高质量发展。党的二十大报告指出，"坚持把发展经济的着力点放在实体经济上"[1]，数字经济是浙江的一张名片，实现数字经济更好地让实体经济焕发新活力、获得新势能，是值得浙江注意的发展方向。规模以上工业企业产值相对弱势的问题如果得到有效解决，浙江高质量发展必将获得更多迈向更高水平的发展动能。

一 实体经济

推动高质量发展需要建设现代化产业体系，坚持把发展经济的着力点放在实体经济上。浙江实体经济根基较为稳固，工业服务业蓬勃发展。2021年全省工业企业营业收入突破10万亿元，达到111253亿元，规模以上工业增加值20248亿元，迈上2万亿元新台阶。第三产业比重保持增长，从2012年的45.8%升至2021年的54.6%，2021年服务业增加值突破4万亿元大关。

2017年浙江出台了《浙江省人民政府办公厅关于实施促进实体经济更好更快发展若干财政政策的通知》，包括继续加强财政政策引导、有效发挥财政专项资金作用、更好发挥政府产业基金作用、切实降低企业税费负担、支持企业增强创新发展能力五个方面的措施。首先，通过继续加强财政政策引导，鼓励地方发展高新技术产业、增加地方财政税收收入，给予市、县（市）政府地方税收增收额一定比例的财政奖励，以此调动市县政府发展实体经济的积极性。其次，充分发挥财政专项资金和政府产业基金的作用，通过优化产业类财政专项资金的使用方向来更好地发挥市场在资源配置中的决定性作用，发挥政府产业基金作用，通过与金融资本的结合，撬动社

---

[1] 习近平：《高举中国特色社会主义伟大旗帜　为全面建设社会主义现代化国家而团结奋斗——在中国共产党第二十次全国代表大会上的报告》，人民出版社2022年版，第30页。

会资本投入实体经济。同时,实行振兴实体经济财政专项激励政策,在 2017—2019 年浙江省政府每年安排 18 亿元,择优选择 18 个县(市、区)给予每年专项激励资金 1 亿元。最后,切实减轻企业税费负担,支持企业增强创新发展能力,落实增值税、企业所得税等税收优惠政策,简化办理手续。严格落实各项清费减负政策,不得以任何理由拖延或拒绝执行国家和省明确取消或停止征收的涉企收费项目,不得转为经营性收费,不得以其他名目变相继续收取。实现省级涉企行政事业性收费"零收费"。积极推广应用创新券,鼓励和推动各类创新平台与载体为有创新需求的企业和创业者提供服务,推进省、市、县科技资源开放共享。提升首台(套)产品财政扶持力度,强化政府采购示范作用,实施"浙江制造精品"首购制度。

(一)传统制造业

实体经济的重要一环就是制造业发展,改革开放以来,传统制造业一直都是拉动浙江经济增长的主要动力。一方面,传统制造业为浙江经济社会发展作出了重要贡献,是浙江发展之基、富民之源。如今,传统制造业仍是浙江实体经济的主体,具有竞争优势的重要领域,提供了最大的税收来源,保证了最多的就业岗位,深刻影响着浙江经济发展的速度和质量。但是另一方面,浙江传统制造业正处于转型升级的关键期和阵痛期,2016 年全省 10 个重点传统制造业在投入产出效益上总体处于偏低的水平,在亩均税收、亩均增加值、R&D 经费支出与主营业务收入之比等关键指标上,总体还低于全省制造业平均水平。因此,浙江传统制造业转型升级弯弓已满、箭在弦上。

2017 年,浙江省政府印发《浙江省全面改造提升传统制造业行动计划(2017—2020 年)》(以下简称《行动计划》),通过打好政府引导搭台、企业主体运作、全球精准合作、内外并购重组、推进股改上市、政策资源保障等改造提升组合拳,实现重点传统制造业在国际产业分工和价值链中的地位明显提升,基本建成全国传统制造业转型升级示范区。《行动计划》明确了"创新升级、整合优化、强链补链、有序退出"四条基本路径,全面推进技术创新、产品创新、业态创新、组织创新和商业模式创新,大力发展智能制造、协同制造、服务型制造、绿色制造;引导资源要素向产出效益高的企业集聚,支持通过兼并重组做强行业龙头企业;强化招商引资和重大项目支撑,大力发展与传统制造业紧密关联的先进装备制造业和生产性服务业;综合运用市场化、法治化手段,坚决淘汰落后产能,积极化解严重过剩产能,全面整治"低小散""脏乱差"企业(作坊),合理转移和退出低端低效产能,为产业转型升级腾出发展空间。《行动计划》也明确了强有力的政策支持,在2017—2019年浙江安排的每年18亿元用于实施振兴实体经济(传统产业改造)财政专项激励的资金中,其中不少于1/3必须用于传统制造业改造提升,并且确定18个振兴实体经济(传统产业改造)财政专项激励县(市)每年用地指标不少于1/3将用于制造业项目。对于率先建设产业创新服务综合体的省级试点单位将给予一定的财政资金支持,鼓励地方政府加大对企业技术改造的财税支持力度,全面落实研发费用加计扣除、专用设备税额抵免等税收优惠政策。优先将10个重点传统制造业的技术改造项目列入全省重点技术改造项目计划,加大土地、资金等要素保障力度。这一政策也取得了不错的成果,2017年浙江10个重点传统制造业规上工业增加值同比增长4.5%,扭转了2016年逐季下行态势。同时,质量效益提升明显,规上工业企业利润总额同比增长23.2%。

作为浙江唯一的省级传统产业改造提升综合试点地级市,绍兴拥有越城家电、柯桥纺织、上虞化工、诸暨铜加工、嵊州厨具、新昌轴承6个省级分行业试点,实现各区县(市)试点"全覆盖"。2019年,绍兴市柯桥印染行业产值实现增长14.7%,远远高于工业平均增幅;实现大纺织产值1045.8亿元,占全区规上工业产值的51%,被省政府评为加快传统制造业改造提升成效明显的县(市、区)。

2020年绍兴市传统制造业改造提升水平指数居全省第一位，柯桥区纺织行业改造提升综合指数居全省第一位。① 在推动企业智能化改造中，绍兴依托龙头企业搭建市场化服务平台。同时成立绍兴市智能制造产业协会和智能制造咨询专家委员会，搭建智能化改造公共服务平台，为企业进行全方位、全流程指导。绍兴还在全国范围内招引智能制造服务商，2021年新认定市级服务商45家，截至目前，认定市级服务商累计达90家，同时积极招引和培育专业服务商来满足企业的需求。技术改造过程中难免会遇到资金缺少的问题，绍兴为此持续加大补贴力度，对实际完成设备投资额200万元以上的智能化项目，按设备投资额的10%给予补助，最高补助可达1000万元。对评为省级未来工厂、省级智能工厂、省级数字化车间、市级智能工厂、市级数字化车间的，则分别给予10万—100万元不等的奖励。绍兴各地也各显神通，根据自身特色亮出实招，如柯桥区充分发挥政府产业基金撬动作用，推动纺织业转型升级；上虞区对搬迁入园或者兼并重组入园的企业新实施的智能化项目，按设备投资审计额15%进行奖励。

（二）"腾笼换鸟"

在浙江共同富裕实施方案中，提出了探索"腾笼换鸟、凤凰涅槃"新路径，加快建设全球先进制造业基地。2021年浙江省人民政府出台《浙江省新一轮制造业"腾笼换鸟、凤凰涅槃"攻坚行动方案（2021—2023年）》，通过淘汰落后、创新强工、招大引强、质量提升四大攻坚行动，力争通过3年攻坚行动实现在亩均税收、制造业全员劳动生产率、单位工业增加值能耗、制造业投资、制造业R&D投入等方面的突破。由浙江省财政厅牵头统筹工业和信息化、发展改革、科技、商务等相关财政专项资金，强化政策集成，优化使用方式；充分发挥研发费用税前加计扣除引领撬动作用，扩大政策覆盖面，激励企业加大研发投入。浙江各地也都各显神通。

---

① 资料来源：《2020年全省传统制造业改造提升综合评估报告》。

例如，宁波市北仑区坚持把扩大工业有效投资作为制造业高质量发展的主引擎，全力优化投资结构，不断提高投资效益。2021年实现规上工业总产值4999.3亿元、增长21.7%，规上工业增加值突破1000亿元、增长9.7%，总量均居全省首位；完成工业投资223.9亿元、增长21.5%，总量居宁波市首位。为促进制造业发展，北仑区坚持强化项目招引、扩大投资增量，强化项目推进、加快投资放量，强化项目服务、优化投资环境。

具体而言，首先，坚持招商引资和稳商扩资两手抓，实施强链、延链、补链工程，夯实制造业发展后劲。突出招商强链，聚焦化工新材料、新能源汽车、高端装备等优势产业，开展精准招商、以商招商，新引进极氪电动汽车、荣芯半导体等优质项目39个，总投资近1500亿元；制造业实际利用外资8.3亿美元，占比达63.7%。狠抓稳商延链，借助市区两级2亿元财政补助资金，撬动千万以上技改项目63个。加大对优势企业兼并重组、挖潜提效扶持力度，新落地10亿元以上增资项目23个，完成投资115.5亿元，拉动工业投资15个百分点。聚力平台补链，高标准建设灵峰现代产业园、芯港小镇"万亩千亿"等平台，成功导入汽车关键零部件、集成电路等产业链上下游项目47个，总投资达422亿元。

其次，建立重大项目全周期服务保障机制，加大跟踪协调服务，提升项目建设实效。新建项目抓开工，实施"简办事流程、定项目责任、保工程质量"闭环管理，最大限度缩短开工时间，促成31个亿元以上项目顺利开工，将释放投资85亿元。续建项目抓竣工，实行重大项目"一月一会商、一季一通报"，及时解决各类"卡点"问题，促进投资靠前放量，大榭石化五期、台塑丙烷脱氢等108个亿元以上在建项目完成年度投资182亿元。竣工项目抓投产，积极协调解决用水、用电、用工等需求，做好项目投产达产后半篇文章，推动总投资超250亿元的吉利梅山、东方电缆等41个工业项目投产达效，年新增产值超700亿元。

最后，精准对接企业需求，做好要素保障，提升服务效能。通过加强土地保障，推进"腾笼换鸟"和低效的整治专项行动，集中连片腾退低效土地2100亩，新出让工业用地2485亩。加快审批进度，率先试点低风险小型项目"最多15天"审批，进一步优化流程、缩短时限，完成项目审批（备案）445个，总投资达218亿元。加大资金扶持，精准落实各项惠企政策，建立普惠金融服务中心，创新固定资产项目贷款、设备融资等信贷产品，制造业中长期贷款同比增长58.8%。制造业作为北仑高质量发展的重要支撑，也是争先进位的关键变量。在接下来的工作中，北仑区将围绕"全年完成工业投资295亿元、工业增加值增长10%以上"的目标，开展重大项目"立功竞赛""亮绩赛马"，推动36个亿元项目开工、50个亿元项目投产，加快形成实物量。坚持"增量招引""存量挖潜"齐头并进，强化产业链招商，确保新引进投资100亿元以上项目3个、50亿元以上项目6个、20亿元以上项目9个、1亿美元以上项目5个。出台稳商扩资新政，激励企业内部挖潜，加速落地LNG三期、东华能源四期、亚浆高档卡纸等11个10亿元以上增资扩产项目。聚焦"服务更优、保障更优"，全力做好"店小二"，落实"5+4"稳进提质政策。进一步实施新一轮制造业"腾笼换鸟、凤凰涅槃"攻坚行动，完成低效用地再开发2000亩以上。加快自贸制度创新，打造国际一流营商环境，提升投资便利度，不断激发市场主体活力。

二 "专精特新"企业

党的二十大报告指出，建设现代化产业体系，实施产业基础再造工程和重大技术装备攻关工程，支持"专精特新"企业发展，推动制造业高端化、智能化、绿色化发展。浙江是民营经济大省、中小企业大省。截至2021年年底，全省共有各类市场主体868.47万户，其中在册企业313.98万户，小微企业占企业总户数的90.06%；民营经济规模4.92万亿元，占全省经济总量的67%，民间投资占

58.8%，税收占 73.4%，出口占 81.6%，就业占 87.5%，市场主体占 96.7%，107 家民营企业上榜中国民营企业 500 强，连续 24 年居全国第一位。

总结浙江省的经验，浙江省围绕"专精特新"企业培育，先后出台《推进中小微企业"专精特新"发展的实施意见》《关于推进中小微企业"专精特新"发展的实施意见》《关于开展"雏鹰行动"培育隐形冠军企业的实施意见》《关于大力培育促进"专精特新"中小企业高质量发展的若干意见》等文件，对中小企业发展中创新、金融、财政、品牌、电商、资源要素等给予持续引导和支持。通过加快构建以创新型中小企业、省级"专精特新"企业（"隐形冠军"企业）、专精特新"小巨人"企业、制造业单项冠军企业为主体的梯度培育体系，将创新型中小企业、"专精特新"企业培育成为推动制造业高质量发展的基本盘，截至 2022 年 10 月累计培育国家专精特新"小巨人"1068 家、重点"小巨人"201 家，均居全国第一位。

浙江首先通过开展"小升规"，壮大规上工业企业规模。2013 年浙江就在全国率先开展"小升规"工作，规上工业数量已从 2012 年年底的 34496 家增长到 2021 年年底的 54299 家，占全国比重由 2012 年年底的 10.61% 稳步上升到 2021 年年底的 13.2%，为"专精特新"企业培育夯实了基础力量。其次，前瞻性地开展"隐形冠军"培育，抢占"专精特新"企业培育先机。借鉴德国经验，从 2016 年起每年开展"隐形冠军"认定培育工作，制定完善认定标准，并几经迭代升级，截至目前共评价认定"隐形冠军"企业 282 家，其中已有 181 家申报为专精特新"小巨人"企业；并以"隐形冠军"企业为基础，培育省级"专精特新"企业 2310 家。最后，"放水养鱼"，推动"专精特新"企业快速成长。于 2020 年启动"放水养鱼"行动，遴选一批营业收入在 0.5 亿—4 亿元的发展潜力大、以"专精特新"企业为主体的中小企业，通过加大税费减免、财政奖补、要素保障等激励措施,力争通过3年努力,使入选企业的营业收入、研发经费投入、税收3项关键指标实现倍增,截至2021年年底,共入库企业3083家。

三 数字产业

在上述制造业转型升级中可以看到,数字化起到了重要的作用,党的二十大报告指出,要加快发展数字经济,促进数字经济和实体经济深度融合,打造具有国际竞争力的数字产业集群。

浙江2017年就开始实施数字经济"一号工程",至今,数字经济已经成为浙江经济的主引擎。2021年,浙江数字经济增加值达3.57万亿元,居全国第四位,较"十三五"时期初实现翻番;占GDP比重达48.6%,居全国各省(区)第一位。数字经济核心产业增加值达到8348.3亿元,居全国第四位;五年年均增长13.3%,2倍于GDP年均增速,数字经济在地区经济中的支柱地位凸显,稳定基本盘、引领增长的作用更加明显,已成为浙江经济高质量发展的金名片。

例如,衢州市的经济发展水平并不突出,但是近年来衢州市借助数字经济,实现了绿色腾飞。衢州市财政局积极创新"美丽+智慧"发展新模式,进一步强化数字经济智慧产业扶持。2019年,实现全市数字经济核心产业增加值49.72亿元,同比增长15%;规上核心产业从业人员15774人,同比增长7.6%。政策上,出台《衢州市数字经济发展五年倍增计划》等纲领性政策,启动全球招商计划,实施高成长性"轻资产"及高附加值项目"一事一议"等政策,引导数字产业高端化、精细化、集群化发展。通过认缴出资10亿元参与国家集成电路产业基金二期,设立规模15亿元的智慧产业基金,带动集成电路产业迅速发展。不仅如此,衢州市在资金上持续加力,积极打造数字研发"新平台"。通过安排资金1.8亿元,用于支持电子科技大学、浙大衢州"两院"、东南数字经济发展研究院等创新平台建设，充分嫁接"阿里系""华为系"等"裂变基因"，成功引进高层次人才131位，为数字科技攻关提供"最强智库"。不断加大财政投入力度，支持组建衢州市数字经济产业联盟，累计实施数字化转化项目100余个，培育数字重点和示范企业100余家，有效打通数字经济研究成果转化和应用通道。此外，更是通过政府购买服务方式累计提供云资源2200余个，助力医保、社保、"政企通"等数字化转型项目建设，进一步简化涉企缴费、资金拨付等事项流程，让企业办事更便利、更快捷。

实现高质量发展，需要加快构建现代产业体系。本章聚焦浙江促进产业体系建设的财税做法，从财政支持产业体系建设出发，以浙江各县市案例为支撑，分析浙江财政对于促进产业体系构建的作用。浙江各县市充分调动主观能动性，一手抓传统产业改造提升，一手抓新兴产业培育发展，借助数字化改革重塑科技治理体系，推动中小微企业朝着"专精特新"的方向发展，实现更高质量的经济发展。

第三节　推动区域协调发展的财税政策

推进新时代区域协调发展是高质量发展建设共同富裕示范区的题中应有之义。中国幅员辽阔，国情复杂，区域发展差距依然较大，区域分化现象逐渐显现，区域发展不平衡不充分问题依然比较突出，区域均衡发展机制还不完善，难以适应新时代实施区域协调发展战略需要。浙江在促进区域协调发展方面取得了较为不错的成绩。浙江城镇和农村居民可支配收入分别连续20年和36年居全国各省区首位，城乡居民收入比连续8年呈缩小态势，"十三五"时期从2.07下降至1.96，是全国各省区中城乡收入差距最小的省份。

从县域人均GDP来看，浙江省内县域经济之间的不平衡程度相对较低。接下来，本章使用泰尔指数进行分析，数值越小，表明该省内部差距更小,亦即该省区域发展水平相对更加协调。本章的数据来源于相关年份《中国县域统计年鉴》,选取的四省的数量也与前文保持一致,通过选取各县人均 GDP,构建相对应的泰尔指数,截取的时间窗口为 2010—2019 年,结果如图 5-7 所示。可以看到,浙江与广东的人均 GDP 泰尔指数最低,维持在约 0.12 的水平,其次是山东,而江苏泰尔指数相对较高。在变化趋势上,浙江与广东的泰尔指数相对稳定,几乎不发生变动,江苏泰尔指数则呈现出逐年下降的趋势,从 2010 年的 0.42 迅速下降到 2019 年的 0.24,而山东在 2010 年之后的几年相对波动较大,并且呈现增长的态势,2013 年之后则相对稳定,保持在 0.15 的水平上小幅波动。

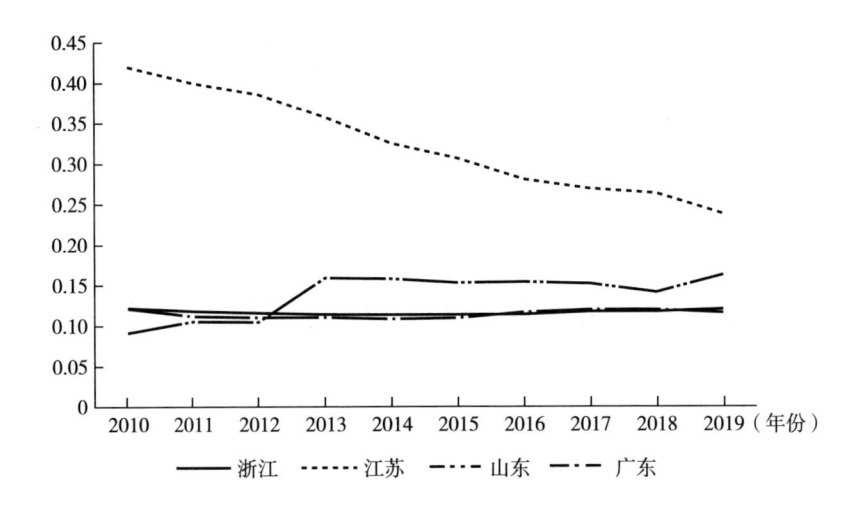

图 5-7 四省人均 GDP 泰尔指数比较

可以看到,浙江在促进区域协调发展方面取得了较为不错的成绩,这源于浙江持续的努力。2003 年,时任浙江省委书记习近平同志提出进一步发挥八个方面的优势、推进八个方面的举措的"八八战略"。在推动区域协调发展方面,提出了要统筹城乡协调发展,发挥浙江的山海资源优势,大力发展海洋经济,推动欠发达地区跨越式发展。《中共中央　国务院关于支持浙江高质量发展建设共同富裕示范区的意见》明确指出，浙江要明确建设城乡区域协调发展引领区的战略定位。坚持城乡融合、陆海统筹、山海互济，形成主体功能明显、优势互补、高质量发展的国土空间开发保护新格局，健全城乡一体、区域协调发展体制机制，加快基本公共服务均等化，率先探索实现城乡区域协调发展的路径。

一　新型城镇化

2004年，时任浙江省委书记习近平同志提出了统筹城乡发展、推进城乡一体化的发展思路。同年，中共浙江省委、浙江省人民政府发布《浙江省统筹城乡发展推进城乡一体化纲要》，开启了浙江全域城乡空间一体规划、一体建设、一体治理的进程，为城市化下一阶段的转型发展进行积极探索与准备。2006年浙江召开全省城市工作会议，习近平同志首次提出要坚定不移地走新型城市化道路，强调坚持统筹发展、集约发展、和谐发展、创新发展，并进一步优化城镇体系，完善城乡规划，提升城市功能，加强城市管理，创新发展机制，走资源节约、环境友好、经济高效、社会和谐、大中小城市和小城镇协调发展、城乡互促共进的新型城市化道路。会议出台了《关于进一步加强城市工作走新型城市化道路的意见》。

2006年以来，浙江深入贯彻落实新型城市战略，一张蓝图绘到底，一任接着一任干，遵循城市发展规律，扎实推进城市化，提高发展质量，城市化发展迈入了跨越转型、量质并举、稳健推进的新征程。2009年9月，浙江省政府与住建部签署了《关于联动推进浙江新型城市化发展的意见》，指出通过部省共建，将浙江打造成为全国实践新型城镇化和推进生态文明条件下城乡差异化互补协调发展的先行区和示范区。随后，浙江开展了新一轮省域城镇体系规划修编。2011年2月12日，国务院同意批准实施《浙江省城镇体系规划（2011—2020年）》，标志着浙江成为全国首个正式实施新一轮城镇体系规划的省份。这一时期，浙江城镇化率稳步提升，2011 年达到 62%。

2012 年以来，浙江沿着新型城镇化战略，聚焦城市发展面临的新问题、新形势，继续推进深化转型。2012 年省委、省政府召开全省新型城市化工作会议，强调要坚定不移地深入推进新型城镇化。2012 年 7 月，省委印发《浙江省深入推进新型城市化纲要》，指出坚持以城乡统筹发展为主线，以推动大中小城市协调发展为重点，明确了推进新型城镇化的"八大机制"。同年，省政府制定出台《浙江省新型城市化发展"十二五"规划》。2014 年 4 月，浙江再次召开全省新型城镇化工作会议，时任省委书记夏宝龙在会上强调，要推进以人为核心的城镇化，全面提高城镇化质量和水平；同时，制定出台了《关于深入推进新型城市化的实施意见》，指出了一系列精准举措，如全力推进"五水共治"，强力推进"三改一拆"，深入开展"四边三化"，大力实施"四换三名"工程，有效开展"大气防治"等，进一步健全了城乡发展一体化体制机制。2016 年，为深入贯彻中央城市工作会议精神，省委召开城市工作会议，出台了《关于进一步加强城市规划建设管理工作加快建设现代化城市的实施意见》，明确了"十三五"时期浙江新型城镇化的指导思想、根本宗旨和主攻方向，展开一幅全面提升城市发展质量、加快建设"浙江特色现代化城市"的新蓝图。同年，《浙江省新型城市化发展"十三五"规划》发布。2019 年年底，浙江常住人口城镇化率达到 70%。

2020 年，浙江常住人口城镇化率达 72.17%，居全国第一方阵。进入新时代，浙江被赋予了共同富裕的重要使命，在城镇化下半场，将更加突出"以人为核心"的城市化发展导向，将体制机制改革推向"深水区"，为全面展示中国特色社会主义制度优越性重要窗口和高质量发展建设共同富裕示范区贡献城市化力量。2021 年 5 月，《浙江省新型城镇化发展"十四五"规划》出台，围绕"布局、化人、建城、育产、带乡、治理"六大任务，进一步实施以人为核心、以高质量为导向、面向现代化的新型城镇化战略，努力打造全国城镇协调发展标杆地、城乡融合发展样板区，成为浙江展示"重要窗口"的标志性成果。

二　海洋经济

浙江，素有"七山二水一分田"之称，相较于陆域资源，浙江拥有更为丰富的海洋资源。浙江毗邻东海，拥有全国最长的海岸线，岛屿数量也位居全国首位，拥有世界级深水港群，海洋生物资源丰富，先天禀赋条件有利于发展海洋经济。党的二十大报告指出，促进区域协调发展，要发展海洋经济，保护海洋生态环境，加快建设海洋强国。浙江作为海洋资源强省，早早就确立了走建设海洋经济强省的道路。2011年国务院正式批复《浙江海洋经济发展示范区规划》，浙江便开始全面部署建设浙江海洋经济发展示范区，并据此专门制定了《浙江省海洋经济发展专项资金管理办法》，后续陆续出台了《浙江省海洋产业投资基金管理办法》《浙江海洋经济发展"822"行动计划（2013—2017年）》《浙江省海洋经济发展"十四五"规划》等文件支持海洋经济的发展。浙江海洋经济也得到了充分发展，以"十三五"时期为例，浙江全省共实现海洋生产总值9200.9亿元，较2015年的6180亿元增长48.9%，年均增长约8.3%。海洋生产总值占地区生产总值的比重保持在14.0%以上，高于全国平均水平4—5个百分点，占全国的比重由9.2%提升至9.8%。海洋产业新旧动能加速转换，海洋科教创新能力持续提高，海洋基础设施网络不断完善，全省海洋港口一体化改革实质性推进，宁波舟山港货物吞吐量连续12年稳居全球第一位，集装箱吞吐量跃居全球第三位，海洋开放合作拓展逐步深化，海洋生态文明建设水平明显提升。①

---

① 资料来源：《浙江省海洋经济发展"十四五"规划》。

本章以浙江省海岛县为例，阐述财政对于促进海洋经济发展的重要作用。嵊泗县作为浙江6个海岛县之一，一方面，嵊泗县积极推进海岸带综合保护与利用，推进特色美丽海岛建设。嵊泗县按照"保护优先、开发有序"的原则，扎实推进近岸海域污染整治，安排资金1.68亿元，用于加快水环境污染防治设施建设、饮用水源水质提升及综合治理等项目。安排资金4000万元用于整治修复生态岸线；安排资金1000万元用于近岸海域、陆源入海排污口监测和海漂垃圾治理专项整治，截至2020年1月共整治修复生态岸线9.81千米。安排资金9260万元用于推进海洋增殖放流、马鞍列岛特别保护区建设和减船转产以保护、恢复海洋渔业资源。安排资金6600万元用于再造绿岛工程建设、水源地植树造林绿化、徒步绿道建设、公路两侧绿化整治及水土流失防治等工程。2022年将安排450万元继续加大增殖放流力度以深化国家级海洋牧场示范区建设，并将安排垃圾处理经费2000万元，强化土壤环境全过程风险防控，打造"无废海岛"。另一方面，嵊泗县积极探索实现共同富裕的建设发展之路。首先，结合海岛实际，助推做强渔农村产业，促进渔民持续增收。通过建设智能农业综合大数据云平台，提供详细的渔业服务以及海洋环境数字监测信息，实现渔业的数字资源化、资源产业化、产业数字化。其次，开展海水养殖种质资源场提升建设，培育海水养殖优势特色品种种苗，截至2021年8月，总面积超过3000平方米，投资额达758.5万元，积极开展"互联网+"贻贝营销等贻贝全产业链智能化提质增效行动，建成大洋山"渔光互补"生态高效养殖示范基地、舟山智能深海养殖示范基地2个智慧渔业示范点，提高养殖户的经济效益。同时，充分挖掘海岛旅游发展优势，积极探索民宿产业的发展路径和改革模式。嵊泗县财政局筹建嵊泗文旅产业发展基金，积极发挥财政资金的杠杆作用，引导金融资本和社会资本以投资、股权等多种方式进入民宿产业发展领域。此外，每年安排旅游发展资金3000万元，用于品牌化民宿扶植、民宿综合体的项目招引、民宿聚落的配套设施建设、"民宿+"新业态培育等方面,稳步推进民宿综合体建设;创新担保机制和信贷模式,与中国银行浙江省分行达成协议,推出"海岛共富贷"等特色金融产品,2021年累计发放贷款1.51亿元。

浙江洞头区作为全国唯一一个连续两次获得中央蓝色海湾整治项目奖励支持的区(县),瞄准海洋生态建设机遇,实施蓝色海湾整治,取得了巨大的经济社会效益。洞头区自2016年首次获中央海域与海岛保护资金3亿元支持以来,开展"蓝色海湾"一期整治项目,全面推进海洋环境综合治理、沙滩整治修复和生态廊道建设三大工程,总投资达4.76亿元,2020年全面建成并顺利通过验收,历时4年共完成清淤疏浚157万平方米,修复沙滩、卵石滩面积10.51万平方米,建设海洋生态廊道23.73千米。同时,收获了巨大的经济效益,仅2020年7—11月,洞头区就接待游客共407万人次,同比增长18.31%;旅游总收入39.48亿元,同比增长25.73%。再次入选国家项目后,洞头区继续开展总投资4.51亿元的"蓝色海湾"二期整治项目,从海岸带生态修复、滨海湿地生态修复、海岛海域生态修复三个方面,实施"破堤通海、生态海堤、十里湿地、退养还海"等系列生态化修复工程,持续打造海岛滩净、湾美、物丰新景象。

三 山海协作工程

山海协作工程作为浙江"八八战略"的重要内容,在助力浙江破解区域发展不平衡不充分问题方面发挥了重要的作用。2003年浙江财政就设立了西部大开发和山海协作贷款贴息资金,用于"消薄飞地""科创飞地""产业飞地"等基础设施项目贷款贴息以及山海协作乡村振兴示范点和社会事业等领域合作项目,取得了不错的成效。此外,通过引导欠发达地区在发达地区设立"飞地"。

丽水市青田县作为浙江山区26县之一,素有"九山半水半分田"之称,村庄"空壳化"现象严重、资源匮乏,多数村庄经营性收入几乎为零。截至 2017 年年底，在全县 414 个行政村中，有 266 个村是集体经济薄弱村。基于此，青田县财政依托与平湖市山海协作对口支援关系优势，积极探索抱团壮大村集体经济新模式，在平湖经济技术开发区共建全省首个跨县市山海协作"飞地消薄"项目，破解了"青田经济薄弱村脱贫"和"平湖缺少建设用地指标"两大困境与难题，实现两地资源互补、优势互补、合作共赢。以平湖"飞地"产业园为引领，青田县财政局联合若干村集体股份经济合作社成立青田县强村联合投资发展股份有限公司（以下简称"强村公司"），公司注册资金 5800 万元，其中县财政出资 3000 万元，由青田县国有资产办公室持股，其余资金按每村限购 10 万元认股注入。为加强平湖"飞地"产业园项目资金保障，激发全县经济薄弱村参股热情，青田县财政局制定《青田县强村联合投资发展有限公司"平湖—青田"山海协作飞地产业园项目村集体入股方案》，强村公司以约定固定利率回报的形式向入股的村集体筹资。持股村集体可用自有资金借款给县强村公司，不足部分可向银行贷款。需要向银行贷款的，县财政按基准贷款利率的 30% 予以贴息。截至 2021 年，强村公司已吸纳青田县 265 个经济薄弱村集体经济股份合作社入股，并由这 265 个经济薄弱村共同出资 1.62 亿元，抱团到平湖投资建成高标准厂房 3 幢，用地面积 50.3 亩。项目采取包租固定回报等方式，青田县前五年将得到投资总额的 10%，参与投资的经济薄弱村每年村均增收 6.1 万元，后 5 年采用租金收益加税收分成的方法，厂房租金收益由青田县收取，园区企业税收地方所得部分的 50% 奖补给青田县。产生收益后，青田县财政国资股份部分不参与分红，收益全部用于壮大薄弱村集体经济，真正实现从资金支持的"输血模式"到利益共享的"造血模式"的转变，有力破解村集体经济发展难题。

同时，青田县持续深化产业链山海协作行动，巩固提升产业链"2+N"合作机制（平湖、嵊州 2 个发达县常态结对+宁波经开区、梅山等多个发达地区机动结对），创新性地推行"1+5+6+N"统筹招商模式，由一个招商委总牵头，外派粤港澳大湾区、京津冀、长三角、杭州、温州5个招商分局，围绕全球特种钢（特种新材料）、时尚休闲、智控阀门、新能源智慧出行、智能电器、电竞未来六大产业链，依托多个国内外平台，全力打好委托招商、基金招商、侨团招商系列组合拳，着力招引大企业落地大项目。2021年成功争取到爱玛新能源智慧出行产业园项目落地，在爱玛科技的带动下，洪记两轮、无量科技等一批上下游企业将陆续落地青田。预计"十四五"时期末，青田县将形成年产500万辆、产值200亿元的新能源智慧出行全产业链，达到"招引一个、带动一批"的链式集聚效果。

一方面，青田县建设以科技创新、项目孵化等为主要功能的"飞地""飞楼"，县政府投资1.6亿元在杭州购买奥克斯大楼，设立"人才科创飞地"，积极打造项目孵化在外地、生产制造在青田的产业模式。截至2022年6月，爱玛科技、中关村等3个科创项目研发机构已入驻杭州奥克斯中心科创飞楼，越影科技、绿水股份等企业先后入驻杭州丽水数字大厦，兴核智控阀门为龙头的企业联盟已在杭州成立高端阀门协同创新中心，成为青田工业转型升级的"前沿阵地"，实现"山"与"海"的高效联动。

另一方面，浙江通过发达地区到欠发达地区设立产业园或者产业平台的方式，帮助欠发达地区增加自身的造血能力。2013—2017年，省财政每年在省山区经济发展专项资金中切块安排2亿元，专项用于山海协作产业园建设补助（奖励），由产业园所在地政府统筹用于产业园建设与发展，10年来共安排省级资金27.29亿元，重点支持9个省级山海协作产业园建设及提升工程，积极推进18个山海协作生态旅游文化产业园建设；2017—2022年，浙江财政择优选择12个省内生态屏障地区及国家重点生态功能区县（市、区），每年投入18亿元，支持其加快补齐农民增收和公共服务有效供给短板，推进实施乡村振兴战略，促进区域协调发展。

习近平总书记指出，推进实现城乡区域协调发展，不仅是国土空间均衡布局发展的需要,而且是走共同富裕道路的需要。本节聚焦浙江促进区域协调发展的财税做法,围绕新型城镇化、海洋经济以及浙江山海协作工程,以浙江各县市为案例,论述浙江财政对于促进区域协调发展的积极作用。浙江各地充分发挥自身的比较优势,推动经济发展实现量的合理增长和质的稳步提升。

第四节 促进乡村振兴的财税政策

中国城乡二元体制不合理、城乡发展差距大等问题一直存在,如何促进农村经济的发展、农村居民个人价值的实现以及缩小城乡发展差距,是亟须解决的命题。习近平总书记在党的十九大报告中首次指出"乡村振兴战略",这为解决中国城乡发展不平衡、农业农村发展不充分问题以及实现农业农村现代化指明了方向、目标和途径。[①] 在党的二十大报告中,习近平总书记更进一步地指出要"全面推进乡村振兴","加快建设农业强国,扎实推动乡村产业、人才、文化、生态、组织振兴"[②]。

图 5-8 和图 5-9 分别绘制了浙江、江苏、广东、山东四省农村居民人均可支配收入发展趋势及农村居民与城镇居民人均可支配收入比值的发展趋势。从绝对水平来看,浙江农村居民可支配收入居于首位,而且保持持续增长趋势;从城乡均衡性来看,浙江的城乡居民人均可支配收入差距最小,这种差距还在持续缩小。2021 年,浙江农村居民人均可支配收入为 35247 元,同期江苏为 26791 元,广东和山东两省分别为 22306 元和 20794 元,浙江优势明显。分析城乡收入差距,以农村居民人均可支配收入与城镇居民人均可支配收入的比值进行衡量,发现浙江同样表现良好:从 2020 年开始,浙

---

① 洪银兴等:《"习近平新时代中国特色社会主义经济思想"笔谈》,《中国社会科学》2018 年第 9 期。

② 习近平:《高举中国特色社会主义伟大旗帜 为全面建设社会主义现代化国家而团结奋斗——在中国共产党第二十次全国代表大会上的报告》,人民出版社 2022 年版,第 31 页。

江该比值超过50%，虽然城乡差距尚存，但在四省比较之下，浙江的城乡居民收入差距始终保持最小。

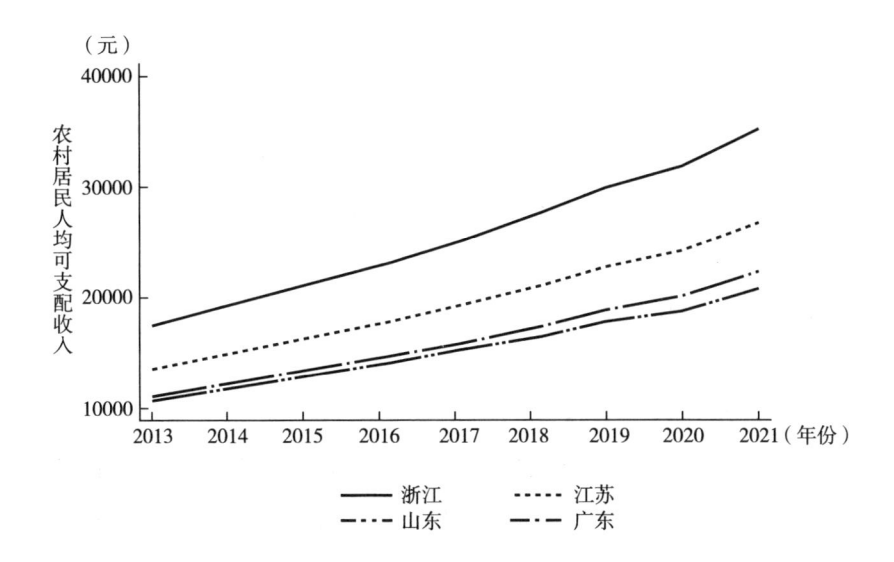

图 5-8　四省农村居民人均可支配收入发展趋势对比

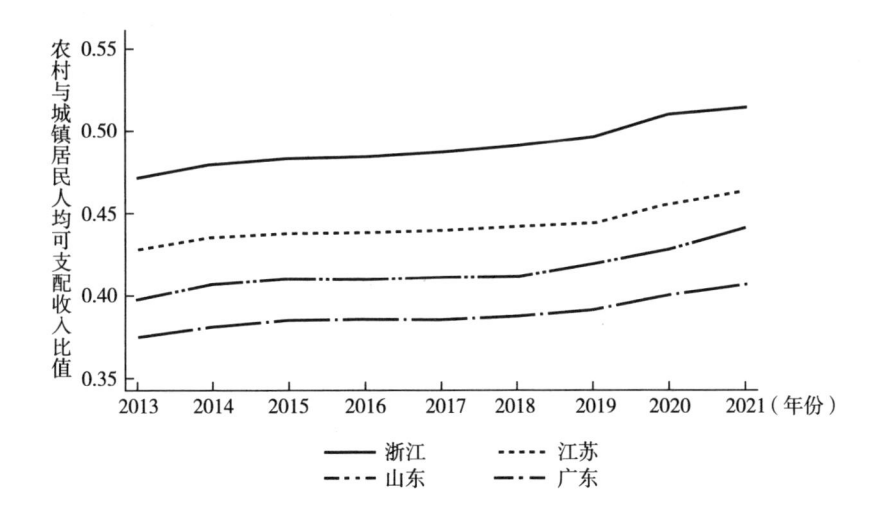

图 5-9　四省农村居民与城镇居民人均可支配收入差距发展趋势对比

2021年9月1日,《浙江省乡村振兴促进条例》开始施行。《浙江省乡村振兴促进条例》指出,全面实施乡村振兴战略,应当坚持中国共产党的领导,按照产业兴旺、生态宜居、乡风文明、治理有效、生活富裕的总要求,贯彻创新、协调、绿色、开放、共享的新发展理念,统筹解决地区差距、城乡差距、收入差距,推动高质量发展建设共同富裕示范区。由此可以推断,浙江农村发展形势较好,可能在一定程度上得益于推行的各类乡村振兴财税政策。下文将从财政支持乡村产业发展和浙江的创造性举措"绿色转化财政专项激励政策"两个角度,结合具体案例进行分析。

一 农业兴,乡村兴

乡村兴则国家兴,乡村衰则国家衰。乡村振兴战略推进农业农村现代化的20字方针,即"产业兴旺,生态宜居,乡风文明,治理有效,生活富裕",包含农业农村现代化的各个方面。《浙江省乡村振兴促进条例》同样指出,各级人民政府应当结合当地乡村优势特色资源,扶持发展现代种植业、现代养殖业、农产品加工业、农资农机产业、乡村商贸流通业、乡村资源环保产业、乡村休闲旅游业等产业,促进农村一二三产业融合发展。浙江立足自身,因地制宜进行农村建设,各县各村走出各有特色的共同富裕之路。接下来,以金华市金东区赤松镇的佛手产业、玉环市的文旦产业、温州市苍南县的亚热带果蔬田园综合体为例,阐明财政在促进农村产业优化升级和乡村发展振兴上的重要作用。

(一)赤松佛手:金华市财政鼎力支持打造"佛手"全产业链特色发展之路

佛手有较高的观赏价值与药用价值,主要产于中国长江以南地区。金华市种植佛手已有4000多年的历史,"金佛手"声名在外,被称为"果中之仙品,世上之奇卉"。近年来,金华市财政局全力支持打造"佛手"全产业链,走出一条因村制宜、强村富民的特色发展之路。以金华市重要佛手产地金东区赤松镇为例，兴旺的佛手产业使赤松镇先后荣获"中国佛手之乡""中国农业精品村""国家森林村庄"等荣誉十余项。作为在高质量发展中促进共同富裕的生动案例，受到主流媒体的广泛关注与好评。

金华市财政局从诸多方面针对性地支持赤松镇佛手产业发展。在平台塑造上，围绕建设农业"中关村"的发展定位，支持赤松镇打造占地120亩的现代化佛手精品种植基地，并同步搭建佛手物联网平台。截至2022年11月，累计投入财政资金800万元，撬动投资资金2000万元，预计建成后可推动村集体经济收入提高30%以上。在品牌营造上，财政助力打造"佛手礼道"品牌，不断丰富产业形态，由单一的佛手向食品、日用品、工艺品等进行转变，推进研发佛手唇膏、佛手蜜饯、佛手酒等系列产品十余种。2021年，赤松镇佛手延伸产品销售额近1000万元，全产业链产值近6000万元。在旅游文化上，财政支持赤松镇打造集佛手文化展示、现代农业观光、农产品展销、休闲娱乐等7大功能于一体的锦林佛手文化园。锦林佛手文化园为金华市首家全国休闲农业与乡村旅游示范点，也是国家AAAA级旅游景区。2021年，园区接待游客超20万人次，旅游收入达700万元。此外，自2020年起，市级财政资金每年安排40万元，支持举办"金秋佛手节"，通过直播等新兴方式，推进佛手经济从"路边摊"转向"在云端"。2021年，"金秋佛手节"游客超过3万人，同比增长50%，由佛手产业带动的文旅产业焕发出勃勃生机。

（二）玉环文旦：玉环市财政大力支持文旦产业高质量发展直奔"致富路"

玉环市位于浙江东南沿海黄金海岸线中段，由楚门半岛、玉环本岛及百余个外围岛屿组成。全市海岸线总长329千米，滩涂湿地面积广阔，有利于果树生长，其中尤以玉环文旦最负盛名。文旦是玉环市的"共富果"，也是一张农业"金名片"。玉环文旦至今已有130多年的种植历史，近年来，玉环市财政局以文旦产业接二连三集成创新示范建设项目为抓手，聚力深耕产业、政府引导、平台赋能，实现"一颗水果致富一方百姓"。2021年，玉环市文旦种植面积3.16万亩，产量达2.53万吨，产值达2.33亿元。

玉环市财政局多渠道融通资金，全方位助力文旦产业蓬勃发展。在融资服务上，创新财政支持乡村振兴和农业高质量发展方式，着力推进金融资金进乡村，加快构建省、市、县协同的政策性农业信贷担保服务创新体系，推出"政银担"担保贷款业务。财政投入400万元设立风险池，重点支持文旦等玉环特色农业产业发展，为玉环市特色农业产业和新型农业经营主体提供以信用为主、免抵押、低费率、降门槛、简手续的融资担保服务。在产业链升级上，玉环市财政局累计安排各类补助资金2000余万元，开发文旦酥、文旦酒、文旦洗浴产品等27种文旦加工产品，实现农户、企业收益双提升。与此同时，财政同步迭代文旦产业奖补政策，加大对玉环文旦的生产经营扶持力度，通过验收审核评选标准化生产基地建设、品牌基地建设、贩销大户等项目，累计投入642万元用于玉环文旦生产经营奖补，惠及文旦生产经营市场主体38户。在旅游文化上，玉环市连续20年举办玉环文旦旅游节系列活动，着力提升"玉环文旦"品牌的知名度和影响力。2021年，投入70万元举办首个文旦"云上"旅游节，助力文旦营销渠道从传统的自产自销、批发零售逐步向电商平台等新业态营销模式转变。2022年，玉环文旦旅游节以"山环海聚·随心所玉"为主题，与往届不同，此次重点突出"共富"主题。游客可以通过参观民俗表演、"文旦周末集市"、文旦产业数字化平台、农旅品牌营销中心等，感受玉环文旦产业接二连三取得的新成果。总体上，玉环市财政局多措并举助力"农旅"融合，以文旦为支点探索农旅共富新路径。

（三）田园综合体：苍南县财政全力支持田园综合体建设助力乡村振兴

温州市以培育市级田园综合体为抓手，带动农户增收共富。以苍南县为例，县财政局以乡村振兴为统揽，抢抓政策机遇，强化统筹保障，深入挖掘地方特色、培育经营体系、发展综合农业。苍南县财政局紧扣产业发展、文旅休闲、绿色生态三大主线，出台田园综合体扶持政策及资金使用管理办法，争取市级田园综合体专项奖补资金2000万元，落实县级专项配套资金4592万元。资金用于统筹推进田园综合体规划布局，规划面积14.52平方千米，其中核心区达到1.08平方千米。

苍南县财政局从土地管理、金融支持、农旅结合等方面，合力推进亚热带果蔬田园综合体建设。财政支持浙南（马站）旅游集散中心综合体项目等7个核心项目建设，累计投资额1.07亿元。2022年年初，苍南县马站亚热带果蔬田园综合体试点项目通过市级验收，被认定为第一批市级田园综合体。其中，农村土地制度的创新发挥了重要作用。通过采取"土地入股、保底分红"的方式，推动资源转资产，促进农用土地集约化、土地经营规模化和农业产业化。同时，建立"企业+基地+农户"的模式，企业与农民签订合同，农民以返聘形式回基地上班。强化企业、种植大户和合作社联结机制建设，完善农产品产业链，助力形成统一的标识标牌。综合体内四季柚、葡萄等主导产业种植面积9000亩，产量1.8万斤，全产业链产值8500万元。此外，通过财政撬动、贴息贷款等模式，引导市场机制发挥作用，吸引更多社会资本加入。先后成功引进半山半岛旅游建设项目、福建意达种苗科技股份有限公司等社会资本项目，累计总投资6亿元，其中社会资本、产业基金等占71.5%。在综合体建设之下，旅游产业同样发展兴旺。马站镇积极打造特色精品村、主题农庄等旅游观光区，镇内共有民宿、农家乐251家，年吸引游客196万人次，创造旅游收入1.7亿元。2022年国庆期间，马站亚热带果蔬田园综合体共吸引9.8万人次的游客前往渔寮景区和各大酒店、民宿打卡消费，综合体内四季柚、红心柚、早熟蜜柑等农业主导产业销售额超200万元，综合体的发展焕发出勃勃生机。

二 绿色转化，助力发展

习近平总书记指出："农业是个生态产业，农村是生态系统的重要一环。"① 实现生态宜居是乡村振兴的内在要求，是农业农村贯彻新发展理念、推动高质量发展的必然选择。坚持人与自然和谐共生，走乡村绿色发展之路，是以产业高质量发展推动乡村高质量发展的必由之路。2017年，浙江按照集中财力办大事的原则，整合原有的生态环保财政政策，通过"制度+政策"的集成创新，建立了具有浙江特色的绿色发展财政奖补机制。在绿色发展财政奖补机制实施的五年间，共兑现奖补资金近635亿元，取得了较好的政治效益、社会效益、经济效益和生态效益，有效地促进了绿色发展和生态文明建设。以杭州市桐庐县、台州市仙居县、舟山市岱山县为例，分析绿色转化财政专项激励资金在环境优化和产业发展上的强有力引领作用。

（一）桐庐县：依托专项资金，探索绿色转化共富之路

近年来，桐庐县财政局以3亿元省级绿色转化财政专项激励资金为依托，发挥依山傍水的得天独厚地理优势，撬动总投资35.17亿元，推动"山、水、农、居"试点项目建设24个，重塑美丽乡村环境底板，探索共同富裕发展新路径。

在环境优化上，为提升改造农村生活污水处理设施，桐庐县财政投入1.4亿元，其中绿色转化专项激励资金2500万元，为村庄发展注入新动能。以桐庐县桐君街道梅蓉村为例，梅蓉村从"生产、生活、生态"出发，建设梅蓉14号污水处理终端，对污水进行循环利用。脱水后的污泥运至垃圾资源化处置中心堆肥，处理后的尾水为周边4.8亩"果蔬基地"的果树、蔬菜提供水源和肥料，回水利用率超过90%。从"荒滩变绿洲"到"绿洲成金岸"，绿色转化专项

---

① 习近平：《论"三农"工作》，中央文献出版社2022年版，第13页。

激励资金为打造富春江畔"黄金左岸"的梅蓉村带来了新的发展机遇。

在产业发展上，桐庐县累计投入2.53亿元，其中绿色转化财政激励资金1500万元，引进蓝莓等特色农业资源，发展水果采摘、户外拓展、滑翔伞、漂流、民宿等多业态复合型产业，打造集生产种植、加工、观光、旅游、教育、文化、康养等功能为一体的农村产业融合发展示范基地。桐庐县钟山乡是浙江石材之乡，具有丰富的石材资源，但不少开采到期而废弃的矿山造成了严重的水土流失和地质灾害隐患。通过废弃矿山环境综合治理、工矿用地复垦、土地流转和农业招商等方式，"灰山白水"蜕变成了"绿水青山"，"绿水青山"转化成了"金山银山"。目前，钟山乡全乡蓝莓种植面积达3150亩，年产量250吨，产值约3424万元，蓝莓衍生品产业链产值达5577万元。

此外，桐庐县财政局投入绿色转化财政专项激励资金1000万元，带动投资1.2亿元，推进全域土地综合整治。如百江镇通过基础设施微改造、精提升，重点抓好村容村貌整治、庭院经济建设，建设七彩民宿集聚区。建成三层综合楼一幢，一楼作为危房困难户、地质灾害困难户以及独居老人的终身住所，二楼、三楼作为避灾安置点和村集体经营民宿，既解决了困难群众的实际需求，又促进了村集体可持续增收。同时，可以带动周边休闲采摘游、农家美食游、品质居住游等，村民年收入超过15万元，共富路上确保"一个都不能少"。

（二）仙居县：财政"四两拨千斤"，开拓绿色经济发展新模式

仙居县财政局实施绿色转化财政专项激励政策，在绿色发展上先试先行，依托省绿色转化财政专项激励资金3亿元，撬动总投资约85亿元，充分发挥绿色转化资金"四两拨千斤"的作用，全力构建绿色生态治理体系。

在环境优化上，截至2022年9月底，仙居县建设绿色转化重点工程项目22个，实际完成投资47亿元。累计投入3.4亿元用于生活

垃圾焚烧发电项目、危废焚烧处置中心建设项目等。生活垃圾焚烧发电项目投入使用后，月平均处理生活垃圾量达到9500吨。同时，投入财政资金6600万元支持系统化治水，完成16家重点氮磷企业整治提升和评估销号工作，提标改造农村生活污水处理设施80个。投入地方财政资金30万元，支持实施规范化清废，小微企业危废集中收运体系覆盖率达100%。

在产业发展上，围绕打造"浙东南医械创新转化合作区、山区县域'三医'融合发展标杆区"的战略目标，支持医疗器械特色小镇建设。仙居县财政局参与制定《关于促进仙居县医疗器械产业跨越式高质量发展的若干意见》《仙居县高端医疗器械人才集聚政策十条》等专项政策，对医械小镇相关企业给予房产税和城镇土地使用税优惠。总体投入省级绿色转化财政专项激励资金3000万元，助推医械小镇实现从器械产业园到省级医械特色小镇的蜕变。2022年1—8月，医疗器械行业销售收入5.15亿元，同比增长28.6%，发展态势良好。

为了让更多村民能在家门口创业、增收，仙居财政着眼于不同乡镇的区位优势，制定出有针对性的方案。仙居县白塔镇高迁村建于元代，建筑保留了明清的风貌，是浙江中部地区极具代表性的古村落。通过投入省级绿色转化财政专项激励资金5000万元，支持高迁村实现旅游产业转型升级，提升村庄整体品质。目前，高迁村每天接待游客500人次以上，村集体年收入超过200万元。再放眼素有"浙东香格里拉"之称的朱溪镇杨丰山村，凭借土壤肥沃、水源丰富、昼夜温差大、日照时间长等优势，所产的大米品质上乘，备受消费市场的青睐。财政依托"神仙大农"区域公用品牌资源，投入500万元支持杨丰山村建设特色农产品展销中心，打造高端大米产品线"杨丰仙米"，大米价格由最初的3—5元/斤提升至8—10元/斤，品牌效应逐步显现，农民增收的脚步稳步向前。

（三）岱山县：借"绿色转化"东风，促生态经济"双赢"

近年来，浙江财政不断优化完善绿色转化财政专项激励政策，并将海岛县纳入政策支持范围。通过竞争性分配，择优选择定海区、普陀区、岱山县开展海岛县绿色转化试点。自2020年岱山县入围省级绿色转化财政专项激励政策试点以来，岱山县财政局积极统筹财力，推动环境保护、绿色发展和平台建设等16个重点项目实施，带动总投资约53亿元，着力打通绿色转化通道，促进经济绿色高质量发展。

在环境优化上，岱山县以水质达标、水量保障为出发点，支持加快渔农村饮用水达标提标工程建设，通过提水泵站的建设及原水管道的敷设，打通各水库及河道的水源命脉，形成库库联网供水体系。安排绿色转化财政专项激励资金310万元，从进水口治理、农业面源污染防治、畜禽禁限养制度三个方面强化源头治理。实现水库和河道水资源充分利用，新增受益人口7.75万人，解决常住人口3686人的供水问题，基本实现城乡"同质、同价、同服务"，实现从"有水喝"到"喝好水"的转变。

此外，岱山县财政局统筹安排绿色转化财政专项激励资金750万元，用于环境监测能力现代化建设项目。购置恒温恒湿自动称量系统、气相色谱分析仪、流动注射分析仪，填补检测仪器设备的短板，支持舟山首个千亿级产值企业浙石化项目建设，帮助带动岱山石化、油储、港口海运等产业跨越式发展。通过自动连续监测、智能分析出数等功能，帮助该项目实现污染源排气筒由"无能力"转变成"可实现"，为岱山生态环境安全提供可靠保障。

在产业发展上，聚焦海岬、沙滩、农田等生态资源，盘活石壁、海洋等文化资源，通过搭建政府引导、市场化运作、社会各界参与的运营服务体系，促进生态资源转化为经济资源，拓宽全域旅游途径。安排绿色转化财政专项激励资金70万元，建设双合石头记文旅综合体项目，推进"双合石壁"小镇建设，打造环境整洁、特色彰显、乡风文明的新型海岛石文化休闲渔村。建成后，预计每年可吸纳游客约10万人次，带动周边超过200个农民家庭就地就业、创业。

党的二十大报告指出，全面建设社会主义现代化国家，最艰巨最繁重的任务仍然在农村。本章聚焦于促进乡村振兴的财税做法，从财政支持乡村产业发展和浙江的创造性举措"绿色转化财政专项激励政策"两个角度，以省内各县案例作为证据支撑，表明浙江财税政策对乡村振兴的积极意义。各地财政部门通过完善农村金融服务体系、改革农村土地制度、引入新兴传播平台、推动农旅全方位结合等方式，支持乡村因地制宜发展建设，拓宽了农民增收致富的渠道。2022年，全国100个单位成为国家乡村振兴示范县，浙江的湖州市德清县、绍兴市柯桥区、杭州市余杭区、宁波市象山县4地赫然在列。在省级财政和县市财政的大力支持与引导下，浙江乡村发展活力得到明显提高，农村居民生活环境与收入水平有了显著的提升，乡村振兴与共同富裕的道路越走越宽广。

第五节 "他山之石"：省际互鉴

一 山东：新旧动能转换，产业更新升级

旧动能与新动能分别有何含义？黄少安提出，若经济增长主要是依靠大量人力资源、自然资源、中低端产品出口、房地产投资等拉动，就是旧动能；新动能则意味着要进行改革开放、体制创新、技术创新和产业结构转换升级。① 山东经济结构与全国相似度高、典型示范性强，同时也具有实体经济发达、国有经济势力大、民营经济对政府和国有企业的依附性强等地方特色。在此基础之上，为进一步深化供给侧结构性改革，加快建设现代化经济体系，更好地发挥山东在全国新旧动能转换中的先行先试作用，2018年1月，国务院正式批复《山东新旧动能转换综合试验区建设总体方案》，同意设立山东新旧动能转换综合试验区，这也是全国首个以新旧动能转换为主题的区域战略。

---

① 黄少安：《新旧动能转换与山东经济发展》，《山东社会科学》2017年第9期。

为保证新旧动能转换战略顺利落地,山东出台了一系列促进新旧动能转换的政策措施。在国务院批复之后,同年 2 月,山东发布了《关于推进新旧动能转换重大工程的实施意见》。两份文件同时突出了财税激励约束机制的重要作用,并统筹中央与地方财政,打出了组合拳。在中央财政方面,指出对试验区给予财力补助,在地方政府债务风险可控的前提下,将按程序依法适度核增地方政府债券额度等;在省级财政方面,从完善省对市县主体税收增长激励政策,实施重点区域财政收入质量改善提升工程等角度,引导各地,特别是资源型地区打破路径依赖、加快转型发展。

同在 2018 年,山东省委、省政府决定设立山东省新旧动能转换基金,并出台三份有关文件(《山东省新旧动能转换基金管理办法》《山东省新旧动能转换基金省级政府出资管理办法》《山东省新旧动能转换基金激励办法》)。文件表明,山东省新旧动能转换引导基金由省、市政府共同出资 400 亿元设立,通过引导基金注资和市场化募集,吸引国内外金融机构、企业和其他社会资本投资。基金将重点投向山东"十强产业"和创新创业企业,在改造升级旧动能、培育壮大新动能上发挥着不可替代的作用。同时,对于符合要求的基金及其管理机构,将给予配套的税收优惠和财政扶持。举例来说,在企业所得税方面,符合条件的居民企业之间的股息、红利等权益性投资收益为免税收入,免征企业所得税;在个人所得税方面,合伙企业自然人的生产经营所得,比照个人所得税法的"个体工商户的生产经营所得"应税项目,适用 5%—35% 的五级超额累进税率,计算征收个人所得税;在财政扶持方面,对符合要求的基金从配套落户、绩效奖励、贴息补助、专项资金扶持四个方面给予支持。

在山东新旧动能转换进程中,各市县也积极参与有关基金项目并取得了良好成效。2019 年,威海市认购省级新旧动能转换引导基金 10 亿元,设立总规模达 300 亿元的山东省新旧动能转换威海产业发展基金,同时争取到省级新旧动能基金投资本市华菱电子等两个项目，投资规模 2.15 亿元，市级引导基金撬动比达 1∶10。潍坊市同样注重市级基金的引导作用，按照"过府走县"的要求，支持县级开展基金运作，市级资金按 1∶1 的比例配套。2020 年，潍坊市引进研发能力世界领先的医药企业和心诺泰，基金领投 3000 万元，吸引美元基金、韩国基金等跟投 3500 万元。截至 2020 年，山东共设立新旧动能转换基金 530 只，认缴规模 7269 亿元，实缴规模 2194 亿元，已投资项目达 1909 个，实现基金投资 1964 亿元，带动其他金融和社会资本投资 4709 亿元。基金投资项目实现了全省 16 市全覆盖、"十强"产业全覆盖和项目企业生命周期全覆盖。在清科集团发布的"2020 年中国政府引导基金 30 强"榜单中，山东新旧动能转换引导基金位列全国第二，摘得省级政府引导基金桂冠。

近观 2022 年，《国务院关于支持山东深化新旧动能转换推动绿色低碳高质量发展的意见》《财政部关于贯彻落实〈国务院关于支持山东深化新旧动能转换推动绿色低碳高质量发展的意见〉的实施意见》两份有关绿色低碳高质量发展的文件出台，旨在进一步增强区域发展活力动力，并发挥财政职能作用，支持山东加快财政制度创新，加快推动绿色低碳高质量发展。财政将从增强财政保障能力、保障重点项目实施、创新财金协同政策等方面，健全投入机制，助力山东绿色低碳发展。

自开始建设新旧动能转换综合试验区以来，山东新旧动能转换发展态势良好。王铭槿和李永友研究表明，2001—2019 年，山东等省份的新旧动能发展差距越来越大，新动能展现出迅猛的增长态势。[①]2022 年 8 月举行的山东纵深推进新旧动能转换相关情况新闻发布会指出，四年来，山东"四新"经济增加值占地区生产总值比重提高 10%，达到 31.7%；高新技术产业产值占规模以上工业产值比重提高 11.8%，达到 46.8%；高新技术企业、科技型中小企业总数分别达到

---

① 王铭槿、李永友：《高质量发展中的新旧动能转换进程：趋势特征与省际差异》，《经济学家》2022 年第 9 期。

2.3万家和2.9万家。培育省级战略性新兴产业集群25个，入选国家级战略性产业集群7个，数量居全国首位。与此同时，山东绿色低碳发展成效彰显。2018—2021年，PM2.5浓度下降31.6%，国控地表水考核断面水质全部达到Ⅳ类以上。2022年上半年新能源和可再生能源发电装机占比达到37%，比2017年提高17.6个百分点，光伏发电、生物质发电装机稳居全国首位。

山东以新旧动能转换为抓手，通过设立新旧动能转换基金和积极的财税政策引导，促使山东的产业体系、环境保护等逐步走上更科学、更高效之路，新动能展现出强大的能力与优势。

二 江苏：南北合作共建，区域协调发展

习近平总书记在视察江苏时明确要求做好区域互补、跨江融合、南北联动大文章。为推进南北合作共建，协调区域发展，自2001年起，江苏进行省内市级结对帮扶，南京等苏南城市与淮安等苏北城市结对，共谋共富之路（见表5-5）。江苏省内市级结对帮扶为南北共建园区搭建了桥梁。近年来，江苏把南北共建园区作为南北结对合作的重要抓手、推进产业升级转移的有效载体、实现优势互补的重要平台，合力打造一批南北优势互补、共建共享的创新示范区，推进省内全域一体化发展。

表5-5　　　　　　　　江苏省内市级结对帮扶名单

2001年	2022年
南京市—淮安市	南京市—淮安市
无锡市—徐州市	无锡市—连云港市
常州市—盐城市	常州市—盐城市
苏州市—宿迁市	苏州市—宿迁市
镇江市—连云港市	

江苏自2006年启动南北共建园区工作以来，南北共建园区有效

支撑了全省区域协调发展、加快了苏北经济振兴。目前，共设有苏州宿迁工业园区、无锡徐州工业园区、宁淮智能制造产业园、常州盐城工业园区4家省级创新试点园区和常熟泗洪工业园区、吴江泗阳工业园区、江阴睢宁工业园区3家省级特色园区。江苏财政积极推动南北产业互补、协调发展、共同富裕。从苏州、宿迁两市和无锡、徐州两市南北共建园区的做法和成效，可以窥探江苏省在区域协调发展上的智慧。

2001年来，苏州和宿迁市在南北挂钩合作中互相了解、合作共建，结下了深厚友谊。2006年以来，随着苏州宿迁工业园区等共建园区的相继建立，两地合作进入了快车道，跑出了加速度。截至2021年年末，宿迁共承接苏州各类转移项目952个，计划总投资1899亿元，到位金额780亿元，累计实现税收123亿元，带动就业近50万人，经济社会效益十分明显。在江苏南北共建园区考核中，苏州宿迁工业园区夺得"十二连冠"。2012—2021年的十年间，苏州宿迁工业园区完成地区生产总值806.14亿元，年均增长15.18%；业务总收入1630.3亿元，年均增长24.98%。"十三五"时期，苏州宿迁工业园区以占宿迁全市0.16%的土地完成全市6%的一般公共预算收入、8.7%的工业增加值、8.6%的实际利用外资、19%的企业所得税和37.5%的高新技术产业产值，成为宿迁经济发展的重要增长极。

无锡徐州工业园区地处徐州高铁商务新城核心区，由无锡高新区与徐州经开区合作共建。无锡徐州工业园区项目启动以来，徐州与无锡高频互动，围绕园区主导产业，积极拓展境内外项目资源，联合开展专题招商推介。"十三五"时期，无锡、徐州两市在平台建设、项目投入、模式创新、干部交流等方面取得了可观的合作共建新成果，走在了全省南北合作共建的前列。2021年，无锡徐州工业园区签约项目29个，总投资229.5亿元，其中19个项目已开工建设，总投资181.5亿元；江阴睢宁工业园区签约项目13个，总投资近40亿元；宜兴沛县工业园区引进及在谈亿元以上项目14个，总投资58亿元。无锡、徐州两地交流互访、联席会议、县区结对等合作机制全面建立，效益明显。

2021年上半年，7家共建园区内共有规模以上企业160家，上半年实现工业产品销售收入198亿元，完成一般公共预算收入10.6亿元；新开工工业项目完成投资62.5亿元，新签约亿元以上项目66个，协议投资额约260亿元，共建园区发展一片向好。江苏财政根据省委、省政府办公厅关于深化南北结对帮扶合作部署要求和南北共建园区高质量发展2021年度评估结果，对省级创新试点园区评估排名第1位的地区奖励8000万元，对省级特色园区评估排名第1位的地区奖励4000万元，总共下达合作共建园区奖励资金2.7亿元。该类奖励资金不指定具体用途，各地可以统筹用于支持共建园区高质量发展。

江苏推动南北合作的步履不停。2022年3月，《关于深化南北结对帮扶合作的实施意见》发布。在综合考虑相关地区资源禀赋、产业优势、发展水平和历史基础等因素后，南北结对名单于2022年进行了一轮调整（见表5-5）。调整后，镇江、徐州两市退出，无锡与连云港重新结对，结对数量也从5对缩减为4对。除继续坚持市级结对帮扶外，江苏还将务实推进苏南县（市、区）与苏北10个重点县的结对帮扶；将合作拓展至产业、科技创新、教育、医疗卫生、文旅康养、人力资源6个领域；推进共建园区提档升级，"一园区一特色"打造优势产业，探索"总部+基地""研发+生产"等共建模式，推动先进制造业和现代服务业互动并进。

江苏坚持有效市场和有为政府相结合，将深化南北结对帮扶与全面推进市场化合作相互融合、相互促进，苏南地区突出引领性发展，苏北地区着力赶超跨越，着力构建优势互补、高质量发展的区域经济布局。江苏全省共建园区累计培育企业2000余家，带动就业超70万人，实际利用外资超40亿美元，一批大企业实现跨区域布局。

2005—2021年，苏北地区GDP占全省比重由19.8%上升至22.8%，苏南地区、苏北地区人均GDP的差距由4.53倍缩减为1.96倍，区域差距进一步缩小，发展动力进一步提高。

三　广东：炒香"预制菜"，助力乡村振兴

粤菜是中国特色菜系，也是岭南文化的典型代表，"食在广东"的名号经久不息、蜚声中外。广东聚焦"粤菜师傅""广东技工""南粤家政"三项工程和预制菜产业，多措并举推动"三项工程"和预制菜产业高质量发展。为促进粤菜发展，广东率先开全国先河为地方菜立法，《广东省粤菜发展促进条例》2022年11月30日经广东省十三届人大常委会第四十七次会议审议通过，将于2023年1月1日起施行。在预制菜产业方面，广东立项制定预制菜五项基础性关键性地方标准，包括《预制菜术语及分类要求》《粤菜预制菜包装标识通用要求》《预制菜冷链配送规范》《预制菜感官评价规范》《预制菜产业园建设指南》，加快构建预制菜从田头到餐桌的标准。此外，中共广东省委、广东省人民政府发布的《关于做好2022年全面推进乡村振兴重点工作的实施意见》第二十三条同样指出，要推进预制菜产业发展，编制预制菜产业发展规划，探索建设预制菜产业园，纳入全省食品工业产业园重点扶持范围，在"专精特新"扶持政策中设立预制菜企业专项，支持企业打造预制菜龙头示范企业。

2022年3月，《关于加快推进广东预制菜产业高质量发展十条措施》出台，措施其一就是加大财政金融保险支持力度。如支持符合条件的预制菜产业项目申报地方政府专项债券，支持金融机构为预制菜产业开发金融专项产品，组织保险机构推出面向预制菜的专项保险产品等。举例来看，2022年5月8日，肇庆预制菜产业联盟、肇庆预制菜原材料供应商联盟成立大会暨粤港澳大湾区（肇庆高要）预制菜产业园建设启动仪式举行。启动仪式现场签订了预制菜产业基金协议，该基金是广东首支由地方政府发起的预制菜产业基金，

规模达 10 亿元，资金将重点投向预制菜上下游相关产业。

预制菜一般是指将各种食材配以辅料，加工制作为成品或半成品，经简易处理即可食用的便捷风味菜品。目前，市场常见的预制菜品种有水产类、畜禽类、蔬菜类等。在清远市清新区的龙颈镇、禾云镇的清远麻鸡省级现代农业产业园，只需要 60—90 分钟，现代化的生产线就可以完成对 3000 只清远麻鸡的屠宰、加工和包装，机械化作业优质、高效。清新区重点依托清远麻鸡、清新桂花鱼两个省级现代农业产业园，引领带动全区农业产业规模化、链条化、品牌化发展。其中，清远麻鸡产业园完成清远麻鸡生产加工、冷链物流、品牌营销等项目建设；清新桂花鱼产业园对种苗繁殖、水产养殖、流通服务、食品加工等全产业链环节进行革新，可年产 3 万吨的加工流通工厂建成使用，并配套建成可储藏 6000 吨的冷库，打破了加工流通壁垒，提升了本地养殖户的议价能力。在两个产业园的带动下，2021 年清新区清远麻鸡出栏量达 1964 万羽，产值近 8 亿元；桂花鱼产量达 1.2 万吨，平均出塘价格为 30 元/斤，产值达 7.2 亿元，养殖户均年收入超 60 万元。

同时，清新区还全力整合资源，深入实施农业"3 个三工程"，加快构建"3+3+×"产业体系，着力培育新型农业经营主体，引导和支持农产品加工及预制菜企业发展壮大，构建从"田间地头"到"百姓餐桌"的全产业链发展模式，进一步打响清新预制菜品牌。清新区积极搭建预制菜创新产销对接平台，通过组织开展农优产品推介会以及直播带货、消费帮扶等方式，持续开拓营销大平台大市场，有效对接企业客户和普通消费者，助力本地特色农产品及预制菜销售。2022 年，清新区预制菜产品预计产量可达 270 万份，销售额达 7.2 亿元，分别是 2021 年的 7 倍多、13 倍多。

广东多渠道支持预制菜产业发展，带动企业创新升级，带动农民增收致富。预制菜是农村一二三产业融合发展的新模式，是推进"菜篮子"工程提质增效的新业态，是农民"接二连三"增收致富的新渠道，对促进创业就业、消费升级和乡村产业振兴具有积极意义。

第六节　小结

本章从高质量发展的内涵开始分析，通过指标测算得到2002—2015年浙江、江苏、山东、广东四省的高质量发展水平。测算结果表明：四省的高质量发展水平在总体呈现增长态势，浙江的高质量发展水平历年来均为四省最高；分指标看，浙江在财政金融、社会保障和生态环境三个方面表现优异，但在经济发展上优势不明显。泰尔指数分解表明，浙江省内各县的发展差距较小，内部均等化程度较高，而且转移支付发挥了重要作用，通过给予相对落后县域更多转移支付促进了县域间在高质量发展方面的均衡性。本章还对浙江财政支持产业体系、区域协调和乡村振兴三个方面进行分析，呈现有关财税政策对高质量发展的积极意义。实例表明：第一，浙江财政积极推进产业转型。浙江财政紧紧围绕做大做强实体产业，推动制造业升级转型，通过"腾笼换鸟"这制胜一招，促进实体产业的壮大。同时，借助数字化转型的"时代东风"，帮助中小微企业提升竞争力，推动产业结构的高质量发展。第二，浙江财政积极促进区域协调发展。浙江财政围绕缩小发展差距，一方面，以基本公共服务提供均等化为推手，缩小社会福利在不同人群之间的差异；另一方面，积极提升欠发达地区经济发展水平，促进人均收入的增加，促进区域发展的协调性。第三，浙江财政积极推动乡村振兴。从财政支持乡村产业发展的角度，结合金华市金东区赤松镇的佛手产业、玉环市的文旦产业、温州市苍南县的亚热带果蔬田园综合体等具体案例进行分析，凸显财政在促进农村产业优化升级和乡村发展振兴上的重要作用。从浙江创造性举措"绿色转化财政专项激励政策"角度，结合杭州市桐庐县、台州市仙居县、舟山市岱山县的财政做法，表明绿色转化财政专项激励资金在环境优化和产业发展上的强有力引领作用。此外，本章从产业转型升级、区域协调发展和乡村振兴发展三个方面提供了山东、江苏和广东的一些有益做法，并进行省际互鉴。

总体来看，浙江省级财政具有较强的统领能力和创新意识，在促进高质量发展的各个方面，结合实际、因地制宜地制定针对性政策，解决实际问题。在"省直管县"财政体制下，县级财政与省级财政直接发生联系，提高了县级财政的资金使用效率。各县对同一类型的省级财政资金使用也因当地发展优势和发展定位而异，不走千篇一律的模板之路，而是走出各有千秋的共富之路，每个县都形成了一套独具特色的"模板"。

基于以上分析，本章认为浙江可以在以下两方面进行优化。

第一，产业结构有待加强。没有坚实的物质技术基础，就不可能全面建成社会主义现代化强国。尽管浙江 GDP 在全国范围内处于领先地位，但是距离实现人均地区生产总值达到中等发达经济体水平的目标还存在着不小的差距。而要达到这一目标，需要建设现代化产业体系，以创新为第一动力，促进各类生产要素协同互动、高效配置，不断提高全要素生产率，培育具有国际竞争力的战略性新兴产业，推动经济的高质量发展。

第二，收入差距有待进一步缩小。党的二十大报告明确了中国社会主要矛盾是人民日益增长的美好生活需要和不平衡不充分的发展之间的矛盾，区域间的发展差距是"不平衡不充分"的重要体现。从城乡居民收入上看，收入差距过大是一个长期的问题，尽管四省中浙江的收入差距最小，农村居民可支配收入占城镇居民可支配收入占比超过 50%，但是城乡之间依然存在着较大的差距，与城乡平衡发展的美好愿望还有着一定的距离。如何缩小城乡之间的差距，是实现共同富裕必须跨越的障碍，也是当下浙江推动建设共同富裕示范区的过程中应当着力解决的现实问题。从区域发展上看，浙江素有"七山一水二分田"之称，除了东北部的杭嘉湖平原、宁绍平原经济发展程度相对较高，浙江其他地区还有很多山地，尽管过去在发展上有很大的进步，但是相对于平原地区还是存在着很大的差距。如何进一步提高山区县的经济发展水平，缩小地区收入差距，是浙江面临的另一难题。

第六章 优化财政支出结构

政府履行职能、实施公共政策，都需要财政支出作为保障，而财政支出的具体结构，也就是按照不同的功能分类的各项财政支出的配置，体现了政府职能与公共政策的侧重点。本章从浙江财政支出结构的角度出发，与江苏、山东、广东三省进行比较，分析浙江财政支出结构的现状以及潜在的改进空间，也旨在分享浙江为促进共同富裕而付出的努力，供其他地区借鉴。主要分析集中在政府为实现经济发展与提升公共服务质量、减少各项差距而产生的财政支出。

第一节 财政支出规模和结构的比较分析

财政支出规模与结构是政府职能的体现。本章将结合多方面的统计资料，按统一的标准对四省的财政支出进行全口径的考察，以此为基础讨论当前浙江省财政支出规模和结构的现状与存在的问题。

一 财政支出规模

（一）财政支出总体规模的核算方法

中国预算法规定，全口径财政支出包括一般公共预算、政府性基金预算、国有资本经营预算、社会保险基金预算四本账。基于此，本章测算的全口径财政支出包含一般公共预算支出、政府性基金支出、土地出让金、国有资本经营预算、社保基金支出五个部分。

确立了全口径财政支出的口径，还需要注意不同类财政支出之间的重复计算问题：一是一般公共预算支出中每年有五项社保基金的较高补贴，本节将其从五项社保基金总支出中予以扣减；二是土地出让金支出的一部分要形成国有土地收益基金、新增建设用地土地有偿使用费、水利建设基金等政府性基金的一部分，这部分支出资金也应予以扣除。同时，土地出让金支出的一部分是用于对拆迁户的补偿，这部分资金不宜于认定为财政支出。

（二）"十三五"时期浙江财政支出规模核算结果

按照以上所列示的统计口径和核算方法，表6-1列出了2015—2020年浙江全口径财政支出的总额、各构成项以及总额占GDP的比重。从表6-1中可以看出，浙江全口径财政支出的总额从2015年的1万亿元左右逐年上升，到2020年已经达到约2万亿元，实现GDP翻倍。从各项支出构成来看，一般公共预算支出、政府性基金支出、社会保险基金支出一直稳步增长。从占GDP的比重来看，浙江财政支出在"十三五"时期不断增加。其中，2017年后政府性基金突然增加，其原因主要在于土地出让金的大幅增加（可以看到土地出让金中成本性支出2017年之后也是大幅增加），这也与2017年全国土地出让金收入较2016年增幅达40%的事实一致。[①]

表6-1　　　　　　　　浙江全口径财政支出规模　　　　　单位：亿元，%

年份	一般公共预算支出	政府性基金支出	国有资本经营预算支出	社会保险基金支出	扣除土地出让金支出中成本性支出	全口径财政支出	占GDP比重
2015	6646	2584	41	2261	1512	10020	23.03
2016	6974	3756	38	2862	2532	11098	23.49
2017	7530	6617	37	3400	4719	12866	24.55

① 资料来源：https://www.thepaper.cn/newsDetail_forward_16515591。

续表

年份	一般公共预算支出	政府性基金支出	国有资本经营预算支出	社会保险基金支出	扣除土地出让金支出中成本性支出	全口径财政支出	占GDP比重
2018	8630	9020	50	3763	6415	15048	25.94
2019	10053	10385	58	4206	5346	19356	30.99
2020	10082	11886	61	4312	6584	19757	30.58

注：本章分析的基础数据是由课题组通过信息公开申请方式获取的浙江、江苏、山东、广东四省的全省2015—2020年财政支出决算数据以及各省财政厅官网的财政预算四本账。表6-1中的社会保险基金支出是指扣除了财政一般公共预算对社保基金的补贴后的口径。

从核算结果来看，2015—2020年浙江财政支出规模增长较快，从2015年的1万亿元左右增长到2020年的近2万亿元，增长幅度几乎达到了100%。财政支出占GDP的比重也逐渐提高，从约23%提高到近31%的水平。一般来说，衡量财政支出规模较为合适的指标是财政支出占GDP的比重。按照这一指标，浙江财政支出规模突破了30%的水平，这较为接近发达国家财政支出规模较低国家（如韩国、美国等）的水平。不论是绝对规模还是相对规模，浙江财政支出增长迅速，暂时也还未能确定是否提升得过快，而这也需要在后文中继续讨论。但是，浙江也应当适当抑制财政支出规模，提高财政支出效率。

（三）"十三五"时期四省支出总体规模的比较

图6-1绘制了浙江、广东、山东、江苏四省财政支出规模。与其他省份进行比较时，不论是一般公共预算支出规模还是囊括财政四本预算的全口径财政支出，浙江财政支出总体规模与其他三省之间均存在着不小的差距。但是当考量人均量时，浙江便处于相对高位。在人均量上，浙江人均一般公共预算支出从2015年的11104元增加到了2020年的15416元，增长近40%，人均全口径财政支出从16742元增长到30210元，增长约80%。与其他三省比较发现，浙江

与江苏、广东在人均一般公共预算支出方面几乎不存在差距，甚至还高于这两个省份，与山东进行比较，浙江的财政支出总体规模近乎与其持平，在人均层面反而存在一定的优势。从财政支出占 GDP 比重来看，四省一般公共预算支出占 GDP 比重波动较小，浙江、山东、江苏三省在 2015—2017 年一般公共预算支出占 GDP 比重不断减少，2018 年之后又不断增加，仅浙江在 2020 年有所减少，而广东则在波动中不断下降；而观察全口径财政支出占 GDP 的比重，江苏省还是保持着相同的趋势，支出占 GDP 比重先减后增，而其他三省则保持持续增长的趋势，并且全口径下较一般公共预算口径下变化幅度更大，浙江、山东、广东比重增加值均在 7% 以上，江苏相对较小，但也增长了近 5%。

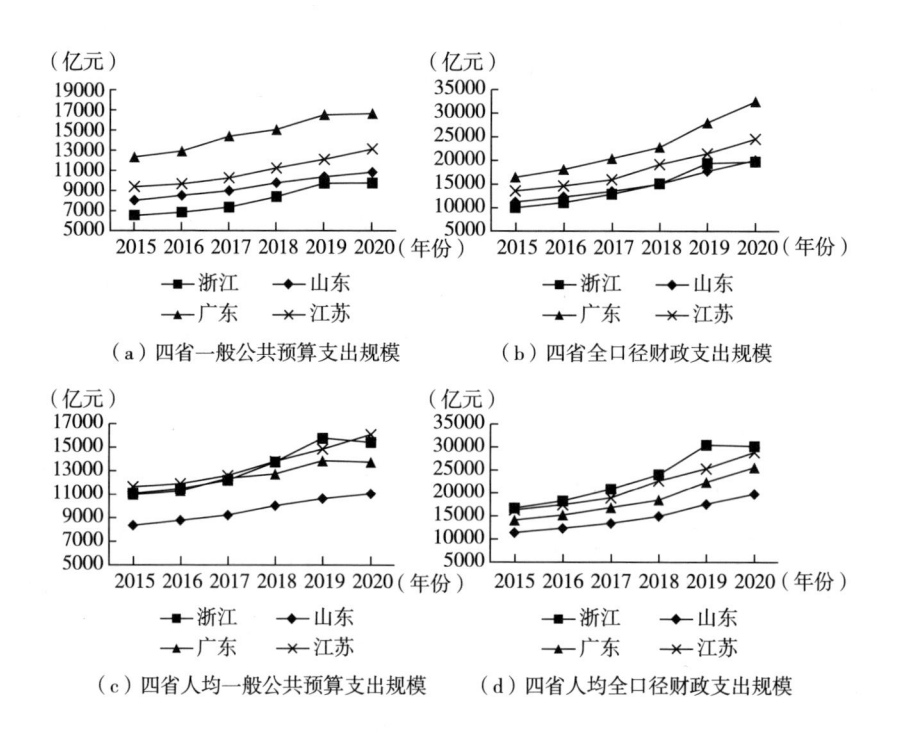

(a) 四省一般公共预算支出规模

(b) 四省全口径财政支出规模

(c) 四省人均一般公共预算支出规模

(d) 四省人均全口径财政支出规模

（e）四省一般公共预算支出占GDP比重　　（f）四省全口径财政支出占GDP比重

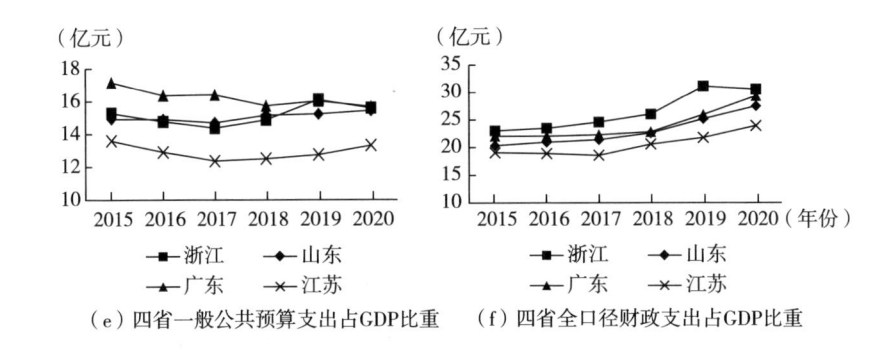

图 6-1　四省财政支出规模

注：本章分析的基础数据是由课题组通过信息公开申请方式获取的浙江、江苏、山东、广东四省的全省 2015—2020 年财政支出决算数据以及各省财政厅官网的财政预算四本账。

二　财政支出结构比较分析

（一）比较分析的方法

国际上通行的政府支出分类，主要有功能分类和经济分类两种。功能分类主要反映财政支出投向哪些政府职能覆盖的领域，如教育、医疗、社保等。经济分类则反映资金使用性质，如用于人员经费或者购买办公设备等。其中，支出功能分类能清晰地反映政府各项职能活动，因而更多被用于财政经济分析中。

按照 IMF（2014）的标准，一国的财政支出功能分类可划分为十类，分别是一般公共服务、国防、公共秩序和安全、经济事务、环境保护、住房和社区设施、医疗卫生、娱乐文化和宗教、教育、社会保护。而按照中国公布的 2019 年全国财政支出决算数据，一般公共预算支出功能分类有二十三大类。因此，本章参照汪德华、李冰冰在《从单峰到双峰——1953—2019 年中国财政支出结构大转型》中的方法，对中国财政支出数据进行分类调整，并基于功能分类的基础，对财政支出分类进行一定程度的合并，将其划分为基本政府职能支出、经济建设性支出、社会福利性支出三大类。基本政府职能支出是指国家和政府维持基本运行、行使基本职能所需要的支出。

这类支出不直接面向个人或企业，不指向某一类受益人，包括一般公共服务、外交、国防、公共秩序和安全、地震事务、节能保护等支出。经济建设性支出是指与基础设施建设、产业发展、宏观调控、推进市场和经济发展等有关的职能所需要的支出，包括农林水、交通运输、资源勘探信息、商业服务、金融等事务支出，还包括促进就业、能源经济以及城乡社区事务等支出。这类支出的主要目的是促进经济发展。社会福利性支出是指政府提供的面向居民的服务或收入转移所产生的支出，包括教育、文化体育与传媒、社会保障和就业、医疗卫生与计划生育4类。具体科目的划分如表6-2所述。

表6-2　　　　　　　　　一般公共预算支出分类

分类	涵盖的财政支出类目
基本政府职能支出	一般公共服务（商贸事务除外）；外交；国防；公共秩序和安全；地震事务；节能环保（能源节约、循环经济、可再生能源、能源管理事务除外）
经济建设性支出	农林水；交通运输；资源勘探信息；商业服务；金融；国土海洋气象（地震事务除外）；粮油物资储备；一般公共服务下的商贸事务；社会保障和就业的部分款项（企业改革补助、就业补助、人力资源和社会保障管理事务款下"劳动保障监察""就业管理事务""劳动关系和维权""公共就业服务和职业技能鉴定机构""劳动人事争议调解仲裁"）；能源节约、循环经济、可再生能源、能源管理事务；城乡社区事务；住房保障支出
社会福利性支出	教育；文化体育与传媒；社会保障和就业（除去归入经济建设的部分款级科目）；医疗卫生与计划生育

资料来源：汪德华、李冰冰：《从单峰到双峰——1953—2019年中国财政支出结构大转型》，2022年。

另外，对于全口径财政支出而言，除一般公共预算支出归类之外，还主要涉及政府性基金预算支出、国有资本经营预算支出和社会保险基金预算支出。对于政府性基金预算，其中的土地出让收入，基于中国现实和IMF财政统计的内在实质，国有土地使用权出让收支应当计入财政收支中①，因此，本章将其扣除成本性支出后的部分纳入全口径财政支出当中；对于国有资本经营预算，2015年度的国有资本经营支出科目分类按照IMF的支出功能分类方法划分，可以比较方便地将其分为三大类，在2016年之后由于国有资本经营支出科目分类方法发生变化，故采用汪德华的处理方式②；对于社会保险基金预算支出，本章在扣除了财政补贴后全额计入全口径财政支出中的社会福利性支出。因此，本章对于一般公共预算中主要科目的归类方法如表6-2所示。

（二）一般公共预算支出占比的四省比较

观察图6-2，在一般公共预算口径下，在2015—2020年的6年间，浙江人均经济建设性支出相较于其他三省均存在着较大的波动，主要是2019年浙江存在着较为明显的突增。2017年前，浙江人均经济建设性支出从2015年的4668元逐步减少到2017年的约4400元，2018年后又大致呈现出增加的趋势。山东、江苏两省也呈现出较为明显的波动。山东2017年前稳定在3300元上下波动，而2018年后人均经济建设性支出上了一个台阶，开始在3500元上下波动；江苏从5200元下降到5000元左右后又迅速上升，2020年达到了接近6000元的水平。广东保持着持续下降的趋势，从原先的近5000元逐渐下降至接近4000元。而四省的人均社会福利性支出则保持着相同的增长趋势，浙江、江苏、广东三省在2015—2020年人均社会福利性支出超过50%，山东稍稍落后，但也在45%以上的水平。值得注意的是，四省的人均基本政府职能支出大致呈现逐年递增的趋势，仅浙江、江苏两省在2020年略微下降。特别是四省该项支出增长幅度均在60%以上，超过了一般公共预算支出的增长幅度，应当是今后进一步改革的关注点所在。一定程度上，人均财政支出水平与人

---

① 汪德华、李琼：《中国政府储蓄率：新的测算及财政视角的分解》，《财贸经济》2016年第9期。

② 汪德华：《整体推进省以下财政体制改革》，《中国改革》2022年第4期。

均 GDP 存在着关联，较高的人均 GDP 往往意味着较高的财政支出水平。因此，本章继续比较三类财政支出占 GDP 的比重。

(a) 四省人均经济建设性支出规模

(b) 四省人均社会福利性支出规模

(c) 四省人均基本政府职能支出规模

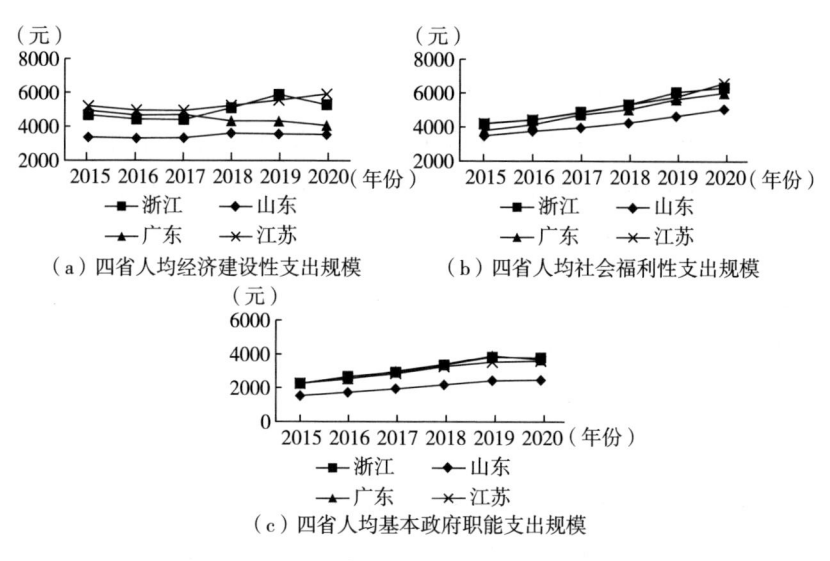

图 6-2　四省一般公共预算支出规模

注：本章分析的基础数据是由课题组通过信息公开申请方式获取的浙江、江苏、山东、广东四省的全省 2015—2020 年财政支出决算数据以及各省财政厅官网的财政预算四本账。

如图 6-2 和图 6-3 所示，一般公共预算口径下，四省财政支出主要结构并没有太大的差别，都是以经济建设和社会福利性支出为主，在 2015—2020 年的 6 年间，四省的总体趋势都是经济建设性支出占比不断下降，而社会福利性支出占比不断上升。这一时期，浙江经济建设性支出占比平均为 37.5%，江苏为 39.6%、广东为 36.5%、山东为 35.9%，浙江占比较高。在变化趋势上，浙江经济建设性支出占比在波动中缓慢下降；江苏下降较为缓慢，从 2015 年的 45% 下降到 2020 年的 37%；而广东下降较快，从 45% 下降到 2020 年的低于 30%；山东下降相对平缓，由 40% 一直下降到 32% 左右。观察社会福利性支出占 GDP 的比重可以看到，山东社会福利性支出占比最高，2015—2020 年，山东社会福利性支出占比平均为

43.2%，浙江社会福利性支出占比平均为 39.1%，较山东低约 4 个百分点，而略高于同期广东的 38.8% 以及江苏的 38.3%，从历史变化来看，四省社会福利性支出占比均有提高，其中广东更是从 2015 年的不到 35% 持续上升至 44%。

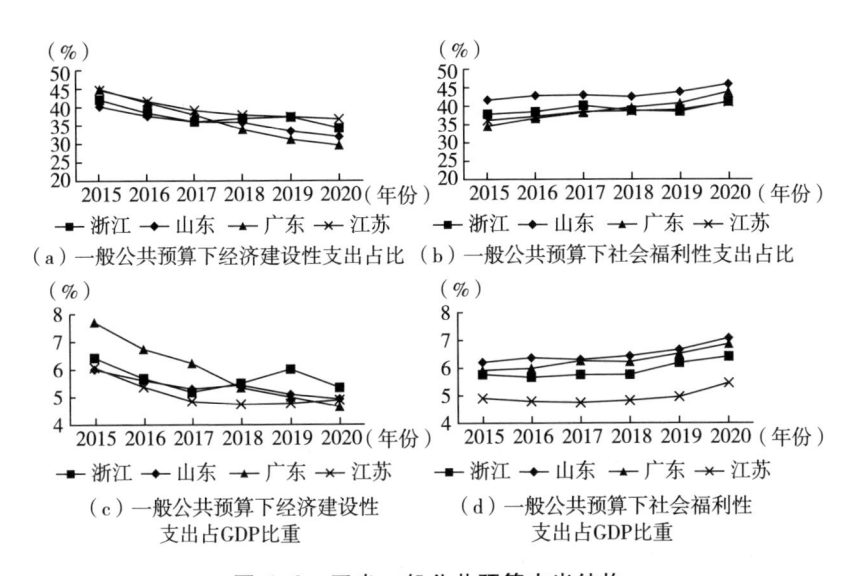

图 6-3 四省一般公共预算支出结构

注：本章分析的基础数据是由课题组通过信息公开申请方式获取的浙江、江苏、山东、广东四省的全省 2015—2020 年财政支出决算数据以及各省财政厅官网的财政预算四本账。

从占 GDP 比重来看，浙江一般公共预算口径下经济建设性支出较为稳定，支出占 GDP 的比重维持在 6% 上下波动，江苏也维持在 5% 的水平波动，而广东与山东则存在较为明显的下降趋势，广东经济建设性支出占 GDP 比重从 2015 年的 7.7% 持续下降到 2020 年的 4.7%，下降幅度达到了 3 个百分点，而山东经济建设性支出占 GDP 比重则从 6.0% 下降到 4.9%。四省社会福利性支出占 GDP 的比重都保持着缓慢增长的趋势，其中山东社会福利性支出占 GDP 比重最高，平均达到 6.5% 的水平，而浙江社会福利性支出占 GDP 比重为 6%，江苏社会福利性支出占 GDP 比重在 5% 水平波动，广东社会福利性支出占 GDP 比重则保持在 6.2% 的水平。在变化趋势上，四省社会福利性支出占 GDP 的比重都呈现上升的趋势，在一般公共服务支出口径下，四省社会福利性支出平稳增长。其中广东增长速度最快，2015—2020 年 6 年间的增长几乎达到 10%，而浙江、山东与江苏社会福利性支出占比保持着较为平稳的增长速度。

浙江共同富裕实施方案以"高指标发展"为题，通过高质量发展将"蛋糕"做大，实现共同富裕。实践中，浙江也较好地平衡了经济建设性支出与社会福利性支出二者之间的关系。人均财政支出上，浙江三类财政支出规模大都是第一名或第二名的水平；支出占比上，浙江较好地兼顾了经济建设性支出与社会福利性支出，各项指标基本上都在四省中间位置，2018 年以来浙江经济建设性支出占比高于其他三个省份。

（三）全口径财政支出的四省比较

图 6-4 展示了四省全口径财政支出规模。可以看出，全口径下，浙江各项财政支出开始占据领先地位。浙江经济建设性支出从 2015 年的 6000 元持续增长到 2019 年的近 12000 元，几乎实现了支出翻倍，而 2020 年有所下降；江苏经济建设性支出也与浙江类似，从 2015 年的 6200 元连续增长，2020 年达到近 12000 元；山东的增长幅度则相对平缓，仅从 4200 元增长到 6400 元，增长幅度超过 50%；广东则较为稳定，上下波动不超过 1000 元。在社会福利性支出方面，浙江、江苏两省的变化情况较为一致，从 8000 元左右逐渐增加到 14000 元；广东省从 2015 年的 5700 元持续增长到 2020 年的 14000 元，增长近 150%；山东从 2015 年的 5500 元增长到 2020 年的 10000 元，增长约 82%。而四省的基本政府职能支出则保持着一般公共预算口径下相同的趋势，支出水平逐年增长，在这一时期内增长近 1 倍，仅江苏增长较为缓慢，但也达到了 81%。

第六章 优化财政支出结构

（a）四省人均经济建设性支出规模

（b）四省人均社会福利性支出规模

（c）四省人均基本政府职能支出规模

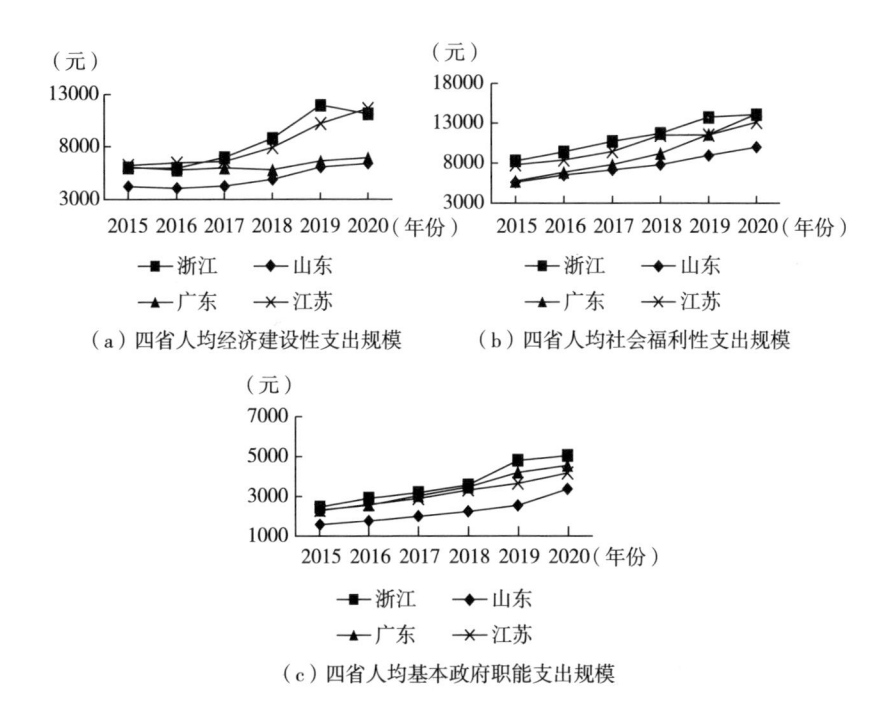

图6-4 四省全口径财政支出规模

注：本章分析的基础数据是由课题组通过信息公开申请方式获取的浙江、江苏、山东、广东四省的全省2015—2020年财政支出决算数据以及各省财政厅官网的财政预算四本账。

从图6-5可见，考虑全口径财政支出后，财政支出结构的总体变化趋势与一般公共预算支出的趋势很相近，四省财政支出均以经济建设和社会福利性支出为主。但是在数值上，全口径财政支出的结构与一般公共预算的结构有差异。由于全口径支出下社会福利性支出包括了社保基金支出，因此2015年及以后全口径下社会福利性支出占比高于一般公共预算中的社会福利性支出占比，平均而言四省高出9个百分点左右。因此，导致全口径下经济建设性支出与基本政府职能支出所占的比重较一般公共预算口径下的比重更低。

全口径下，四省经济建设性支出占比中仅广东呈现出较为明显的下降趋势，从2015年的43%一路下降到2020年的27%。而其他三个省份均存在较为明显的波动，浙江波动较大，一直在36%的水平上下波动，山东占比在34%的水平上下波动，而江苏则在38%的水平上下波动。

(a) 全口径下经济建设性支出占比

(b) 全口径下社会福利性支出占比

(c) 全口径下经济建设性支出占GDP比重

(d) 全口径下社会福利性支出占GDP比重

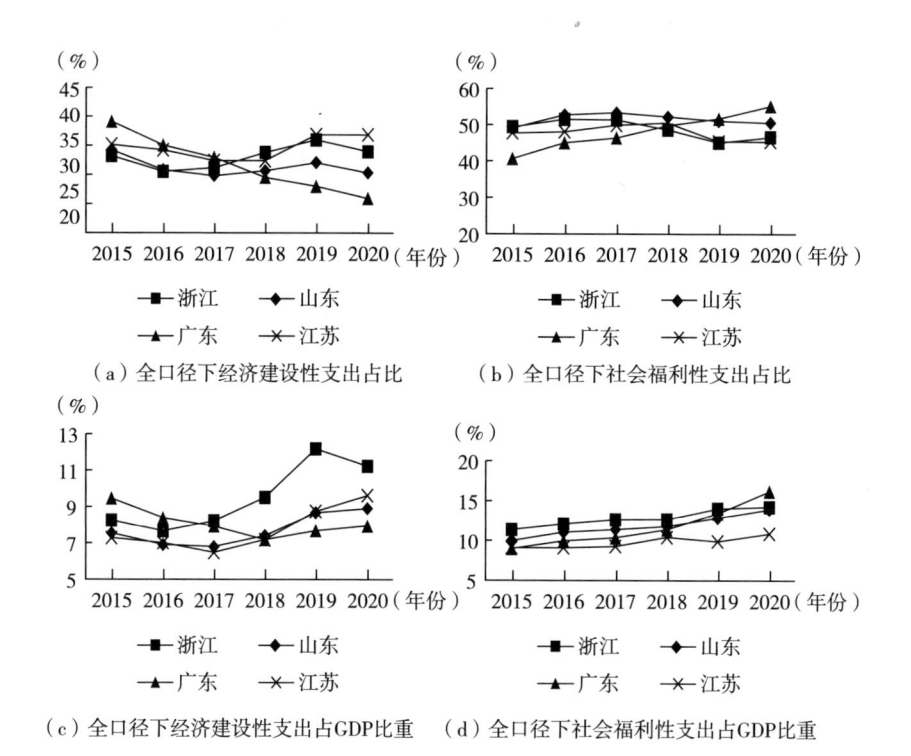

图6-5 四省全口径支出结构

注：本章分析的基础数据是由课题组通过信息公开申请方式获取的浙江、江苏、山东、广东四省的全省2015—2020年财政支出决算数据以及各省财政厅官网的财政预算四本账。

观察全口径下经济建设性支出占GDP的比重后可以发现，2018年前后存在着不同的趋势。2018年以前，浙江经济建设性支出占GDP比重平稳在8%水平上波动，2018年后经济建设性支出占GDP比重存在较大的提升，2019年与2020年迅速突破10%。江苏和山东也存在类似的趋势，2018年以前经济建设性支出占GDP比重较为平稳，甚至有轻微下降的趋势，但2018年以后出现增长的趋势。广东则保持着一般公共预算口径下的趋势，经济建设性支出占GDP比重持续下降，但是 2018 年后也表现出上升的趋势。

相较于经济建设性支出占比，浙江全口径下社会福利性支出占比波动较小，比重维持在 49% 左右，而江苏占比维持在 48% 的水平，山东占比维持在 51% 的水平，广东则呈现出上升的趋势，在 2015—2020 年全口径社会福利性支出占比持续上升，比重从 41% 一直上升至 55%。从占 GDP 的比重来看，浙江社会福利性支出占 GDP 比重是四省中最高的，平均占比达到 12.8%；其次是山东，为 11.8%；江苏最低，仅为 9.8%。从变化趋势上来看，四省社会福利性支出占 GDP 的比重都呈现上升的趋势，广东保持着最快的增长速度，社会福利性支出占 GDP 比重持续增长，从 2015 年的 9.0% 增长到 2020 年的 16.1%，几乎翻倍。而其他三省的社会福利性支出占 GDP 比重增长相对较为缓慢，大致呈现出逐年上升的趋势。

在 2018 年、2019 年，浙江经济建设性支出占比有一个较大的提升，相较于 2017 年，2018 年一般公共预算支出与全口径财政支出分别增长 14.6%、17.0%，而对应的经济建设性支出增长达到 17.6%、28.0%，经济建设性支出增长超过财政预算支出的增长，而此前的一般公共预算口径下经济建设性支出增长仅为个位数，与其他三个省份相比较时可以发现，三个省份一般公共预算口径下经济建设性支出波动均维持在较低的水平，而浙江在 2016 年的支出不升反降，在 2018—2019 年存在较大的波动。其中一个原因是 2018 年与 2019 年城乡社区事务支出增长幅度达到 27% 与 40%，而城乡社区事务在一般公共预算支出中占比分别达到了 13.4%、16.2%，这一部分支出的快速增长在一定程度上提升了经济建设性支出的占比。

三　四省财政支出结构总体情况小结

综上，从绝对量上看，浙江人均财政支出规模不论是在总量上还是在三大类支出上都处于四省中的领先地位，人均经济建设性支出与人均社会福利性支出在 2015—2020 年也都不断增长，并且社会福利性支出取代经济建设性支出成为财政支出最大的部分。但值得注意的是，浙江人均基本政府职能支出规模与其他三个省份相比也较高，并且增长速度较快。提高基本政府职能支出效率，降低行政成本成为当下值得关注的一个方面。

在相对量上，浙江全口径下财政总规模支出、经济建设性支出、社会福利性支出占GDP的比重位居四省第一，但浙江经济建设性支出占GDP比重在2018年前后存在着较大的差异；一般公共预算口径下各项支出占GDP比重与其他三省相比也没有存在明显差距。在以财政支出为分母的支出结构中，一般公共预算支出口径下，浙江没有像其他三省一样表现出较为明显的变化趋势，经济建设性支出与社会福利性支出的占比在不断调整中缓慢下降与上升；全口径下，浙江支出结构的波动大致与江苏、山东保持一致的趋势。

要实现共同富裕，首先要在物质上缩小城乡、区域、居民收入差距，提高城乡居民收入。而如何调整收入分配，政府的政策手段有两种：个人所得税和社会保障支出。① 也就是说，政府只能通过社会保障支出（即本章所言社会福利性支出）这一支出手段，通过向低收入人口提供政府转移性收入，以此降低居民可支配收入差距。因此，社会福利性支出应当是今后政府需要关注的重点。对于浙江而言，全口径下经济建设性支出在2018年后大幅增长，与其他三省差异明显。这也导致了浙江社会福利性支出相对减少。那么未来，浙江应当继续增加社会福利性支出，逐渐压缩经济建设性支出的规模。

第二节　社会福利性财政支出结构

习近平总书记2022年在《求是》杂志发表题为"促进我国社会保障事业高质量发展、可持续发展"的文章，强调"社会保障是保

---

① 戚昌厚、岳希明：《财政支出与经济发展关系——对瓦格纳法则的新解释》，《经济理论与经济管理》2020年第7期。

障和改善民生、维护社会公平、增进人民福祉的基本制度保障，是促进经济社会发展、实现广大人民群众共享改革发展成果的重要制度安排，发挥着民生保障安全网、收入分配调节器、经济运行减震器的作用，是治国安邦的大问题"。前文将政府财政支出划分为基本政府职能支出、经济建设性支出、社会福利性支出三大类，并进行了总体性概括。《浙江高质量发展建设共同富裕示范区实施方案（2021—2025年）》中提到，要率先基本实现人的全生命周期公共服务优质共享，努力成为共建共享品质生活的省域范例。就需要更高水平推进幼有所育、学有所教、劳有所得、病有所医、老有所养、住有所居、弱有所扶。社会福利政策是推进共同富裕的基础性政策。相对应地，要充分发挥社会福利性支出在促进共同富裕方面的基础性作用。因此，本章围绕中国七个"有所"为核心的国家基本公共服务标准体系展开。

一 四省政策比较

《国家基本公共服务标准（2021年版）》发布后不久，山东、广东、江苏、浙江相继发布本省基本公共服务实施标准，在服务类型项目上，浙江、江苏、山东三省对于国家标准进行了不同程度的丰富，浙江明确提出95项基本公共服务标准，江苏提出90项标准，山东提出88项标准，广东则与国家标准保持一致。在服务标准上，浙江95项服务标准中有13项服务标准高于《国家基本公共服务标准（2021年版）》，广东尽管在公共服务标准上不如其他三省，但是在细则上表述得更为明确，江苏在多项服务标准上都明确了实施目标，明确提出实际覆盖的人员数量、覆盖率等指标，诸如劳动人事争议调解成功率达60%以上，仲裁案件结案率达到92%以上，劳动保障监察举报投诉案件按期结案率达到98%以上。

具体而言，在"幼有所育"方面，仅山东增加了"产前筛选"与"新生儿四种遗传代谢性疾病免费筛选"，其余三省服务项目与全国保持一致，在服务标准上，山东与全国保持统一标准，浙江、江苏和广东在"孕产妇健康服务"项目上提高了标准，广东则在"特殊儿童群体基本生活保障"与"困境儿童保障"上另外增加了服务内容。在"学有所教"方面，浙江与山东对于"学前教育幼儿资助"资格认定进行了较为明晰的界定，对于义务教育阶段的各项服务标准，四省都根据物价进行了相应的调整。值得一提的是，浙江与广东由于经济发展水平较高不存在相对困难地区，因此，将相对困难地区学生营养膳食补助扩大到全部农村地区，在补助标准上也有所提高，其他两省则没有对应的补助计划。在"病有所医"方面，浙江在"健康教育与健康素养促进"上提出更为细致化的服务内容，对于"严重精神障碍患者健康管理"，浙江在国家标准基础上增加了"每年进行1次健康检查"的标准，而江苏与广东则对管理率等指标做了明确规定；此外，浙江增加了"职业病健康管理"，对于用人单位已经不存在或者无法确认劳动关系的职业病病人提供医疗救助和生活等方面的救助服务。在"劳有所得""老有所养""住有所居"和"弱有所扶"四个方面，四省并无明显差异，仅江苏不提供部分服务。

对于基本公共服务提供的差异，主要体现在其他方面。在"优军服务保障"方面，浙江增加了"烈士纪念活动和宣传教育"。"文体服务保障"方面，浙江较其他四省增加了"参观文化遗产""公益假日活动、流动少年宫进农村进社区"和"档案查询利用"。而对于其他方面，浙江则增加了"公共交通""公共法律服务""邮政快递服务""社会治安""防灾避险""突发事件应急管理""气象服务"和"环境质量"。尽管与其他三省相比，浙江基本公共服务实施标准项目数量最多，但是也能从其他三省中学习相关经验，如江苏提出了"逝有所安"，这一点也是浙江可以借鉴学习的。

二 四省社会福利性财政支出比较

上文对四省基本公共服务标准进行了一个简单的比较,在此基础上,本章试图将社会福利体系与财政支出科目对应起来。中国功能分类的财政支出科目是在国际货币基金组织财政收支统计手册的基础上,结合中国国情推出的。但是以七个"有所"为核心的国家基本公共服务标准化体系,与功能分类财政支出科目之间的对应关系比较复杂,七个"有所"是对现有社会福利体系建设形象化的总结提炼,侧重从人的全生命周期角度提炼基本需要,而财政支出科目则侧重事务本身,并不强调人的全生命周期。这也导致了财政支出无法直接归集到七个"有所"项下。因此,由于以七个"有所"来归集财政支出资金难以实现,本章采用联合国、国际货币基金组织以及OECD组织通用的政府功能分类口径,归集中国的社会福利体系财政支出。

首先,本章将社会福利体系对应的财政支出分为三大类:医疗卫生、教育、社会保护。IMF功能分类与中国财政支出功能分类以及基本公共服务之间的对应关系参照汪德华、李冰冰在《从单峰到双峰——1953—2019年中国财政支出结构大转型》中的处理方式。图6-6计算了2015—2020年浙江三项社会福利支出及占GDP比重情况。从图6-6中可知,三类支出在2015—2020年均呈增长状态,加总后的社会福利性支出从2015年的4674亿元增长到2020年的8502亿元,其占GDP的比重缓慢提高,从2015年的11.6%提高到2020年的13.2%,显然,这一比重与发达国家超过20%以上的占比还有差距。在三类支出中,社会保障支出始终是大头,占比为54%;教育支出次之,占比为24%;医疗卫生支出占比为22%。从6年增速来看,社会保障支出增速最快,医疗卫生支出次之,教育支出增速最低。

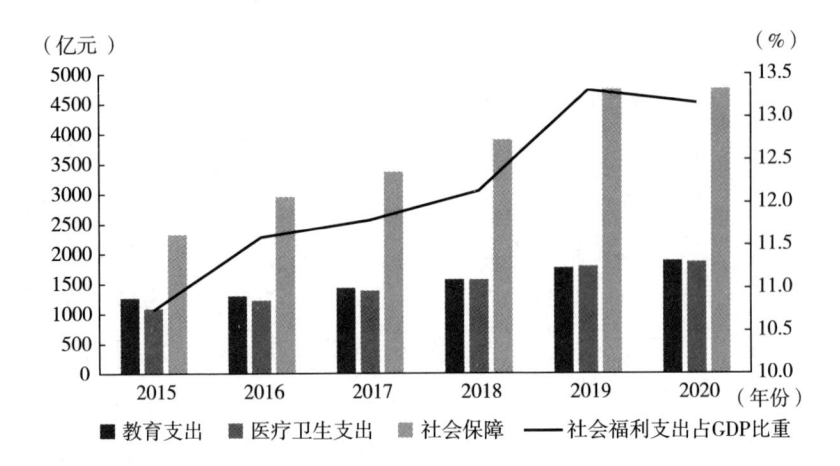

图 6-6　浙江社会福利支出结构

注：本章分析的基础数据是由课题组通过信息公开申请方式获取的浙江、江苏、山东、广东四省的全省2015—2020年财政支出决算数据以及各省财政厅官网的财政预算四本账。

在前文的基础上，本章以财政支出科目为基础，将社会保障进一步细分，即将社会福利性支出分为教育，医疗卫生，养老保障，困难、弱势群体救助及福利事业，住房保障，就业创业、工伤和失业保险六类支出。出于数据的限制，本章对于困难、弱势群体救助及福利事业这一项不作计算（见表6-3）。另外，本章对于各项社会福利性支出就各省常住人口进行标准化，因此，下文提及的各项社会福利性支出均为人均意义上的支出水平。

表6-3　　　　　　　　浙江人均社会福利支出明细　　　　　单位：元

年份	医疗卫生支出	教育支出	就业创业、工伤和失业保险支出	养老保障支出	住房保障支出
	病有所医、幼有所育	学有所教	劳有所得	老有所养	住有所居
2015	1820.24	2113.50	272.69	2592.08	235.14
2016	2017.51	2141.03	289.10	2918.44	264.92
2017	2250.69	2317.91	294.08	3358.63	275.17

续表

年份	医疗卫生支出	教育支出	就业创业、工伤和失业保险支出	养老保障支出	住房保障支出
	病有所医、幼有所育	学有所教	劳有所得	老有所养	住有所居
2018	2524.22	2506.73	304.68	4055.44	295.41
2019	2814.41	2768.14	506.92	3990.55	314.35
2020	2846.68	2876.29	448.08	4108.08	362.89

按照上述标准，本章比较四省 2015 年与 2019 年（排除 2020 年新冠疫情的影响）的各项社会福利性支出。首先，单独观察浙江 2015—2020 年度的各项社会福利性支出可以看到，尽管养老支出仅仅计算了养老保险基金支出，不含一般公共预算下诸如"老年福利"项，但养老依旧是社会福利支出的最大项目。其次，教育、医疗卫生两项的支出也占据了很大的份额，而住房保障支出与就业创业、工伤和失业保险支出则相对较少。从各项支出的增长来看，2015—2020 年，"劳有所得"的增长率超过 60%，其他各项的增长率也超过 50%，仅教育支出所代表的"学有所教"的增长率不到 50%，仅为 36% 的水平。

观察图 6-7，"病有所医、幼有所育""学有所教""老有所养"三项在四省社会福利性支出中占比最大，"劳有所得"与"住有所居"两项则相对较少。与其他三省进行比较发现，浙江各项社会福利性支出在四省中占领先地位，仅"住有所居"项落后于江苏、广东两省。可以看到，广东这几年各项社会支出水平增长迅速，"病有所医、幼有所育"所对应的医疗卫生支出与"老有所养"所对应的养老保障支出逐渐超过江苏，向浙江的水平不断靠近。从增长比例来看，广东养老支出变化最大，2015—2019 年增加了 200%，但是"住有所居"所对应的住房保障支出却增长缓慢，仅达到 11% 的水平，浙江各项支出水平增长幅度较为平衡，仅"学有所教"所对应的教育支出以及"住有所居"所对应的住房保障支出增长较慢,但也达到了30%与34%的水平。

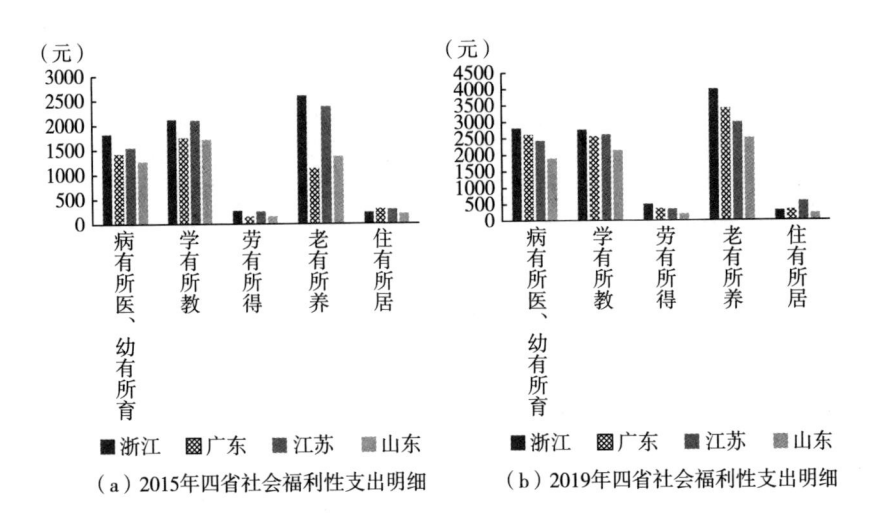

图6-7 四省人均社会福利性支出明细的比较

注:本章分析的基础数据是由课题组通过信息公开申请方式获取的浙江、江苏、山东、广东四省的全省2015—2020年财政支出决算数据以及各省财政厅官网的财政预算四本账。

三 示例:浙江省基层医疗卫生机构补偿机制

上述内容主要从政策以及数据对比的角度观察浙江与其他三省在社会福利性支出方面的异同。下面,本章以具体政策观察浙江在利用社会福利性支出促进共同富裕方面的案例。教育、医疗、养老是社会福利性支出的三大项支出。以医疗领域为例,浙江多项举措并进,有效缩小了城乡之间的公共服务差距。

加大财政对于海岛山区的倾斜。① 2019年以来,浙江财政每年都会安排县域医共体建设奖补资金。2022年下达了补助资金1.96亿元用于支持全省70个县(市、区)组建161家县域医共体,主要包括

---

① 资料来源:《浙江省卫生健康委关于省十三届人大六次会议舟43号建议的答复》,https://wsjkw.zj.gov.cn/art/2022/8/19/art_1229123466_4969396.html。

公立医院符合规划的基本建设和设备购置、重点学科发展、人才培养、符合国家规定的离休人员费用、政策性亏损和承担公共卫生任务"六项投入"和基层医疗卫生机构按规定核定的基本建设（含修缮）、设备购置、信息化建设、人员培养培训经费、基本人员经费"五项基本补助"。为支持32个山区海岛县建设发展，浙江省卫生健康委在分配转移支付资金时，按照高质量发展建设共同富裕示范区的要求，向32个山区海岛县倾斜。2021年对32个山区海岛县的补助资金占市县专项总额的45.47%，其中，转移支付舟山近2亿元，包括基层医疗卫生机构综合改革奖补、基本药物制度补助、医疗卫生"山海"提升奖补资金等，促进山区海岛县的医疗卫生事业发展。

同时，为了提高山区海岛32县的医疗卫生服务能力，浙江省卫生健康委会同省级有关部门出台专项政策，成立工作专班，于2021年3月启动实施医疗卫生"山海"提升工程。在"十四五"时期，通过集省内综合实力最强的13家省市级三甲医院，重点帮扶山区海岛32县县级医院，促进医疗服务能力的提升。同时，每年预拨被帮扶县级医院资金500万元，用于推进医疗卫生"山海"提升工程，力求"一年见成效、两年大变样、五年新飞跃"，到2025年，所对口帮扶的4家县级医院将全部达到国家推荐标准能力水平。

另外，浙江建立了一套基层医疗卫生机构补偿机制①，有效发挥了基层医疗卫生机构的基本医疗服务提供能力。2015年浙江就启动了基层医疗卫生机构补偿机制改革试点工作，2017年在全省推进基层医疗卫生机构补偿机制改革，2018年再次启动37个县（市、区）的新型改革工作，2019年正式全面铺开所有县（市、区）的新的补偿机制改革，建立起了"专项补助与付费购买相结合、资金补偿与服务绩效相挂钩"的基层机构补偿新机制。这一改革充分激发了基层医疗卫生机构的内生动力，进一步提高了财政资金的使用效率。

这次基层机构补偿改革的总体思路就是要保基本、强基层、建机

---

① 浙江省财政厅提供的调研资料《基层补偿机制改革介绍》。

制,建立一个专项补助与付费购买相结合、资金补偿与服务绩效相挂钩的基层医疗卫生机构补偿新机制。改革的重心主要落在强化基层上,通过强化基层来缩小医疗领域的城乡差距。

具体做法如下:首先是政府"保一块,买一块"。对于符合政府规定的建设发展等项目支出,由同级财政预算纳入财政预算,通过专项补助的方式足额安排。对日常运行等经常性支出通过提供基本医疗卫生服务,由政府或者医保(个人)按标准付费购买。财政的专项补助包括:按规定核定的基本建设(含修缮)、设备购置、信息化建设、人员培养培训经费、基本人员经费等。

其次是实行分类购买,强化竞争机制。对于基本公共卫生、重大公共卫生、基本医疗、计划生育技术指导、签约五福服务等,实行分类购买。如对基本医疗服务,主要是通过医保基金和患者个人按规定的支付标准付费购买;对基本公共卫生服务和部分收费价格补偿不足的基本医疗服务,由政府统筹整合基本公共卫生服务项目经费和经常性收支差额来补助,采取标化当量法的购买。

再次是细化政策措施,降低改革风险。通过当量调节系数、风险调节金、明确"托底"机制、设置购买服务上限等措施调节机构运行风险和财政支付风险,如江山市每年设立290万的区域专项支出和160万的改革风险金;义乌市根据地域、服务人口和基础能力,将14家基层医疗机构设置为1.0、1.2和1.4共3个调节系数;嵊州市对基本医疗服务当量的增长总额设置10%的购买上限,对基本公共卫生超过规范要求提供的服务不予购买。通过在浙江东、中、西三个地区的试点,本项工作取得了较为不错的成绩。

最后是完善配套政策、强化逐步推进。加强信息化支撑,初步建成一个统一开放的区域信息平台、一个数据审核流程、一套绩效考核体系,实现计算机自动抽取工作当量数据和辅助审核监控措施。对付费购买取得的营业收入,由机构统筹用于医疗卫生支出。通过提高医保支付比例、差别化的报销政策和慢性病连续处方等,引导城乡居民在基层就诊。

浙江通过建立这一套基层医疗卫生机构补偿机制改革，建立健全了较为完善的基层医疗机构服务网络，通过缓解对于医疗卫生服务提供者的经济激励作用，提高了基层医疗卫生机构的服务质量，引入信息化平台，提高了基层服务的便捷性，进一步缩小了城乡之间医疗卫生服务的差距。

另外，这次基层机构补偿改革的另一个目的在于提高财政支出效率。首先是通过切割不同属性的支出项目，将原先的"预算补充"转向"保障基本+购买服务"，转变政府职责，从承担养人、养事的责任转向主要承担举办责任。通过适度增量的引导，强化了基层医疗和医务人员的服务和成本意识，激励基层医疗机构"多劳多得，优绩优酬"。其次是建立了基层机构间的竞争机制。引入市场的力量，改变原先"按人头分馒头"的基本公共卫生服务经费拨付方式，转变为"按工作量购买"，倒逼基层机构"凭拳头争馒头"，形成相互竞争的良好局面。再次是调动了基层医疗机构的人员积极性，调整了基层机构的内部薪酬分配和绩效考核方案，改变了原先较为粗放的奖励机制，购买机制充分激发了基层的活力，医务人员收入有较为明显的增长。最后则是提升了群众的感受度。倒逼基层机构和医护人员实行精细化管理，加强服务意识。通过标化工作当量法购买，基本公共卫生项目从"要我做"转变为"我要做"，特别是对于慢性病的管理更加规范，极大地提高了高血压和糖尿病患者的发现率。

浙江积极转变社会福利性支出的内部结构，尽可能增加低收入人口能享受到的社会福利，缩小了城乡之间享受到的公共服务的差距。同时，努力提升财政支出效率，更好地使用财政资金。

四　浙江省福利性支出特征小结

财政部发布的《支持浙江省探索创新打造财政推动共同富裕省

域范例的实施方案》强调了浙江要探索并率先实现省域内基本公共服务均等化，而事实上浙江社会福利性支出投入已经达到一定水平，并且保持着逐年增加的良好态势，具体各项支出也逐年递增，"钱随人走"制度体系正加快构建。与其他三个省份相比，浙江基本公共服务标准数量较多，而在具体的实施标准上与其他三省不存在较大的差距，这也与中国社会福利制度侧重于保障居民基本生活而非简单的"福利主义"有关。值得注意的是，四省基本公共服务标准都明确了以常住人口为提供的基本对象，保障符合条件的外来人口与本地居民平等享有基本公共服务，在此基础上逐步推进公共服务和社会保障均等化。

浙江社会福利性支出较高，且呈现逐步增加的良好态势，各项社会福利性支出增长较为平衡，但是可以看到人均教育支出、人均住房保障支出增长相对较为迟缓，并且可以看到人均住房保障支出相对规模较小，财政支出的适当倾斜也能够获得较高的收益。

在医疗领域方面，浙江取得了较为不错的改革成绩，在促进城乡差距的同时也较好地提升了财政支出效率，在教育、住房领域是否可以在提升教育支出水平的基础上采用类似的方式提高支出效率，也是一个值得关注的问题。

第三节　经济建设性财政支出结构

浙江建设共同富裕示范区以"高质量发展"为题，在高质量发展中扎实推动共同富裕，加快突破发展不平衡不充分问题，在政策上推动经济高质量发展，对于财政支出而言，也要适度扩大经济建设性支出规模。尽管在理论上存在着较多的争议，但是在实践中各国政府会采取多种手段促进经济的平稳发展，包括中央政府采用财政政策、货币政策进行宏观调控，各级地方政府采取多种手段招商引资。《浙江高质量发展建设共同富裕示范区实施方案（2021—2025年）》指出，要率先基本形成更富活力、创新力、竞争力的高质量发展模式,高水平创新型省份和三大科创高地建设取得重大进展,产业竞争优势明显提升,高水平交通强省基本建成,乡村振兴示范省高质量建成。

由前文可知,浙江人均经济建设性支出在四省中处于领先地位,经济建设性支出占 GDP 比重也相对较高。而浙江也在促进经济发展方面作出了许多努力,引导经济朝着高科技、绿色发展的方向前进,努力实现高质量发展。但同时,浙江经济建设性支出也通过偏向支持相对欠发达地区,持续发力解决发展不平衡不充分,缩小城乡区域发展差距,坚持"八八战略",坚持一张蓝图绘到底,一以贯之实现山海共富。

一 促进高质量发展

(一) 四省财政科技支出比较

科技部与浙江省人民政府共同印发的《推动高质量发展建设共同富裕示范区科技创新行动方案》(以下简称《行动方案》)中也提及,到 2025 年,基本形成具有浙江特色的以创新型省份、创新型城市、创新型县(市)和科技园区为重要引擎的全域创新体系,科技惠及民生发展及创新驱动高质量发展走在全国前列,形成一批支撑共同富裕的科技创新解决方案,成为全国典范,基本建成具有全球影响力的三大科创高地和创新策源地,强劲共同富裕的内生动力。

浙江坚持高质量发展,引导加大科技投入。本节将比较四省科技支出之间的差异,将一般公共预算下科技支出类的"技术研究与开发"款中的 20% 作为经济建设性支出,并与"其他科技支出"在三大类支出中平均分配后的数值加总,得到四省科技支出的结果。图 6-8 绘制了四省科技支出规模比较情况。首先可以看到,2020 年受新冠疫情的冲击,除山东外,其他三省科技支出规模或多或少呈现下降的趋势,因此在下文的叙述中将排除 2020 年度,以避免疫情的冲击。通过比较可以发现,不论是从总额还是人均值来看,广东科技支出在四省中占据领先地位，浙江和江苏科技支出规模较为接近，通过人口规模进行标准化后两省科技支出的趋势也基本一致。从增长趋势来看，2015—2019年度广东科技支出变化趋势最为明显，从124亿元增长到274亿元，增长150亿元，浙江也从53亿元增长到112亿元，增长近60亿元，增长幅度突破100%。比较增长速度时可以发现，广东增长速度最快，年均增长24%；其次是浙江，年均增长22.5%；江苏和山东增长速度则维持在10%的水平。从人均科技支出规模来看，广东科技支出年均增长21%；浙江稍稍落后，但也保持着20%的水平；江苏和山东两省则相对稳定，保持在10%的水平。

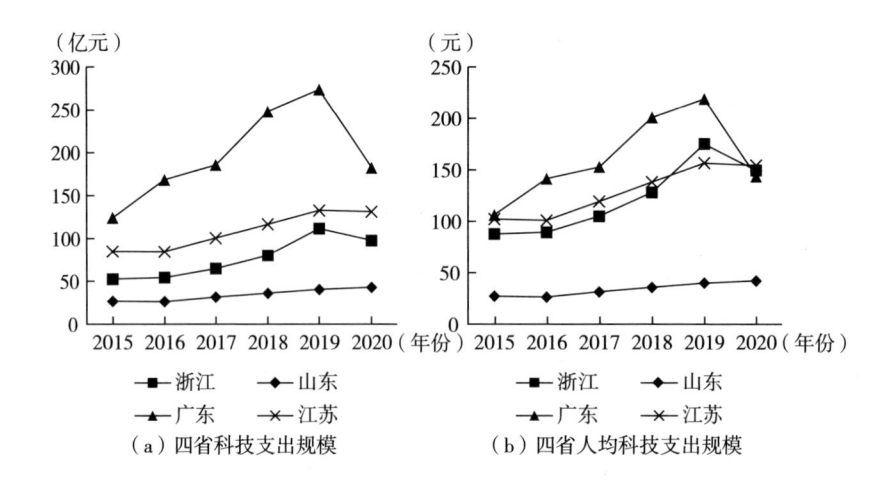

（a）四省科技支出规模　　（b）四省人均科技支出规模

图 6-8　四省科技支出规模比较

注：本章分析的基础数据是由课题组通过信息公开申请方式获取的浙江、江苏、山东、广东四省的全省2015—2020年财政支出决算数据以及各省财政厅官网的财政预算四本账。

浙江这几年科技支出规模不断扩大，在稳定中不断增长。在政策上，科技部与浙江省人民政府共同印发的《行动方案》就指出，要支持杭州、宁波、温州国家自主创新示范区引领带动全省高质量发展。加快创建舟山、台州、金华国家高新区，培育建设丽水国家高新区，打造具有世界影响力的高科技园区和创新型特色园区。探索设立新一代人工智能创新发展试验区联盟，支持宁波建设新一代人工智能创新发展试验区。支持科技园区集聚发展高新技术产业，以一区多园、异地孵化、伙伴园区等模式增强辐射带动作用，打造协同创新创业创富主平台。

在促进经济向着高质量发展的同时，浙江不忘兼顾科技支出对共同富裕的持续推进，《行动方案》中也提及了浙江要构建科技赋能山区26县跨越发展新机制。通过建立"一县一策"精准支持机制，推进"科创飞地""产业飞地"的建设，以科技成果"转移支付"的新方式，引导技术、人才、信息等要素向山区26县有效转移，加快缩小"科技鸿沟""技术差距"。同时支持山区26县引进培育科技型企业，为高质量发展持续注入动能。计划实现山区26县技术交易总额、高新技术企业数、科技型中小企业数年均增长12%，研发投入、经费投入年均增速高于全省2个百分点。

（二）浙江省绿色发展财政奖补

浙江共同富裕示范区建设紧紧围绕高质量发展，其中，绿色发展是重要一环。

"绿水青山就是金山银山"，习近平总书记的这一重要论述深刻阐述了经济发展和生态环境保护的关系，指明了实现发展和保护协同共生的新路径。绿色高质量发展是浙江经济发展的金名片。早在2005年，时任浙江省委书记习近平同志在安吉首次提出"绿水青山就是金山银山"理念，浙江财政即刻转变观念，迅速跟进工作，同年便在全国率先建立了生态环保财力转移支付制度。此后，又陆续出台了生态公益林补偿机制、重点生态功能区财政政策、污染物排放财政收费制度等一系列政策。2014年建立重点生态功能区建设财政政策，2015年在全省全面推广实施与污染物排放总量挂钩的财政收费制度。2017年系统化构建了绿色发展财政奖补机制，三年一轮迭代升级，发挥了政策集成、资金集聚效应，推动了绿色发展。

浙江绿色发展财政奖补机制在合理使用政策工具，引导生态功能区立足自身资源条件和发展特点，探寻生态保护与经济发展共赢的道路，也推动了老百姓增收致富。这一机制通过加快重点地区经济发展水平，在解决宏观层面的地区差异的同时，也进一步缩小了居民收入差距，较好地促进了共同富裕。比如，作为生态保护重点地区的衢州、丽水市，2017年以来农村居民可支配收入年均增长9.4%，分别高于全国和全省0.9、0.7个百分点。在此基础上，浙江又提出新的政策推动经济绿色高质量发展，建立生态环保金融支持项目库，通过推进生态环境导向的EOD国家项目试点、争创国家气候投融资试点以及与金融机构合作等形式，为项目投融资提供资金支持，同时实施治水、治气、治土、治废、降碳示范等一批生态环保重点项目，年度项目投资不少于300亿元，并指导做好水、大气、土壤的中央资金项目储备。以治理为绿色增长点，浙江省将扩大环保有效投资，进一步助力经济的绿色高质量发展。

二 助力缩小地区差距

财政支出规模与结构是政府职能的体现，地方政府为发挥能动作用促进本地经济发展的职能的体现自然就是经济建设性支出，但是这并不意味着经济建设性支出只有促进经济发展的功能。经济建设性支出在促进经济高质量发展的同时也应当兼顾共同富裕的功能，特别是支持欠发达地区的经济建设性支出就具有很强的促进共同富裕的职能。

习近平同志在浙江任省委书记时就提出"三个工程"，即"山海协作工程""欠发达乡镇奔小康工程"以及"百亿帮扶工程"。这三大工程成为当时浙江推动区域协调发展，特别是加快浙江经济社会协调发展的重要抓手，也成功地推动了欠发达地区的发展，既促进了欠发达地区和发达地区的协同发展，也能推动发达地区向欠发达地区进行产业转移，实现资源的优化配置。

山区26县是浙江相对欠发达的地区，浙江这几年的财政体制的设计也是围绕着山区26县展开的。早如2005年出台的《关于推进欠发达地区加快发展的若干意见》就指出浙江省电力部门"十一五"时期要安排60亿元，用于欠发达地区电网建设与改造。2012年8月，浙江省委、省政府办公厅印发《关于推进山海协作产业园建设的意见》，拉开了省级山海协作产业园建设的序幕。主要由发达地区到欠发达地区开展山海协作产业园建设，围绕欠发达地区的生态优势、绿色资源共同开发，共同发展。从2013年开始，浙江财政设立山海协作产业园建设专项资金，10年来共安排资金27.29亿元，按照"分类分档、奖补结合、动态激励、以奖促建"的原则，重点支持9个省级山海协作产业园以及18个山海协作生态旅游文化产业园。2022年，浙江省经济和信息化厅印发了《关于支持山区26县生态工业高质量发展的若干举措》，通过组织实施山区26县生态工业发展"攀登计划"，支持山区26县生态工业高质量发展，进一步缩小地区差距。

对于海岛和沿海地区的支持也是"山海共富"的重要内容，自2010年起，浙江财政就设立海洋经济发展专项资金，支持海岛和沿海地区加快海洋资源综合开发利用和海洋生态环境保护。2018年，根据集中财力办大事财政政策体系，整合原浙江省海洋经济发展专项资金等政策，设立了海洋（湾区）经济发展资金。2018—2022年，浙江财政每年安排20亿元用于支持海岛县（区）涉海涉港的基础设施建设、海洋生态保护，加快推进海岛县（区）基础设施建设和产业集聚发展。这些举措也带来了浙江海洋产业的稳步提高。2003—2020年，浙江全省海洋生产总值从702亿元增长到9200亿元，年均增长16%；在"十三五"时期，浙江海洋生产总值占GDP的比重始终保持在14%以上，高出全国平均4—6个百分点。

第四节 财政支出结构的总结概述与政策建议

一 财政支出结构的总结概述

总的来讲，浙江人均财政支出在四省中处于领先地位，财政支出的相对充裕支持着浙江不断改革的勇气与决心。从三大类支出来看，浙江省人均经济建设性支出与人均社会福利性支出在四省中处于相对领先的位置，但是财政支出占 GDP 的比重在四省中也相对偏高，较为接近发达国家财政支出规模较低的国家（如韩国、美国等）的水平，因此，适度控制财政支出规模，提高财政支出效率，可以是浙江下一步改革的思路。

从比重上看，浙江财政支出结构还存在继续优化的空间。作为共同富裕示范区，浙江应当适度优化财政支出结构，逐步压缩经济建设性支出的规模，扩大社会福利性支出比重。另外，值得注意的是，浙江基本政府职能支出在四省中也相对过高，对于这一项支出的进一步压缩也是当下值得探讨的问题。

观察社会福利性支出明细，并与其他三省进行比较可以发现，浙江各项支出明细都相对领先，但是也存在着诸如住房保障性支出的相对落后以及教育支出增长相对迟缓的问题。另外，浙江在医疗领域中的政府支出有效缓解了以三甲医院为代表的医疗资源向大城市集中所带来的城乡之间医疗卫生服务的差距，这一经验应当得以重视，并在教育等领域充分吸纳借鉴。

在经济建设方面，浙江财政充分发挥主观能动性，一方面，不断扩大科技支出等方面的投入，促进经济朝着高技术水平、绿色发展的方向前进；另一方面，不断加大对于相对欠发达地区的财政投入，缩小浙江省内的地区差异。

二 优化浙江省财政支出结构的政策建议

优化三大类支出结构。浙江财政支出结构已经转变为以经济建设性支出与社会福利性支出并重的"双峰"态势，经济建设性支出与社会福利性支出实现双增长的良好态势。而基础设施建设高峰期与社会福利体系建设双碰头的特殊国情，应是评价和改革中国财税体制的立足点。① 浙江建设共同富裕示范区，也需要兼顾高质量发展与促进共同富裕的重大使命。一方面，在接下来的较长时期内，经济建设性支出依旧处于相对高位，而以七个"有所"为核心的国家基本公共服务标准体系的建设也必然同步增大投入，促进经济高质量发展和保障基本公共服务标准体系的建设这两大历史性任务的公共资金需要，是现阶段浙江财税体制需要担负的基本功能。但是另一方面，浙江经济建设性支出占比波动较大的问题亟待解决，浙江需要改革现有政府投资管理体制，2019 年发布的《政府投资条例》也指出要提高政府投资效益，不断优化政府投资方向和结构。

同时，值得注意的是，近些年来，浙江基本政府职能支出占比还是呈现缓慢上升的态势，应当对此建立优化政府性支出结构的长效机制，降低行政成本。具体而言，要坚持优化协同高效，必须坚持问题导向，聚焦发展所需、基层所盼、民心所向，优化机构设置和职能配置，坚持一类事项原则上由一个部门统筹、一件事情原则上由一个部门负责，加强相关机构配合联动，避免政出多门、责任不明、推诿扯皮，下决心破除制约改革发展的体制机制弊端。全面深化数字化改革，以数字化驱动制度重塑，探索形成中国特色的数字财政体制机制。

优化社会福利性支出内部结构，提高支出效率。在社会福利方面，浙江要适度提高医疗和教育等基本公共服务财政支出。医疗和教育作为人力资本凝结的重要因素，对于共同富裕的实现有着关键作用。在提高财政支出效率的同时，也要进一步将财政医疗资金优先投入到基层医疗卫生机构中，实施有针对性的政策，使医疗卫生

---

① 中国社科院财贸所课题组：《中国财政收入规模：演变与展望》，《经济学动态》2011 年第 3 期。

资源优先向农村及经济欠发达地区倾斜。在教育服务供给方面,应当优化教育资源配置,缩小城乡和区域间的教育水平差距,将财政教育资金优先投入到农村及经济欠发达地区,重点关注欠发达地区资金投入方向,保障偏远山区和农村地区基本教育资源的获得,促进教育公平的实现;要不断优化教育经费使用结构,平衡把控初等、中等、高等教育经费分配;借助财政投入支持建立高端人才培养体系,全面提高全要素生产率,发挥人力资本在创新驱动发展阶段中的重要作用。

浙江在医疗服务供给方面建立起的基层机构补偿新机制,充分激发了基层医疗卫生机构的内生动力,也提高了财政资金的使用效率。另外,由于中国医疗资源分配不均的根源是行政力量支持下的城市公立医院对公共医疗这个准公共品的供给垄断以及其产生的虹吸效应,[①]因此从长期来看,政府也应当加大省级财政对于困难地区的支出责任,赋予市县政府和医院更多自主权,实现公共医疗服务供给方式从政府的行政选择向医疗服务供需双方的自主偏好选择转变,将工作的重心放在分级诊疗体系建设、人事制度、医保政策等方面的深化改革上。

发挥经济建设性支出的推进共同富裕的功能。《浙江高质量发展建设共同富裕示范区实施方案(2021—2025年)》中就提及要打造山海协作工程升级版,制定实施山区26县跨越式高质量发展实施方案,通过完善山海协作"飞地"建设机制,高水平建设"产业飞地"、山海协作产业园,支持山区海岛在省内外中心城市探索建设"科创飞地",推行共享型"飞地"经济合作模式,打造助力山区发展高能级平台。在注重减小地区间差异的同时,城乡之间的差异也应当受到关注。

---

① 胡凤乔、李金珊:《省以下医卫领域财政事权与支出责任划分——以浙江医疗资源配置改革为例》,《地方财政研究》2020年第11期。

第七章　完善省以下财政体制

本章同样采用与广东、江苏、山东三省比较的方式,分析浙江省以下财政体制改革的特点与效果。首先,从近年来省以下财政体制改革出发,梳理四省财政体制设计的异同点;其次,聚焦浙江的转移支付体系建设,从具体的举措中,窥探转移支付在共同富裕中扮演的重要角色;再次,着眼于县域财力均等化,使用具体数据进行分析,指出浙江的优势与不足;最后,进行总结,提出合理的建议。

第一节　四省省以下财政体制改革的比较分析

一　财政省直管县

自古以来,政府层级关系如何处理都极具话题性与争论性。政府层级关系的本质是"集权"与"分权"平衡博弈的讨论,权力的平衡问题最终牵涉国家治理效能,甚至是国家政权稳定。20世纪80年代以来,中国开始实行市管县体制。此后,"中央—省—地级市—县—镇"的管理模式推行开来。但随着中国日新月异的发展,"五级政府"与现行政府职能的沟壑越来越大。[①] 2003年开始,大规模的

---

① 张占斌:《政府层级改革与省直管县实现路径研究》,《经济与管理研究》2007年第4期;才国伟、黄亮雄:《政府层级改革的影响因素及其经济绩效研究》,《管理世界》2010年第8期。

省直管县财政体制改革在神州大地上拉开序幕。

财政省直管县体制改革核心是将县级政府的收支责任划分、转移支付分配和预算资金调度交由省级财政负责,实现了省级政府与县级政府在财政上的直接联系,减少了一个财政层级——地级市。对四省的行政区划和人口进行分析可以发现,江浙的区域面积较小,分别有约8000万和6000万人口。相应地,浙江省下辖11个地级市、52个县(市),江苏省下辖13个地级市、40个县(市),两省在人口和行政区划数量上较为相似。相比之下,山东和广东两省的地域面积更大,且为人口大省,2020年年末,两省总人口均超过1亿人。由此推断,江浙两省省级政府需管辖的县(市)和人口更少,粤鲁则相对更多。在选择财政省直管县试点时,这可能是省级政府是否选择某地进行改革以及如何安排改革所要考虑的重要因素之一。

表7-1展示了四省财政省直管县体制改革的进程。概括来说,浙江未实施自20世纪80年代开始的"市管县"改革,继续保留"省管县"财政体制,江苏在2007年全面实施财政省直管县改革,粤鲁则以试点的形式逐步推进改革。近年来,山东在持续发力推动改革,2019年仍有12个新增试点,而广东自2014年起再无新增改革地区。财政省直管县体制改革被认为是财政分权的表现,① 即从财政省直管县角度,江浙两省都体现了较高程度的分权。

表7-1　　　　四省财政省直管县体制改革进程

省份	年份	财政省直管县数量
浙江	—	全部
江苏	2007	全部

---

① 谭之博、周黎安、赵岳:《省管县改革、财政分权与民生——基于"倍差法"的估计》,《经济学》(季刊)2015年第3期。

续表

省份	年份	财政省直管县数量
山东	2009	首次试点 20 个
	2017	新增试点 17 个
	2019	新增试点 12 个
广东	2010	首次试点 5 个
	2012	新增试点 10 个
	2013	新增试点 6 个
	2014	新增试点 9 个

资料来源：根据各省人民政府网站公开信息整理。《关于深化省以下财政管理体制改革的实施意见》公告了 41 个财政省直管县名单，比先前所有改革县之和少了 8 个县，除垦利县撤县设区外，其他尚不知原因。

二 省以下收入划分

在分析省以下财政体制时，除了财政省直管县改革，各省历年的财政体制改革文件也同样需要引起重视。表 7-2 对四省近年来除财政省直管县改革外的财政体制改革进程进行梳理，试图对比四省在财政体制改革上的差异与相似之处。通过对文件的阅读与分析发现，四省均进行了 3—4 次较大规模的财政体制改革，改革主要着力点在省以下收入的划分上，下文将分省进行逐一分析。

表 7-2 四省近年财政体制改革进程

省份	文件名	文号
浙江	《浙江省人民政府关于进一步完善地方财政体制的通知》	浙政发〔2003〕38 号
	《浙江省人民政府关于完善财政体制的通知》	浙政发〔2012〕85 号
	《浙江省人民政府关于加快建立现代财政制度的意见》	浙政发〔2015〕41 号
	《浙江省财政厅关于深化财政体制改革的实施意见》	浙财预〔2015〕50 号

续表

省份	文件名	文号
江苏	《中共江苏省委江苏省人民政府关于调整分税制财政管理体制的通知》	苏发〔2008〕15号
	《江苏省政府关于调整完善省以下财政管理体制的通知》	苏政发〔2014〕12号
	《中共江苏省委江苏省人民政府关于深化财税体制改革加快建立现代财政制度的实施意见》	苏发〔2014〕16号
	《江苏省政府关于调整完善省以下财政管理体制的通知》	苏政发〔2017〕51号
广东	《广东省人民政府印发广东省调整完善分税制财政管理体制实施方案的通知》	粤府〔2010〕169号
	《广东省人民政府关于印发全面推开营改增试点后调整省以下增值税收入划分过渡方案的通知》	粤府〔2016〕60号
	《广东省人民政府关于印发实施更大规模减税降费后调整省以下增值税收入划分改革方案的通知》	粤府〔2020〕9号
山东	《山东省人民政府关于进一步深化省以下财政体制改革的意见》	鲁政发〔2013〕11号
	《山东省人民政府关于印发全面推开营改增试点后调整省以下增值税收入划分过渡方案的通知》	鲁政发〔2016〕21号
	《山东省人民政府关于深化省以下财政管理体制改革的实施意见》	鲁政发〔2019〕2号

资料来源：根据各省人民政府网站公开信息整理。

（一）浙江省

浙江近年来在财政收入划分上的改变较小，表7-3体现了浙江省与市县收入划分比例。2012年的改革主要体现在金融业和电力生产企业税收收入预算分配管理上，对部分内容进行了下放与上收，最终均达到省与市县60∶40的分享比例。此外，浙江于2003年就已实施多数税收收入省与市县增量"二八分成"，远早于其余三省，这一比例也保持至今。在总体增量"二八分成"的局势下，浙江对少数民族县、少数加快发展县和海岛地区做适当照顾，部分地区免于分成或以低于20%的比例分成。2015年，省以下收入划分未涉及较大改革，主要对转移支付分档体系、区域统筹发展激励奖补政策等内容进行了优化。在转移支付分类体系中，浙江将下辖市县分为二类六档。2015年，对7个市县进行了档次的调整（见表7-4）。此外，浙江与杭州（不含萧山区、余杭区、富阳区）继续保持收入总额分享，自2015年始，分享比例为16∶84，即浙江得16%，杭州得84%。总体来看，浙江实行增量"二八分成"的时间久，财力下放力度较大，并力图充分调动县（市）发展经济的积极性。然而，不同于其余三省，浙江在"营改增"后并未对省以下财政体制进行调整，目前仍沿用2015年的财政体制。

表7-3　　　　　　　　　浙江省与市县收入划分

共享部分	2003—2011年		2012年及之后	
	省	市县	省	市县
省级金融业营业税	100%	—	60%	40%
市县级金融业营业税	—	100%	60%	40%
省级金融业企业所得税	100%		60%	40%
省级电力生产企业增值税、企业所得税	100%	—	—	100%
其余税收收入增量	20%	80%	20%	80%

资料来源：根据浙江省人民政府网站公开信息整理。

表7-4　　　　　　　2015年浙江省与地方转移支付划档

档次	市县					
一类一档	淳安县↓	泰顺县	松阳县	庆元县	开化县	文成县
	景宁县					
一类二档	龙泉市	仙居县	缙云县	常山县	天台县	丽水市
	遂昌县	磐安县	云和县	岱山县	衢州市	嵊泗县
	江山市	永嘉县	龙游县	苍南县	青田县	武义县
一类三档	三门县	平阳县	舟山市	兰溪市		
二类一档	金华市↑	安吉县↑	建德市	桐庐县	临安市	嵊州市
	新昌县	浦江县	东阳市	临海市		

续表

二类二档	诸暨市	永康市	德清县	长兴县	海盐县	温岭市↓
	嘉善县	桐乡市	海宁市	平湖市	玉环市	瑞安市↓
	乐清市↓	义乌市↓				
二类三档	杭州市	嘉兴市	湖州市	绍兴市	台州市	温州市

注：浙江自2008年起，依据各县经济发展和财力状况等因素，将全省市县分为二类六档，转移支付系数由一类一档向二类三档依次降低。2015年对转移支付分档体系进行了优化，在表7-4中以箭头表示，↑表示档次提高（如，从一类三档调整为二类一档），↓表示档次降低（如，从二类三档调整为二类二档）。

（二）江苏省

江苏近年来主要进行了3次较大规模的收入划分变革。江苏省与市县收入划分相关数据如表7-5所示。可以窥见，在房产税、城镇土地使用税等城镇建设相关税收增量的集中比例上，江苏的改革思路是逐步向市县下放财力，省与市县分成比例从3∶7变为2∶8，财力下放逐步增大。在地方增值税增量和个人所得税增量上，也同样体现了财力的下沉。2008年，江苏在《中共江苏省委江苏省人民政府关于调整分税制财政管理体制的通知》中强调："体现财力向下倾斜，在省与市、县收入划分级次和既定利益不变的基础上，有利于在推进科学发展中使新增财力更多地向下倾斜，增强地方统筹发展能力"。进一步地，2014年的《江苏省政府关于调整完善省以下财政管理体制的通知》指出："省级下放财力主要用于推进城镇化发展，提高城镇化水平"。以上内容均表明了江苏省下放财力的选择以及推进城镇化的努力与决心。在经历了2017年的改革之后，营业税收入由于"营改增"下降明显，也不再对营业税提及改革。最终，江苏各项税收收入分成均形成了统一的增量"二八分成"局面。

表 7-5　　　　　　　　　江苏省与市县收入划分

共享部分	2008—2013 年		2014—2016 年		2017 年及之后	
	省	市县	省	市县	省	市县
房产税、城镇土地使用税、土地增值税、契税增量	30%	70%	20%	80%	20%	80%
地方增值税增量	50%	50%	50%	50%	20%	80%
地方营业税增量	—	100%	—	—	—	—
企业所得税增量	20%	80%	20%	80%	20%	80%
个人所得税增量	—	100%	20%	80%	20%	80%

资料来源：根据江苏省人民政府网站公开信息整理。

（三）山东省

山东的改革同样主要分为 3 轮，省与市县收入划分数据如表 7-6 所示。2012 年及之前，山东营业税为省与市县"二八分成"、增值税等，市县部分则为 3% 增量递增上解。2013 年，山东将省级分享的一般企业营业税、企业所得税、个人所得税等，全部下划市县，作为市县财政收入。此外，为缓解市县递增上解压力，取消了增值税等税种的增量递增上解政策。作为石油资源较为丰厚的省份，山东还建立了中石化胜利油田石油增值税和资源税省市分享机制，将部分收入下划市县。2016 年，山东主要对营改增作出了反应，规定所有行业企业缴纳的增值税均实行中央与地方按 50∶50 的比例分享，除省级保留企业外的一般企业增值税地方分享部分，继续按照省与市、省财政直管县（市）15∶85 的比例分成。可以归纳为：山东的增值税等增量分成政策，从最初的按 3% 的比例递增上解，到 2013 年改为增量 15∶85 分成（各市因取消递增上解比例相应增加的财力，要全部用于缓解县乡财政困难），再到最近的 2019 年稍有上收，改为 20∶80 分成（对财政困难地区集中的收入给予全额返还）。总体上看，也体现了一定程度的下放财力。此外，值得注意的是，2019 年的文件中调整了山东对青岛的财力集中政策。文件规定，青岛专项上解省财政资金增加到 30 亿元，并以此为基数，每年递增上解。文件指出，青岛上解财政资金重点用于对财力薄弱地区的转移支付，以支持全省区域的协调发展。这与浙江对杭州实行总额分享的策略不谋而合。

表 7-6　　　　　　　　山东省与市县收入划分　　　　　　　单位：%

共享部分	2012 年及之前 省	市县	2013—2016 年 省	市县	2017—2018 年过渡期 省	市县	2019 年起 省	市县
一般企业营业税	20	80	—	100	—	—	—	—
石化企业增值税	100	—	60	40	50	50	未知	未知
增值税、企业所得税、个人所得税等增量	未知	3 递增	15	85	15	85	20	80

资料来源：根据山东省人民政府网站公开信息整理。

（四）广东省

广东的改革与以上三省有明显不同。广东省与市县收入划分情况如表 7-7 所示。首先，在历次财政体制改革文件中均未提及增量分成，推定广东实施的是收入总额分享模式。其次，在其他省份下放财力的趋势下，广东则对省以下财力进行了部分上收，如自 2011 年起，将企业所得税等税收分成由 40∶60 改为 50∶50，并多次在文件中强调，要巩固增值税"五五分享"改革成果。进一步地，广东也在 2010 年的文件中明确表示，省级因体制调整集中的财力，主要用于支持欠发达地区加快发展、缩小差距，同时制定面向全省的产业发展财政政策，促进珠江三角洲地区提升综合竞争力，带动粤东西北地区加快发展。2016 年，广东同样对营改增作出改革，将营改增的地方分享部分，改为省与市县"五五分成"，其余收入分成未做变动。2020 年，主要对减税降费政策作出相应调整，改革了增值税留抵退税分担机制，但增值税收入划分比例仍保持不变。总体上，广东立足于较为突出的省内不均衡问题，并适当上收财力以增强省级统筹力度，对主要税收收入保持"五五分成"十余年未变，这是广东财政"因地制宜"进行布局的结果。

表7-7　　　　　　　　广东省与市县收入划分　　　　　　单位：%

共享部分	1996—2010年		2011年及之后	
	省	市县	省	市县
企业所得税	40	60	50	50
个人所得税	40	60	50	50
营业税	40	60	50	50
土地增值税	40	60	50	50
增值税（不含省级固定收入部分）	未知	未知	50	50

资料来源：根据广东省人民政府网站公开信息整理。

综合以上对浙江、江苏、山东、广东四省省以下收入划分的分析发现，与其余三省相比，浙江在财政收入分成改革上走在前列，早在2003年就完成了江苏和山东近年才达到的省与市县增量"二八分成"策略，并以"不变"应对2016年的"营改增"改革，财政体制已从2015年沿用至今。同时，近年来江苏和山东对省以下均有较为明显的下放财力趋势，广东则与之相反，有一定程度的财力上收。在增量"二八分成"大势所趋的情况下，广东继续保持了财政收入总额"五五分享"的政策，并有要坚持之意。省以下财政收入划分的"工具化色彩"，本质上是在追求经济增长与平衡省内差距之间进行权衡的结果，[①]结合四省省内经济发展状况，广东省内区域发展不平衡问题突出，需要省级加强统筹作用，由此实施的收入"五五分享"分成策略也可以解释。

[①] 高琳、高伟华、周㼆：《增长与均等的权衡：省以下财权划分策略的行动逻辑》，《地方财政研究》2019年第1期。

三 地方财政事权与支出责任划分

2016年8月16日,国务院发布《国务院关于推进中央与地方财政事权和支出责任划分改革的指导意见》(国发〔2016〕49号,以下简称"49号文"),这是近年来推进财政事权和支出责任划分的指导性文件,指出"合理划分中央与地方财政事权和支出责任是政府有效提供基本公共服务的前提和保障,是建立现代财政制度的重要内容,是推进国家治理体系和治理能力现代化的客观需要"。财政事权和支出责任涉及各级政府间"事由谁来干"和"钱由谁来出"的问题。按照"49号文"的精神,国务院统一领导事权和支出责任划分,并明确中央与省之间的划分原则与具体安排,各省再依据"49号文",负责本省与市县的财政事权和支出责任划分改革。本节同样收集整理了浙江、江苏、广东、山东四省近年来财政事权和支出责任划分改革的文件(见表7-8)。

表7-8 国务院与四省财政事权和支出责任划分改革进程

领域	国务院	浙江	江苏	广东	山东
统领	《国务院关于推进中央与地方财政事权和支出责任划分改革的指导意见》	《浙江省人民政府关于推进省以下财政事权和支出责任划分改革的实施意见》	无	《广东省人民政府关于印发广东省省级与市县财政事权和支出责任划分改革实施方案的通知》	《山东省人民政府关于推进省以下财政事权和支出责任划分改革的意见》
基本公共服务	《国务院办公厅关于印发基本公共服务领域中央与地方共同财政事权和支出责任划分改革方案的通知》	《浙江省人民政府办公厅关于印发浙江省基本公共服务领域省与市县共同财政事权和支出责任划分改革实施方案的通知》	《省政府办公厅关于印发基本公共服务领域省与市县共同财政事权和支出责任划分改革方案的通知》	《广东省人民政府办公厅关于印发基本公共服务领域省级与市县共同财政事权和支出责任划分改革方案的通知》	《山东省人民政府关于深化省以下财政管理体制改革的实施意见》

续表

领域	国务院	浙江	江苏	广东	山东
医疗卫生	《国务院办公厅关于印发医疗卫生领域中央与地方财政事权和支出责任划分改革方案的通知》	《浙江省人民政府办公厅关于印发浙江省医疗卫生领域财政事权和支出责任划分改革实施方案的通知》	《省政府办公厅关于印发江苏省医疗卫生领域、科技领域、教育领域、交通运输领域省与市县财政事权和支出责任划分改革实施方案的通知》	《广东省人民政府办公厅关于印发广东省医疗卫生领域省级与市县财政事权和支出责任划分改革实施方案的通知》	《山东省人民政府办公厅关于印发医疗卫生领域省与市县财政事权和支出责任划分改革实施方案的通知》
科技	《国务院办公厅关于印发科技领域中央与地方财政事权和支出责任划分改革方案的通知》	《浙江省人民政府办公厅关于印发浙江省科技领域财政事权和支出责任划分改革实施方案的通知》		《广东省人民政府办公厅关于印发广东省科技领域省级与市县财政事权和支出责任划分改革实施方案的通知》	《山东省人民政府办公厅关于印发科技领域省与市县财政事权和支出责任划分改革实施方案的通知》
教育	《国务院办公厅关于印发教育领域中央与地方财政事权和支出责任划分改革方案的通知》	《浙江省人民政府办公厅关于印发浙江省教育领域财政事权和支出责任划分改革实施方案的通知》		《广东省人民政府办公厅关于印发广东省教育领域省级与市县财政事权和支出责任划分改革实施方案的通知》	《山东省人民政府办公厅关于印发教育领域省与市县财政事权和支出责任划分改革实施方案的通知》
交通运输	《国务院办公厅关于印发交通运输领域中央与地方财政事权和支出责任划分改革方案的通知》	《浙江省人民政府办公厅关于印发浙江省交通运输领域财政事权和支出责任划分改革实施方案的通知》		《广东省人民政府办公厅关于印发〈广东省交通运输领域省级与市县财政事权和支出责任划分改革实施方案〉的通知》	《山东省人民政府办公厅关于印发交通运输领域省与市县财政事权和支出责任划分改革实施方案的通知》
生态环境	《国务院办公厅关于印发生态环境领域中央与地方财政事权和支出责任划分改革方案的通知》	浙江省人民政府办公厅关于印发浙江省生态环境领域财政事权和支出责任划分改革实施方案的通知》	《江苏省人民政府办公厅关于印发江苏省生态环境领域、公共文化领域、自然资源领域、应急救援领域省与市县财政事权和支出责任划分改革实施方案的通知》	《广东省人民政府办公厅关于印发广东省生态环境领域省级与市县财政事权和支出责任划分改革实施方案的通知》	《山东省人民政府办公厅关于印发生态环境领域省与市县财政事权和支出责任划分改革实施方案的通知》
公共文化	《国务院办公厅关于印发公共文化领域中央与地方财政事权和支出责任划分改革方案的通知》	《浙江省人民政府办公厅关于印发浙江省公共文化领域财政事权和支出责任划分改革实施方案的通知》		《广东省人民政府办公厅关于印发广东省公共文化领域省级与市县财政事权和支出责任划分改革实施方案的通知》	《山东省人民政府办公厅关于印发公共文化领域省与市县财政事权和支出责任划分改革实施方案的通知》

续表

领域	国务院	浙江	江苏	广东	山东
自然资源	《国务院办公厅关于印发自然资源领域中央与地方财政事权和支出责任划分改革方案的通知》	《浙江省人民政府办公厅关于印发浙江省自然资源领域财政事权和支出责任划分改革实施方案的通知》	《江苏省人民政府办公厅关于印发江苏省生态环境领域、公共文化领域、自然资源领域、应急救援领域省与市县财政事权和支出责任划分改革方案的通知》	《广东省人民政府办公厅关于印发广东省自然资源领域省级与市县财政事权和支出责任划分改革实施方案的通知》	《山东省人民政府办公厅关于印发自然资源领域省与市县财政事权和支出责任划分改革实施方案的通知》
应急救援	《国务院办公厅关于印发应急救援领域中央与地方财政事权和支出责任划分改革方案的通知》	《浙江省人民政府办公厅关于印发浙江省应急救援领域省以下财政事权和支出责任划分改革方案》		《广东省人民政府办公厅关于印发广东省应急救援领域省级与市县财政事权和支出责任划分改革实施方案的通知》	《山东省人民政府办公厅关于印发应急救援领域省与市县财政事权和支出责任划分改革实施方案的通知》

从改革时间上看，先由国务院带头发布各领域中央与地方共同财政事权和支出责任划分改革方案，各省再对省与市县改革进行安排。国务院在2020年完成了系列文件的发布，四省中，除广东的改革时间略为滞后外，其余省份也均在2020年完成了文件的下发。由于本次改革文件众多，财政事权和支出责任划分涉及领域广泛，本节不一而足。而其中的基本公共服务领域改革是重要内容，且与推进共同富裕紧密相关，下面将以基本公共服务为切入点，对财政事权和支出责任划分改革进行分析。

从中央和省级层面来看，国务院将涉及人民群众基本生活和发展需要、现有管理体制和政策比较清晰、由中央与地方共同承担支出责任、以人员或家庭为补助对象或分配依据、需要优先和重点保障的主要基本公共服务事项，首先纳入中央与地方共同财政事权范围，定为8大类18项。从转移支付角度来看，国务院也对"央地"转移支付进行了划档（见表7-9）。以本章比较的四省为例，江苏、浙江、广东三省同在第四档，山东则位于第三档。即在基本公共服务领域，山东收到的中央补助相对于其他三省而言更多。从补助事项角度来看,《国务院办公厅关于印发基本公共服务领域中央与地方共同财政事权和支出责任划分改革方案的通知》规定,中等职业教育国家助学金等7个事项,中央按五档各分摊80%、60%、50%、30%、10%;义务教育公用经费保障,中央按第一档80%,第二档60%,其他50%分摊;家庭经济困难学生生活补助等各地均为50%分摊;基本公共就业服务等5个事项,中央分担比例主要依据地方财力状况、保障对象数量等因素确定。这体现了不同事项央地财政事权和支出责任的差异。而从不同事项的定义和标准来看,《国务院办公厅关于印发基本公共服务领域中央与地方共同财政事权和支出责任划分改革方案的通知》的附件对共同财政事权事项一一列举,基础标准大多为"中央制定平均资助标准,地方可以按规定结合实际确定分档资助标准"。可见,在规定基本公共服务领域国家标准的前提下,各省可进一步制定省级标准,而省级标准一般高于国家统一标准。此外,文件中涉及的领域主要是义务教育与高中(中职)教育、就业、城乡居民养老和医疗保险、计划生育、住房等方面。之后发布的分领域文件也是从医疗卫生领域开始,紧接着是教育领域,彰显了中央对医疗卫生和教育的重视。

表 7-9　　　　　　　　中央与地方转移支付划档

档次	地区
第一档	内蒙古、广西、重庆、四川、贵州、云南、西藏、陕西、甘肃、青海、宁夏、新疆12个省(区、市)
第二档	河北、山西、吉林、黑龙江、安徽、江西、河南、湖北、湖南、海南10个省
第三档	辽宁、福建、山东3个省
第四档	天津、江苏、浙江、广东4个省(市)和大连、宁波、厦门、青岛、深圳5个计划单列市
第五档	北京、上海2个直辖市

资料来源:《国务院办公厅关于印发基本公共服务领域中央与地方共同财政事权和支出责任划分改革方案的通知》。

接续国务院文件,各省对省与市县的财政事权和支出责任划分也进行了安排。

首先,从基本公共服务领域省与市县分摊比例上发现各省的选择具有一定的差异性(见表7-10)。总体而言,省内财政越困难的市县位于更低档,转移支付系数越高,转移支付资金越向其倾斜。转移支付系数的设计力在缩小地区间原有的财力差距。在分档上,除广东仅设四档外,其余三省均为六档,广东也是唯一一个将地级市所辖区也进行细化分类的省份,即同一个地级市下辖的区可能处于不同的分档之中。广东在相关文件中指出,划档中第一档为原中央苏区、海陆丰革命老区困难县、少数民族县,第二档为除第一档以外的北部生态发展区和东西两翼沿海经济带市县,第三档为珠三角核心区财力相对薄弱市县,第四档为珠三角核心区其余市县。广东省本级对财政困难地区的财政事权支出补助力度最大,其余三省的补助思路也类似。而从转移支付系数上看,浙江和广东两省的最高转移支付系数都达到了100%。相对而言,江苏的省级转移支付补助力度较小(转移支付系数小),山东和广东的力度较大(位于较低档次的地区多)。

表7-10　　　　　　　　四省省与地方转移支付划档

省份	档次					
	第一档	第二档	第三档	第四档	第五档	第六档
浙江	100%	90%	80%	60%	40%	20%
	淳安等6县	龙泉等18市县	三门等4市县	金华等10市县	诸暨等12市县	杭州等6市县
江苏	70%	60%	50%	40%	30%	20%
	响水等13县	宿迁等6市县	淮安等6市县	盐城等8市县	镇江等11市	昆山等10市
山东	90%	80%	70%	60%	50%	40%
	郯城等14县	枣庄等23市县	莱芜等11市县	潍坊等3市	淄博等2市	济南等4市

续表

省份	档次					
	第一档	第二档	第三档	第四档	第五档	第六档
广东	100%	85%	65%	30%	—	—
	潮阳等26区县	汕头等17市县	惠州等13区市	广州等9区市		

需要注意的是，浙江"基本公共服务领域省与市县共同财政事权的支出责任主要实行省与市县按比例分担，保持基本稳定"。江苏、山东、广东三省的转移支付划档均来自其基本公共服务领域财政事权与支出责任划分领域文件，而浙江则自2008年起，就已建立了二类六档的转移支付体系（见表7-4）

而在具体事项内容上，各省均参考国务院文件，没有较大差异。主要划分领域仍为"8大类18项"，事权标准以中央制定为基础，市县可结合实际制定市县标准，但需上报审批，且超出部分由市县财政自行负担。

分省来看，部分省份对于部分改革内容选择"暂缓实行"。如广东提出"普通高中教育免学杂费补助分担比例暂按现行规定执行，待我省打赢脱贫攻坚战三年行动方案（2018—2020年）到期后再按以下分档分担比例执行"。还强调要"提升统筹层次"，逐步探索对部分重点基本公共服务领域项目实行全省统一制度、统一政策、统一标准。类似地，山东也提出"免费提供教科书、受灾人员救助2个事项，暂按现行政策执行"，并表明要完善省对财政困难地区的转移支付制度，"加大对财政困难县（市、区）的补助力度，建立均衡性转移支付稳定增长机制，促进地区间财力均衡"，要继续实施财政省直管县改革。江苏在文件中明确表示"按照不低于国家基础标准的原则制定省基础保障标准"，其余内容与国务院文件较为一致，不再做说明。

具体来看浙江。对比发现，在事项分类上，浙江将"贫困地区学生营养膳食补助"改为"农村义务教育学生营养改善计划","受灾人员救助"改为"自然灾害生活救助",其他内容没有变更。表7-11表明,浙江基本公共服务领域有11项完全采取了二类六档的转移支付分配形式,有1项采取三档的划分方式,另有3项采取部分二类六档的转移支付分配形式。总体上,省级财政向更低档的地区倾斜明显。浙江还提出,要深化财政专项资金管理改革,重点把握好"三个退出",支持市场化建设:市场能够有效发挥作用的事项,省级财政专项资金一律退出,过渡期间由政府产业基金通过市场化方式予以支持;对属于市县财政事权的事项,省级财政专项资金建立退出机制;属于省与市县共同财政事权的事项,可以安排省级财政专项资金予以支持,并建立省与市县分担机制。其中,省委、省政府确定特定目标的财政专项(包括存量专项),要明确设定期限,原则上以3年为期;非省委、省政府按程序确定特定目标的财政专项,在2020年前一律退出。

表 7-11　　浙江基本公共服务领域财政事权分担方式

共同财政事权事项		中央与地方	省与县(市)					
			1	2	3	4	5	6
义务教育	公用经费保障	5:5	10:0	9:1	8:2	6:4	4:6	2:8
	免费提供教科书	—	免费提供国家规定课程教科书和免费为小学一年级新生提供正版学生字典所需经费,由中央财政承担;免费提供省级地方课程教科书所需经费,由省级财政承担;其余由市县财政承担					
	家庭经济困难学生生活补助	5:5	10:0	9:1	8:2	6:4	4:6	2:8
	农村义务教育学生营养改善计划	—	国家试点所需经费,由中央财政承担;地方试点所需经费,由地方财政统筹安排,中央财政给予适当奖补。地方分担部分,省与市县按二类六档的比例分担					

续表

共同财政事权事项		中央与地方	省与县（市）					
			1	2	3	4	5	6
学生资助	中等职业教育国家助学金	3:7	10:0	9:1	8:2	6:4	4:6	2:8
	中等职业教育免学费补助	3:7	10:0	9:1	8:2	6:4	4:6	2:8
	普通高中教育国家助学金	3:7	10:0	9:1	8:2	6:4	4:6	2:8
	普通高中教育免学杂费补助	3:7	10:0	9:1	8:2	6:4	4:6	2:8
基本就业服务	基本公共就业服务	—	省级统筹中央资金，主要根据就业人口、地方财力、重点工作、资金绩效等因素和其他因素进行分配					
基本养老保险	城乡居民基本养老保险补助	5:5	10:0	9:1	8:2	6:4	4:6	2:8
基本医疗保障	城乡居民基本医疗保险补助	3:7	10:0	9:1	8:2	6:4	4:6	2:8
	医疗救助	—	10:0	9:1	8:2	6:4	4:6	2:8
基本卫生计生	基本公共卫生服务	3:7	增量部分按省级标准二类六档比例和最高补助75%分担					
	计划生育扶助保障	3:7	增量部分按省级标准二类六档比例和最高补助80%分担					
基本生活救助	困难群众救助	—	10:0	9:1	8:2	6:4	4:6	2:8
	自然灾害生活救助	5:5	6:4	6:4	6:4	5:5	5:5	4:6
	残疾人服务	—	10:0	9:1	8:2	6:4	4:6	2:8
基本住房保障	城乡保障性安居工程	—	省统筹中央资金，对市县给予适当支持					
	农村危房改造	—	中央对地方给予适当支持，省对市县给予适当支持					

资料来源：《浙江省人民政府办公厅关于印发浙江省基本公共服务领域省与市县共同财政事权和支出责任划分改革实施方案的通知》。

总体来看，在社会生产力不断提升的同时，中国居民对教育、医疗卫生、社会保障等方面的公共服务需求增长呈现逐步加速的趋势。然而，中国地区间基本公共服务的非均等化问题逐步显现，不同县市及城乡之间在基础教育、公共医疗、社会保障等公共服务方面的差距较大，这已成为关乎社会公平、正义的热点问题之一。因此，如何使公共服务的供给与需求相适应并促进其均等化,将是今后较长时期内面临的重要任务,而财政无疑是促进均等化过程中的重要力量。结合前文,考虑到省内的发展差异,在基本公共服务领域的事权和支出责任划分上,广东更为强调省级政府的统筹力度,山东次之。浙江以县级财政支出分权为主,而广东以地级财政支出分权为主。[①] 其原因之一是浙江因自身的县域经济特点,一直沿袭省直管县体制,将支出责任更多地分配给县级政府,并通过"两保两挂"等机制强化县域财政激励。而广东所辖的地区之间发展不平衡,因此,广东一直致力于通过地级市的辐射作用带动区域经济发展,从而会将支出责任更多地分配给地级市政府。由此可见,地区间自身的差异对各省财政体制的安排有深远的影响。

四 小结

本章从省以下财政体制改革出发,以经济实力相对较强的江苏、广东和山东与浙江进行对比分析,试图探究浙江在省以下财政体制上的优势与不足,并为浙江共同富裕示范区建设提出合理建议。

在省直管县改革上,浙江一直实行财政上的"省直管县",江苏在2007年也实现了全面改革,均体现了较高程度的财政分权。相比之下,山东持续发力推动改革,2019年仍有12个新增试点,但广东自2014年后再无新增改革地区。浙江的省直管县改革也被众多文献证实是推动经济发展的重要动力。

在省以下收入划分上,浙江在财政收入分成改革上走在前列,早在2003年就完成了江苏和山东近年才达到的省与市县增量"二八分成"策略,广东则继续保持财政收入总额"五五分享"的政策。与此同时,在其余三省均顺应"营改增"调整收入分成的情况下,浙江以"不变"应"万变",财政体制已从2015年沿用至今。

---

① 童幼雏、李永友:《省以下财政支出分权结构:中国经验》,《财贸经济》2021年第6期。

在地方财政事权与支出责任划分上，主要观察了四省的转移支付分类划档和标准制定。江苏、山东、广东三省的转移支付划档均来自其基本公共服务领域财政事权与支出责任划分领域文件，而浙江则自2008年就已建立起二类六档的转移支付体系。相对而言，江苏的省级转移支付补助力度较小，山东和广东的力度较大。山东和广东两省均有暂缓实行事项，江苏则提出制定标准不低于国家标准，浙江实行"三个退出"，强调市场化的重要作用。

从以上三个方面，浙江的省以下财政体制建设较为完善与稳定，向市县分权力度大，转移支付向经济发展落后地区倾斜。浙江在多数改革上都走在前列并沿用至今，表明改革情况向好，市县发展态势较好。在2015年财政体制改革的基础上，也进行了部分新的改革，但根基总体未变。

第二节　四省县级财力均衡状况比较分析

从共同富裕的目标来看，省以下财政体制的安排还需要高度关注市县财力均衡水平，特别是与基本公共服务均等化密切相关的人均财政支出的均衡水平。第一节从制度文件上分析了近年来四省财政体制改革上的差异，本节则侧重用财政数据来具体展现四省市县财政收支均等化水平上的差异。一般来说，经济基本面的差异和收入分成等财政制度均会影响市县财政收入均等化水平，而人均财政收入不均等与转移支付等财政制度决定人均财政支出不均等。以此逻辑，本节首先呈现四省人均财政收支县级均等化水平的差异，其次从经济基本面均等化水平、省级财力集中度和转移支付资金分配的角度初步探讨四省县级财力均等化水平存在差异的原因，最后进行小结。

一　财政收支均等化水平

基尼系数是国内外最常用的衡量收入不均等的指标。本节采用几何法计算基尼系数,并用于计算浙江县级财政收支均等化水平,如式(7-1)所示。

$$Gini_{pro} = \frac{Pop_{county}+1}{Pop_{county}} - \frac{2}{Pop_{county}^2 \times \mu_y} \times \sum_{i=1}^{Pop_{county}}(Pop_{county}+1-i)y_i \quad (7-1)$$

其中,Pop_{county} 为各县人口的加总数,i 表示将每个人按照所在县的财政收支(人均财政收入或人均财政支出)进行排序,μ_y 表示所有县人均财力的均值,y_i 表示第 i 个人所在县的财政收支(人均财政收入或人均财政支出)。式(7-1)对基尼系数按照各县人口进行了加权。若不进行加权,则此处的 Pop_{county} 表示县的数量,i 表示将每个县按其在所有县中的财政收支情况进行排序。

本节使用的数据来自《市场经济的冲击与财政制度的力量——1953 年—2019 年中国县级财力不均等量化历史研究》。1993 年以前的数据来自各县的县志及相关省市级资料,1993—2009 年的县级财力数据来自相关年份《全国地市县财政统计资料》;2010—2019 年的数据来自相关年份《中国县域统计年鉴》。由于县级行政区划包含县、县级市和市辖区等,考虑到属于城市核心区的市辖区与普通的县在经济发展水平等方面差异较大,不具有可比性,因此计算时将区样本排除在外。

对财政收入的均等化水平进行分析。图 7-1 为使用县级数据,按照人口加权计算的各省财政收入基尼系数。在 1953—1975 年,四省的基尼系数较为一致,且均呈下降趋势。1975 年始,浙江的财政收入基尼系数开始下降,并与其余三省逐渐拉开差距,近 40 年来均处于四省最低位,即财政收入均等化水平最高位。1993—2008 年,四省的差距较大,广东县级人均财政收入基尼系数明显更高,2003 年更是达到了 0.56 的水平。反观近 20 年,四省的财政收入基尼系数均有不同程度的上升趋势。山东的最低点在 1995 年出现,为 0.23;浙江的最低点在 2000 年出现,为 0.20;江苏和广东的财政收入基尼系数最低值超过 0.30。以 1953—2019 年四省财政收入基尼系数均值来看，浙江以0.29位列均等化水平第一，其次是山东的0.35，广东达到了0.40。由此，从财政收入基尼系数上看，浙江总体表现较好，财政收入的均等化水平较高，但仍需要警惕自2000年来呈现的不断攀升态势。类似地，图7-2同样为使用县级数据，但未按照人口加权进行计算的各省财政收入基尼系数。比较图7-1、图7-2发现，虽在数值上有一定差异，但四省总体趋势保持一致。

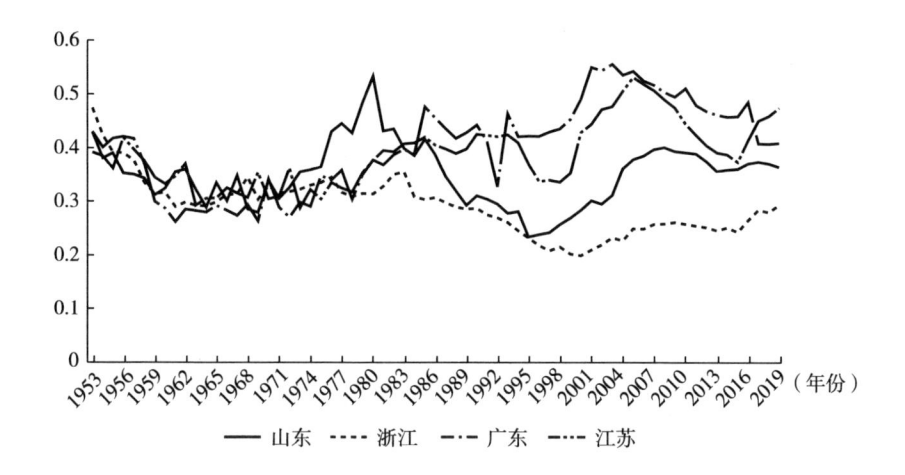

图7-1　四省份县级财政收入基尼系数（按人口加权）

资料来源：根据各县的县志、相关年份《全国地市县财政统计资料》及相关年份《中国县域统计年鉴》，作者整理所得。

考察财政收入差距还可以将收入最高和收入最低省份进行比较。进一步地，本节采用人均财政收入前20%与后20%的比值来衡量四省财政收入维度均等化水平的差异，计算过程如下：首先，对各县的人均财政收入进行排序，计算出前后20%的分位数。其次，根据分位数计算人均财政收入大于前20%分位数的县及小于后20%分位数的县所拥有的人均财政收入占所有县人均财政收入加总的比例。前后20%分位数所占的财力份额的比值能够衡量不均等程度，比值越大，说明前后百分位数所占的财力份额差异越大，不均等程度越高。

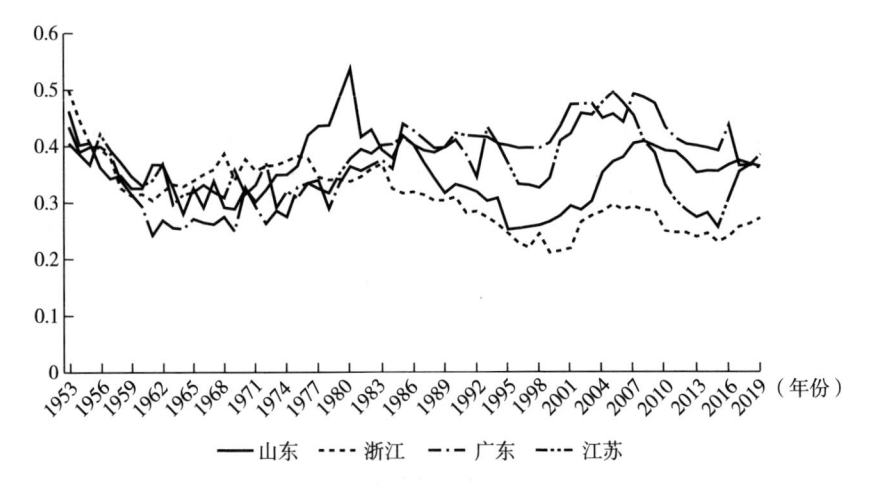

图 7-2 四省份县级财政收入基尼系数（不加权）

资料来源：根据各县的县志、相关年份《全国地市县财政统计资料》及相关年份《中国县域统计年鉴》，作者整理所得。

图 7-3 展示了结果。从时间上看，1980 年前，四省的差异较小，而此后，江苏省内差距扩大明显，广东和山东也有一定程度的上升。

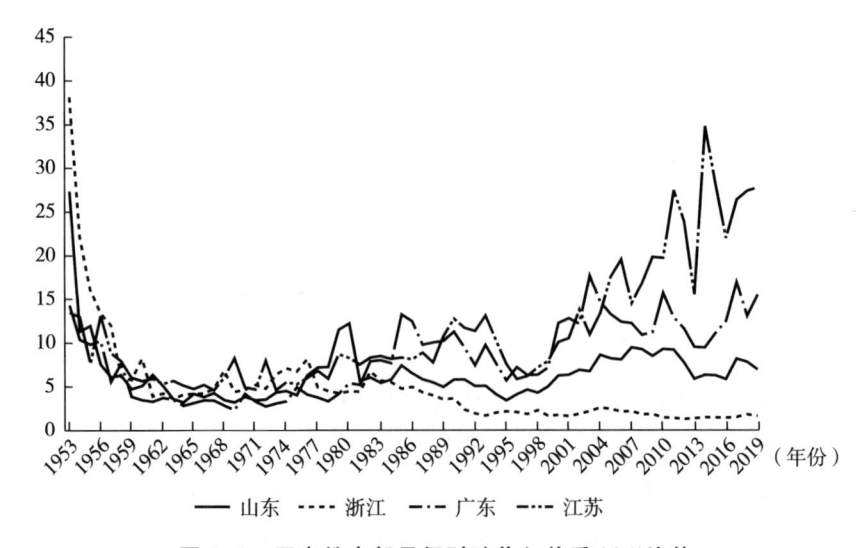

图 7-3 四省份内部县级财政收入前后 20% 比值

资料来源：根据各县的县志、相关年份《全国地市县财政统计资料》及相关年份《中国县域统计年鉴》，作者整理所得。

与财政收入基尼系数类似的是,浙江的表现仍较好,省内前后差距较小,特别是自1980年以来,开始呈现明显的下降趋势。1980年,浙江县域前后20%的财政收入的倍差在4.5倍,2019年该数值已缩小至1.7倍。而江苏在2019年达到了27.8倍,广东也达到了15.5倍。可见,从省内县域收入最高与最低20%比例比值角度,江苏省内差距扩大明显,而浙江呈现逐步缩小的趋势。

下面从财政收入转向财政支出探究四省财政支出均等化水平差异。类似地,图7-4为按照人口加权的财政支出基尼系数。在图7-4时间轴的前半部分,即1953年到20世纪70年代末期,浙江的县域人均财政支出基尼系数持续保持高位,均值达到0.3,财政支出均等化水平均位列四省最低。但在20世纪80—90年代,浙江有了和其他三省不同的、均等化水平显著提高的状态。1970—1990年,基尼

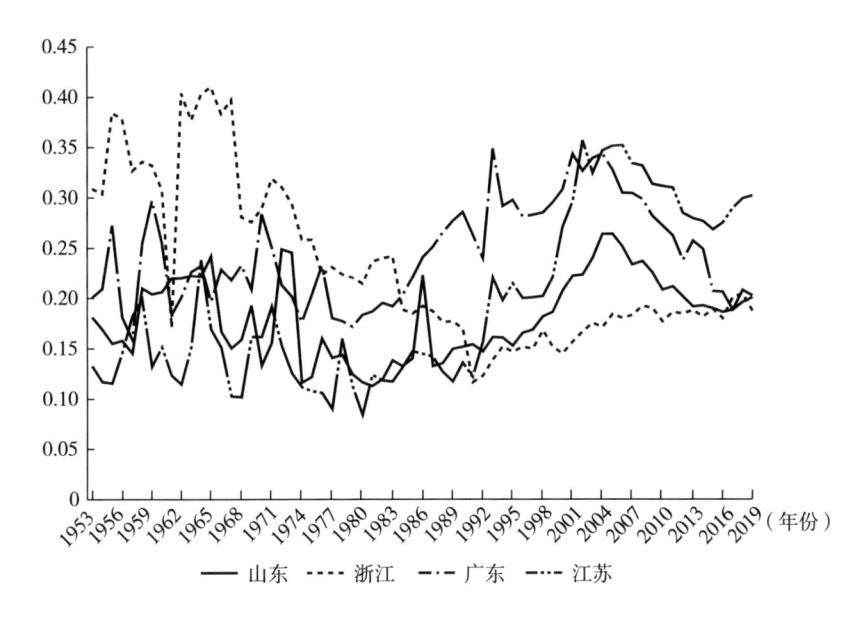

图7-4 四省份县级财政支出基尼系数(按人口加权)

资料来源:根据各县的县志、相关年份《全国地市县财政统计资料》及相关年份《中国县域统计年鉴》,作者整理所得。

系数从 0.29 下降到 0.17，下降了四成多，1991 年更是达到了历年最低值 0.12。然而，与财政收入基尼系数类似的是，浙江近 20 年来的基尼系数均在增加，2019 年已重新达到 0.19，而同期的山东和广东下降明显。在接近 2019 年的几年里，除江苏基尼系数仍较高外，其余三省都集中在 0.2 附近。图 7-5 为未加权的财政支出基尼系数。不加权时，浙江仍显示出近 20 年的基尼系数上升情况。

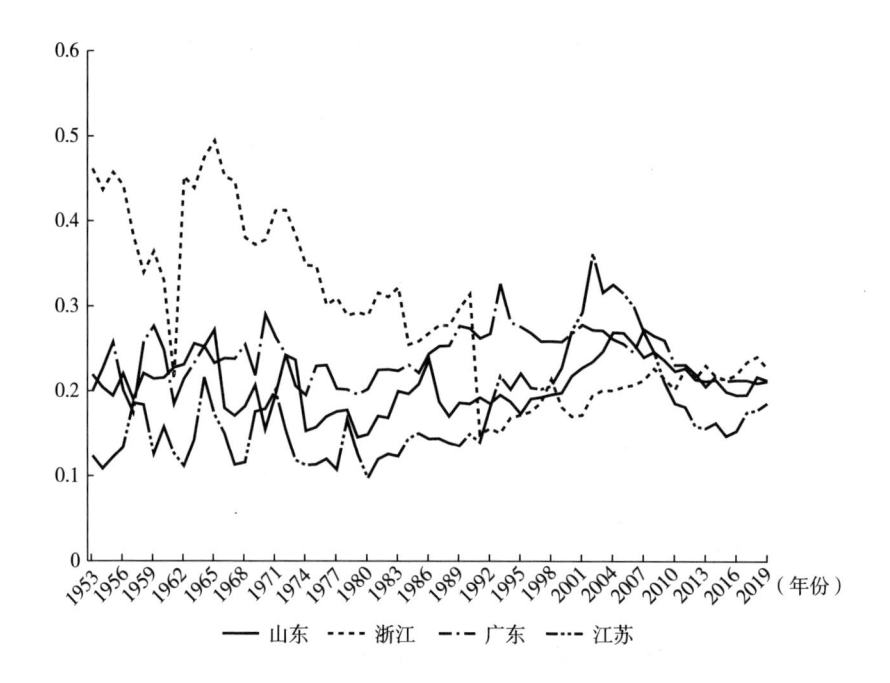

图 7-5　四省份县级财政支出基尼系数（不加权）

资料来源：根据各县的县志、相关年份《全国地市县财政统计资料》及相关年份《中国县域统计年鉴》，作者整理所得。

图 7-6 展示了财政支出前后 20% 比值。近 20 年，浙江均值达到 6.3，而山东仅为 4.4，广东和江苏分别达到了 7.8 和 10.0。浙江最高水平和最低水平的差距较大，财政支出不均等突出。若将财政收入与财政支出基尼系数相比可以发现，无论指标计算方法差异多大，财政支出基尼系数整体上均小于财政收入基尼系数。从收支对比角

度，四省财政支出均等化水平较高。当主要关注浙江时，发现浙江的县域财政收入的均等化水平远高于财政支出均等化水平，但两者在近20年均有均等化水平下降的趋势，特别是在财政支出上，更加值得警醒。

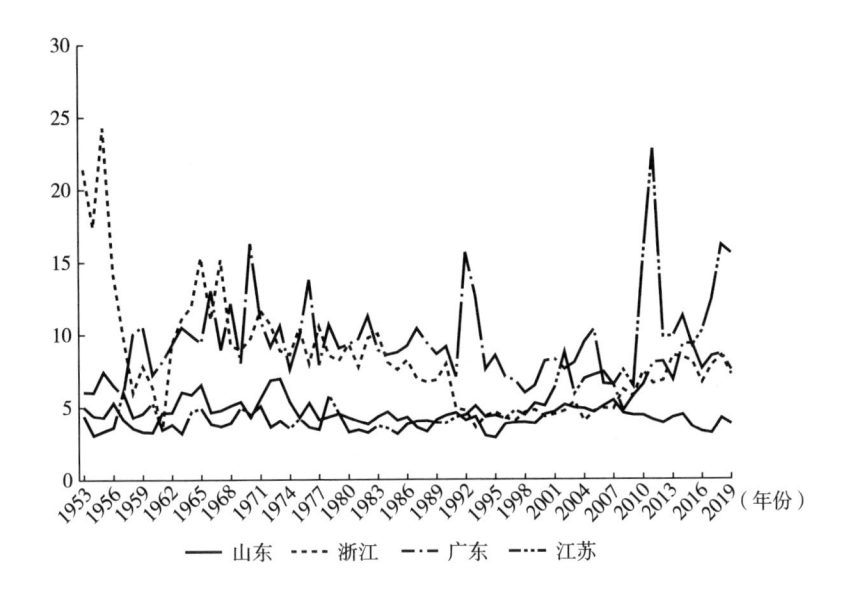

图 7-6 四省份内部县级财政支出前后 20% 比值

资料来源：根据各县的县志、相关年份《全国地市县财政统计资料》及相关年份《中国县域统计年鉴》，作者整理所得。

综上，通过计算财政收入和财政支出基尼系数，从人均财政收支均等化的角度，发现浙江在财政收入上总体表现良好，可以由此判断浙江县域的经济发展和财政收入均等化水平均较高，县域财力差距较小。较为均等的财政收入，使浙江县域人均财政支出的均等化程度自20世纪90年代初以来整体处于较高水平。但需要注意的是，2000年后，浙江县域人均财政支出均等化水平有下降趋势；而广东、山东、江苏则是自2000年以来呈快速恶化趋势，但2005年之后有明显改善。不断提升的财政支出基尼系数和略有上升的财政收入基尼系数需要引起高度关注。

二 县域人均 GDP 均等化水平

为何浙江近 20 年来有如此趋势？首先对县域发展基本面进行分析。图 7-7 为使用 2000—2019 年县级面板数据，参照式（7-1），按照省内各县人均 GDP 以人口加权计算的基尼系数，基尼系数越小，表明地区人均 GDP 均等化水平越高。通过分析四省的基本面表现，可以对其经济状况和均衡发展有最基本的把握。从总体上看，四省的地区生产总值基尼系数在历年来均保持比较稳定的水平，未像财政收入、支出基尼系数有大幅度的波动。分省来看，江苏在 2000—2015 年的人均 GDP 基尼系数最大，但自 2008 年开始，有不断下降的趋势。2008—2019 年，江苏基尼系数下降了 74.5%，也是四省中下降幅度最大的省份。而山东在近 20 年的人均 GDP 基尼系数变化不大，略高于广东，两省几乎处于平行状态。浙江在 2000—2019 年均位于四省最低，并在近三年有略微下降。由此说明，浙江人均 GDP

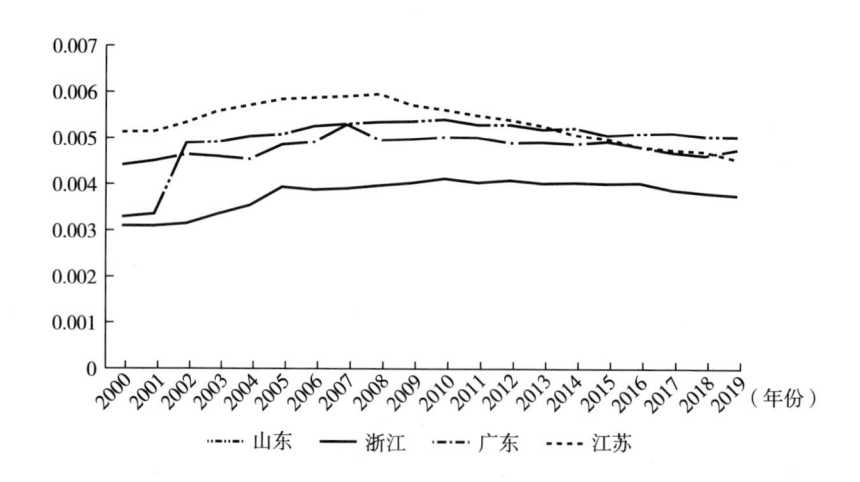

图 7-7 加权的四省份县域人均 GDP 基尼系数

资料来源：根据各县的县志、相关年份《全国地市县财政统计资料》及相关年份《中国县域统计年鉴》，作者整理所得。

的县域差距最小，即基本面上的县域均等化水平比其余三省更高。与县级人均财政收入基尼系数或前后20%之比等指标相对照可以看出，浙江县级人均财政收入均等化水平较高的可能原因之一是县域经济发展更为均衡。

三 省本级财力集中度

进一步地，本节探讨为何近年来浙江的县域人均财政收入均等化程度处于四省最高水平，但人均财政支出均等化水平却较低？县域发展的均衡促使了财政收入的高度均等化，而财政支出均等化的差异则可以从省本级的财力集中度上窥探一二。本节构建"省本级财力集中度"指标，以此衡量省级政府对省及以下地方政府的财力集中情况。囿于数据，指标主要衡量了全省一般公共预算收入中归于省级政府支配的资金比例。据调研，省级政府对下级政府的财力集中主要来源于下级上解收入，省本级收入主要来自一般公共预算收入。由此，"省本级财力集中度"指标计算公式如下：省本级财力集中度=100×（省本级一般公共预算收入+下级上解收入）/全省一般公共预算收入。

计算结果如图7-8所示，2020年，浙江省本级财力集中度为10.49%，为四省最低水平。同在2020年，山东省本级财力集中度为14.96%，江苏为24.19%，广东则高达34.03%，其省本级财力集中度远高于其余三省。2020年，广东省本级一般公共预算收入为3306.9677亿元，同年，山东、江苏、浙江三省仅为183.6571亿元、150.0010亿元和294.5176亿元，相差十余倍。这也从数据上证实，在其余三省均已实现增量"二八分成"的情形下，广东仍保持增值税省与市县收入"五五分享"。而在上解收入方面，2020年，广东、江苏两省均超过1000亿元，浙江仅有466亿元。

"省本级财力集中度"指标较好地反映了省本级的财力集中状况。在四省中，广东的省本级财力相对更为雄厚，且有逐年增强的

```
(%)
40
35
30
25
20
15
10
 5
 0
   2014   2015   2016   2017   2018   2019   2020  （年份）
        —·—· 山东  —— 浙江  —··— 广东  ---- 江苏
```

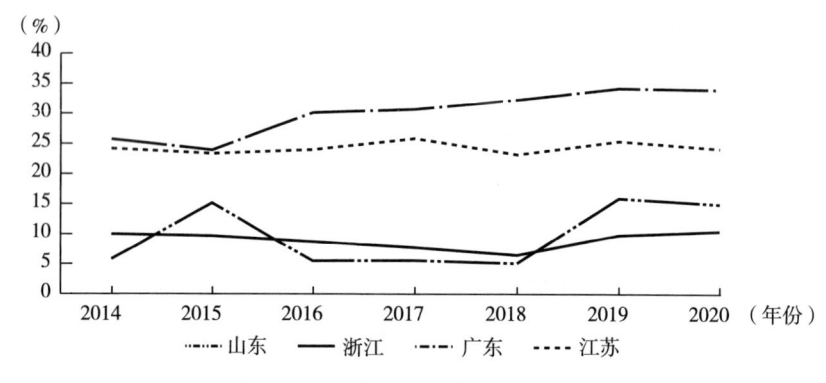

图 7-8　四省份省本级财力集中度

资料来源：根据各省人民政府省级、省本级财政决算文件。各省口径略有差异。

趋势。江苏略低于山东，近年来波动较小。相比之下，山东和浙江省本级财力集中度较低，两省在 2016—2018 年的省本级财力集中度均达到较低水平，但 2019 年之后有上升趋势。与财政收入、支出基尼系数对照来看，省份内部经济发展差距越大，省本级的财力集中度可能也相对较大。此处得出的结论与周黎安和吴敏提出的"下辖行政区域的经济发展不平等程度越高，省本级政府分成的税收比例越多"[①] 一致。即省级政府可能首先通过财政收入集中的方式，上收部分财力，再企图利用转移支付的方式，对财政收入进行再次分配，力求达到一定的"抽肥补瘦"的效果。浙江较低的省本级财力集中度可能限制了较大力度的转移支付，使财政支出基尼系数较大。后续将继续探索各省转移支付的重要作用。

四　转移支付

一般来说，如果要使各县的财力达到均衡，那么对原本财政收入低的地区，省级政府要加大转移支付力度。已有研究证实，转移支付能降低公共支出的融资成本，如果地方官员将转移支付资金用于

[①] 周黎安、吴敏：《省以下多级政府间的税收分成：特征事实与解释》，《金融研究》2015 年第 10 期。

更好地满足辖区居民的各类需求,那么转移支付在一定程度上可以刺激地方政府更积极地提供公共服务。① 于是,本节将用数据对各省转移支付实际力度进行衡量。

由于转移支付数据确实较多,首先以地级市层级的数据进行展示。为了体现均等化水平,图7-9同样采取了人均指标的方法,展示了2020年浙江和山东人均转移支付收入与人均一般公共预算收入的数值。2020年,浙江各地级市人均一般公共预算收入为11271元/人,人均转移支付收入为4439元/人,支出占收入的比值为39%。而山东省以上数值分别为6735元/人、3559元/人和53%。相比之下可以理解为,浙江的财政收入水平高,但转移支付水平并没有达到和财政收入一样的高度。这和表7-10体现的结论一致,山东在转移支付设计和实际数据上,都展现出了较大程度的省级支持力度。收支相比,浙江的转移支付相对更少一些。

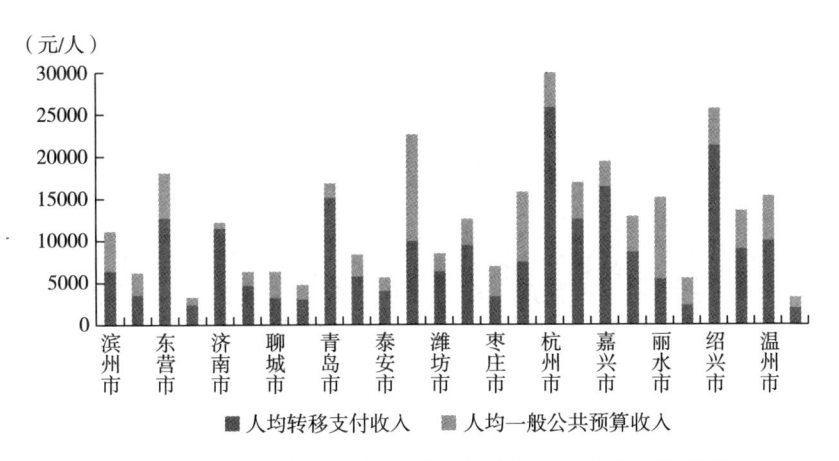

图7-9 浙江和山东2020年转移支付收入与一般公共预算收入

资料来源:转移支付收入=一般性转移支付收入+专项转移支付收入。浙江省转移支付数据来自浙江省财政厅,其余数据均来自Wind数据库。江苏省与广东省缺失数据较多,在此不予展示。

---

① 毛捷、吕冰洋、马光荣:《转移支付与政府扩张:基于"价格效应"的研究》,《管理世界》2015年第7期。

此外，两省的共同点是：人均一般公共预算收入越高的地级市，人均转移支付收入越低；人均一般公共预算收入越低的地级市，人均转移支付收入越高；但两者也并非是收入最低、转移支付收入就最多的极端相关关系。如山东省会济南市，人均一般公共预算收入为11372元/人，人均转移支付收入仅为759元/人，青岛市也类似。浙江省会杭州市，人均一般公共预算收入为25723元/人，人均转移支付收入仅为4140元/人，嘉兴市同样类似。在浙江省内，位列人均一般公共预算收入较靠后的丽水市，人均转移支付收入最高，其人均一般公共预算收入为5313元/人，人均转移支付收入高达9762元/人，转移支付占一般公共预算收入的比重高达184%。同样财政收入较低的衢州市，该比重也达到了140%。山东则对威海市的补助力度最大，比重达到了129%，其次是淄博市，为113%。图7-10展示了2019年的数据，与2020年的结果较为类似。

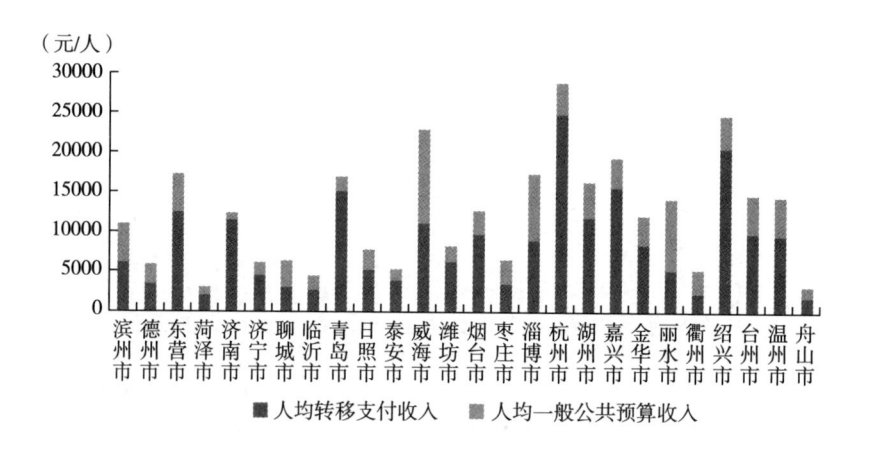

图7-10 浙江和山东2019年转移支付收入与一般公共预算收入

资料来源：浙江省转移支付数据来自浙江省财政厅，其余数据均来自Wind数据库。江苏省与广东省缺失数据较多，在此不予展示。

进一步地，使用县级数据窥探一二。表7-12展示了2019—2021年浙江分市县人均转移支付情况，第一列为2019年转移支付系数改革后各县位于的档次类别、转移支付数据并按 2021 年的数值进行了降序排列。

整体上看，转移支付系数的划档和各县市真实收到的转移支付数额是匹配的。位于二类二档的瑞安市，2021 年人均转移支付收入为 1488.80 元/人，而位于一类一档的景宁县该数值高达 15629.10 元/人，倍差达到 10 倍以上。转移支付收入最高的县为嵊泗县，超过 20000 元/人。总体上，财政压力大、经济发展较为落后的县，明显受到省级财政转移支付更多的倾斜。而从时间上看，3 年间，2020 年的转移支付均值最高，为 7415 元/人，2019 年和 2021 年分别为 5633 元/人和 6036 元/人。

表 7-12　浙江 2019—2021 年省对县（市）人均转移支付

单位：元/人

转移支付划档	县（市）	2019 年	2020 年	2021 年
一类二档	嵊泗县	16930.07	20839.38	21060.17
一类二档	云和县	13357.22	16525.25	16284.60
一类一档	景宁县	14716.15	26422.14	15629.10
一类一档	庆元县	11208.99	18520.39	12258.32
一类一档	开化县	8937.33	15066.51	11896.85
一类二档	岱山县	12232.63	10352.61	11749.31
一类二档	遂昌县	10412.86	13191.92	10620.62
一类一档	松阳县	9452.28	12914.41	10442.03
一类二档	龙泉市	9598.01	12134.98	9830.33
一类二档	磐安县	9427.25	11960.23	9738.17
一类一档	淳安县	8437.54	15286.04	9202.81
一类一档	泰顺县	7297.69	11735.13	8520.72
一类二档	常山县	6584.60	11809.07	7710.40
一类一档	文成县	7174.10	12794.19	7247.47
一类二档	武义县	6404.33	7525.05	6727.87
一类二档	缙云县	6253.54	8535.66	6378.27

续表

转移支付划档	县（市）	2019年	2020年	2021年
一类二档	龙游县	5590.36	6773.35	5729.99
一类三档	三门县	5124.26	7495.59	5441.78
一类二档	青田县	4650.39	8978.63	5336.34
一类二档	江山市	5139.18	7091.44	5171.47
一类二档	仙居县	5035.14	8260.91	5161.27
二类一档	安吉县	4953.38	4809.07	5110.80
二类一档	建德市	3871.35	6239.95	4934.35
二类一档	桐庐县	3640.50	4451.57	4651.27
二类一档	浦江县	3749.47	4724.90	4169.54
一类三档	平阳县	4147.95	5305.92	4125.13
一类二档	天台县	4495.43	6784.81	4071.65
二类二档	长兴县	3457.67	3789.28	3973.36
一类三档	兰溪市	3159.94	5247.65	3908.28
二类二档	嘉善县	3597.42	2843.50	3900.45
二类一档	新昌县	3904.66	4680.45	3895.49
二类二档	玉环市	3292.41	2089.44	3879.89
一类二档	永嘉县	3716.05	4829.64	3747.40
二类二档	德清县	5104.81	3818.47	3560.84
二类一档	临海市	3257.40	3447.29	3370.17
二类二档	义乌市	2564.33	1640.71	3094.84
一类二档	苍南县	3259.87	3796.02	3045.06
二类二档	海盐县	3839.86	2602.49	3036.38
二类一档	东阳市	2556.46	3199.85	2942.85
二类一档	嵊州市	2744.67	3489.40	2603.79
二类二档	平湖市	2242.00	1826.75	2510.58
二类二档	海宁市	2578.32	1879.25	2437.51
二类二档	温岭市	2524.71	2041.48	2126.72
二类二档	桐乡市	2769.98	1918.80	1884.82
二类二档	永康市	2090.88	1549.58	1836.84
二类二档	诸暨市	1666.46	1672.77	1691.43
二类二档	乐清市	1717.34	1588.44	1578.28

续表

转移支付划档	县（市）	2019 年	2020 年	2021 年
二类二档	瑞安市	1506.66	1445.56	1488.80

资料来源：浙江省财政厅提供。

由此可以回答为何浙江财政收入均等化水平高，但财政支出均等化水平较低。第一，从财政体制设计上看，浙江实现了较大程度的省向市县分权，引导市县发展积极性，这同时促进了县域地区生产总值和财政收入均等化水平的提高。第二，从数据上看，在转移支付的倾向性上，各省均对自身财力较弱的地区给予了强度更大的补助，以实现省以下地区间的财力均衡，但力度有所差异。浙江的省本级财力集中度较小，其转移支付数值和财政收入相比，显得相对更小。第三，财政收入和转移支付匹配不协调，导致转移支付"抽肥补瘦"的力度弱化，县域财政支出均等化程度不高。由此得到的启示是：分权带来的经济增长并不是完全均衡的，为实现各个层面的均衡，还需要省级政府的统筹。分权导致省级财力弱化，进而导致转移支付无法与经济发展同步，是分权体制可能存在的缺陷之一。

第三节　对浙江省省以下财政体制改革进展的总体评价

高质量发展建设共同富裕示范区是习近平总书记亲自谋划、亲自定题、亲自部署、亲自推动的重大战略决策，是习近平总书记、党中央赋予浙江的光荣使命。本章从完善省以下财政体制的角度出发，以浙江为主要研究对象，并加以江苏、广东、山东三省的对比，得出以下结论与建议。

第一，从四省财政省直管县体制改革和财政收入分成的情况来看，浙江、江苏和山东三省向省以下财政分权的意图较为明显，浙江在财政分权的时间和力度上均走在最前列，而广东相对而言没有明显的分权体现，反而有一定的集权化倾向。类似地，从基本公共服务领域财政事权和支出责任划分上看，广东和山东都突出强调了省政府的统筹作用。这与四省自身的省以下发展差异有根本性关系。

第二，从财政数据上看，浙江在县域人均地区生产总值和人均财政收入上的均等化水平较高，由此进一步促使县级人均财政支出均等化步入较高水平。但近年来，县级人均财政支出均等化程度有下降趋势，这可能与省本级的财力集中度有关。浙江对市县放权力度较大，省本级的财力较弱，而省本级政府的财力会影响其对下级地方政府的转移支付强度。得到的启示是，转移支付要与经济发展同步，两者的配合可以使财政收支均等化水平更上一个台阶。

第三，从浙江转移支付体系促进共同富裕的具体举措上看，在县级层面，有促进经济发展的奖补政策、绿色发展财政奖补机制及"二类六档"的转移支付分档；在地级市层面，则建立了区域统筹发展激励奖补政策，鼓励地级市加大对所辖县（市）的投入。浙江从地级市和县级两个政府层级入手，从激励和补助两种层次展开，一方面有助于提高地级市的竞争力，另一方面也能促进省域内各市县的均衡发展。

公共财政取之于民、用之于民，保障和改善民生是公共财政的根本职责。依据前文分析，下面对浙江促进共同富裕的省以下财政体制建设提出相关政策建议。

省以下发展积极性与均衡性两手抓，促进地级市与县（市）协调发展。进一步理顺省与市县收入划分，构建权责清晰、财力协调、区域均衡的省与市县财政关系。首先，在夯实共同富裕的经济基础上，要坚持走分税制的道路，根据税费属性合理划分收入，保护和调动市县发展积极性。其次，从发展积极性的角度，税收分成比例的提高将直接引致地方政府生产性公共支出的增加[①]，在增量"二

---

① 马光荣、张凯强、吕冰洋：《分税与地方财政支出结构》，《金融研究》2019年第8期。

八分成"等财政分权的基础上,完善财政收入奖补机制,将奖补资金向高质量发展的地区倾斜,优化地区发展格局。同时,在财政上要避免"平均主义"的出现,否则会阻碍地区的发展。最后,从发展均衡性角度,在贯彻财政省直管县体制的基础上,适度加大对地级市的配套财政政策,在一些省级政府"鞭长莫及"的领域,要充分发挥地级市更了解自身所辖县(市)的作用。根据税费属性合理划分收入,保护和调动市县发展积极性,夯实共同富裕的经济基础。

优化基本公共服务均等化实现路径,进一步提升均等化水平。据财政部《支持浙江省探索创新打造财政推动共同富裕省域范例的实施方案》,浙江要探索建立目标明确、步骤清晰、水平合理、保障到位的基本公共服务均等化保障政策框架,逐步健全基本公共服务保障标准体系,完善与经济发展阶段和财力水平相适应的基本公共服务保障标准确定机制和动态调整机制,推进基本公共服务更加普惠均等可及,保障标准和服务水平稳步提高。此外,结合省级财政专项资金的"三个退出",浙江可以创新供给方式,增加公共服务供给主体,通过多主体竞争有效降低公共服务成本,让发展成果惠及全体人民。[①] 财政应坚持尽力而为、量力而行,但不能一味地靠加大财政投入来增加公共产品的供给,而要更多地依靠体制机制创新,充分发挥市场和社会的力量,促进均等化水平的进一步提升。

调动省以下生态保护积极性,增强绿色发展内生动力。"绿水青山就是金山银山",浙江推进的绿色发展财政奖补机制取得的成效,证实了绿色发展的重要性。张占斌和毕照卿指出,要以体制机制、环境执法等系统性建设为生态文明建设保驾护航,促进经济社会发

---

① 刘培林等:《共同富裕的内涵、实现路径与测度方法》,《管理世界》2021年第8期。

展全面绿色转型。① 由此，可以继续引导浙江加大生态保护补偿资金投入力度，因地制宜出台生态保护补偿引导性政策和激励约束措施。同时，中央也支持浙江省财政部门研究有关碳达峰碳中和的财政奖惩政策，将能耗强度、碳排放强度指标完成度和财政资金奖惩挂钩，围绕能源等重点领域，实施一揽子财政政策，力争为实现碳达峰碳中和的目标提供坚实支撑。此外，持续推动扩围试行与生态产品质量和价值相挂钩的财政奖补机制，完善山区26县发展实绩考核奖励机制，按绩效合理分配财政资金。拓宽"绿水青山就是金山银山"的转化通道，在财政的合力之下，充分调动省以下政府的主观能动性，绘好新时代的"富春山居图"。

完善省以下转移支付制度，适度增强省级调控力度。现有的税收和转移支付制度在调节收入分配上发挥着有限的作用。② 浙江基于已有的转移支付"二类六档"分类分档，根据各县（市）发展，要动态调整转移支付分档体系。特别地，在浙江财政支出均等化水平不断走低的情况下，更要合理分配财政资金，可以适当增强省级的财力，有利于进一步统筹省以下的财力。提升省级财政统筹资源能力，更好地发挥省级财政的均衡作用，强化财政体制"扩中""提低"的政策功能。同时，建立健全常态化财政资金直达机制，更加精准高效直接惠企利民。完善现代财政制度，强化其保障社会公平的再分配功能，是在高质量发展中促进共同富裕的重要条件。③ 总之，要加快建成具有浙江特色的现代财税体制，构建更加高效的整体智治财政治理体系，为全国提供更多浙江经验、浙江样板。④

---

① 张占斌、毕照卿：《经济高质量发展》，《经济研究》2022年第4期。
② 李实、朱梦冰：《推进收入分配制度改革 促进共同富裕实现》，《管理世界》2022年第1期。
③ 闫坤、史卫：《中国共产党百年财政思想与实践》，《中国社会科学》2021年第11期。
④ 尹学群：《以走在前列的政治担当奋力扛起共同富裕示范区建设探路者和模范生的政治责任》，《中国财政》2022年第6期。

第八章　推进预算绩效管理

"探索建立现代预算管理制度先行示范"是浙江先行先试的一项重要使命内容，是财政部《支持浙江省探索创新打造财政推动共同富裕省域范例的实施方案》明确指出的一项重要工作任务。建立现代预算管理制度是国家治理体系和治理能力现代化的组成部分和必然要求。健全现代预算制度是推进中国式现代化的重要保障，其中，预算绩效管理尤为关键。2018年，中共中央、国务院印发《关于全面实施预算绩效管理的意见》，指出"全面实施预算绩效管理"是完善预算管理制度"推动财政资金聚力增效、提高公共服务供给质量、增强政府公信力和执行力"的"关键点和突破口"。预算绩效是指由于预算的实行所产生出来的相应的效益，即预算资金所达到的产出和结果。预算绩效管理是一种对预算管理、资源配置、节约成本、提高公共产品质量和公共服务水平的预算管理模式，强调以支出结果为导向，要求在预算编制、执行过程中更加关注预算资金使用所产生的实际效果。通俗来说，预算绩效管理是为让政府"花尽量少的钱、办尽量多的实事"。

从改革方案层面看，《浙江高质量发展建设共同富裕示范区实施方案（2021—2025年）》要求："加强财政预算绩效管理和中长期规划管理，提高各级财政对高质量发展建设共同富裕示范区的中长期保障能力"。财政部《支持浙江省探索创新打造财政推动共同富裕省域范例的实施方案》明确指出："推进预算与绩效的深度融合。深化部门整体预算绩效改革,深入推进部门单位行政绩效与预算绩效有机融合。建立集中财力办大事财政政策期中评估机制,加强财政政策全面绩效审查。将绩效管理理念和方法深度融入预算管理流程,实施重大政策、重大项目全生命周期绩效管理,完善重大政策、重大政府投资项目事前论证评估机制。建立重大项目绩效目标实质性审核机制,健全绩效评价和激励约束机制,将绩效管理成果作为预算安排的重要依据"。

因此,本章着眼于浙江预算绩效管理改革与实践,展现浙江预算绩效管理不断改革完善的历史过程、推进经验,结合预算绩效管理全过程(事前绩效评估、绩效目标管理、预算绩效运行监控管理、预算绩效评价)展示浙江做法、总结浙江经验,并尝试探讨亟须补强的不足之处及可能的改革方向,进一步优化全过程预算绩效管理,为建设共同富裕示范区"保驾护航"。

第一节 浙江省预算绩效管理的基本情况

一 浙江省预算绩效管理发展历程

2003年,浙江在全国率先开展财政支出绩效评价。2005年3月财政厅撤销统计评价处,同年4月成立了绩效评价处。历经十多年的改革,浙江于2012年年初步建立了"预算编制有目标,预算执行有监控,项目完成有评价,评价结果有应用"的全过程预算绩效管理模式,成效显著。浙江预算绩效管理改革一直走在全国前列,大体上可以分为以下五个阶段。

(一)起步阶段(2003—2005年)

2003年党的十六届三中全会通过了《中共中央关于完善社会主义市场经济体制若干问题的决定》,指出"要推进财政管理体制改革,健全公共财政体制"。这是中央第一次在正式文件中提及绩效评价。2004年5月,在中央文件精神的指示下,时任省长在省级财政专项资金管理工作座谈会上明确指出，从2004年下半年开始，省财政厅必须要对省级财政专项资金进行财政绩效评价。专项资金不能白给，一定要和产出一起挂钩，拿出与产出相对等的效益。2005年，在省政府指导下，浙江省人民政府办公厅下发《关于认真做好财政支出绩效评价工作的通知》并组建了绩效评价处，由绩效评价处专门负责制度起草、培训、宣传、绩效预算评价等工作。当年，绩效评价处制定了《浙江省财政支出绩效评价办法（试行）》，统一规范了全省绩效评价制度，使绩效评价有章可循。

（二）探索阶段（2006—2009年）

从2006年开始，浙江绩效预算改革进入制度建设阶段。首先，针对省厅和财政系统部门，浙江省财政厅下发了《关于加强财政支出绩效评价结果应用的意见》《浙江省财政支出绩效评价实施办法》。文件着重从结果反馈、信息报告、结果应用三个层面，分别制定了结果的反馈机制、评价信息的报告机制与部门预算的激励机制。从2006年开始，短短四年，全省各地出台了343项各类绩效管理制度，全省绩效管理的制度框架初步搭建完成。其次，引入第三方评价机制，在制度层面上，浙江省财政厅制定了《浙江省中介机构参与绩效评价工作暂行办法》《浙江省财政支出绩效评价专家管理暂行办法》。在操作层面上，浙江于2006年便着手建立省级绩效评价专家库、全省参与绩效评价中介机构库、绩效评价指标库。仅四年时间，该数据库就涵括了346家中介机构，1200多位专家学者，15类48款共185个项目评价指标体系。

（三）转型阶段（2010—2011年）

2010年是浙江绩效预算改革转型的一年，绩效预算改革从绩效评价逐渐转向全过程的绩效管理。2010年时任浙江省副省长在全省财税工作会议上指出，绩效管理是财税工作的重点，从预算管理到跟踪评估循序渐进，并根据绩效预算管理来反思支出结构，所有的专项资金都要根据绩效预算管理的结果进行调整优化。会议反映出了政府进一步实行绩效预算改革的决心，并把绩效预算改革从绩效评价转到全过程管理。

在政府职能安排上，浙江省绩效评价处进行职能调整，更名为"绩效管理处"。更名意味着绩效评价职能得到强化，管理范围扩大。2011年年底，全省市、县一级部门全部设立了绩效预算管理部门。浙江省政府则于2011年7月底成立了由省委组织部、发改委、监察厅、财政厅、编委办、人力社保厅、法制办、审计厅、统计局九个部门组成的绩效预算管理工作联席会议制度，协助省政府实行绩效预算。在制度安排上，浙江省财政厅下发《省级部门预算绩效管理工作考核办法（试行）》，其预算绩效管理工作考核主要包括绩效目标、指标体系、绩效自评、实际绩效、明确职能、制度培训、结果应用、资料报送八个方面内容，并要求从2011年起省级各部门开始实行。到2011年年底，浙江已经对13569个项目实施了绩效评价，覆盖资金达2226亿元。财政部门为进一步推进绩效预算改革，每年委托中介机构对1—2个省重点评价项目实施绩效预算评价。

（四）改革阶段（2012—2017年）

2011年，财政部印发《财政部关于推进预算绩效管理的指导意见》，明确指出要逐步建立"预算编制有目标、预算执行有监控、预算完成有评价、评价结果有反馈、反馈结果有应用"的预算绩效管理机制。过去浙江绩效预算全过程绩效管理改革思路大体上与财政部文件指示精神符合。经过七年多的探索和实践，浙江预算绩效管理工作已走在全国前列，具备全面推进该项工作的条件和基础。在时任浙江省省长夏宝龙的支持下，浙江绩效改革进入快车道。2012年，浙江省人民政府下发《浙江省人民政府关于全面推进预算绩效管理的意见》，目标是建立"预算编制有目标、预算执行有监控、预算完成有评价、评价结果有应用"的预算绩效管理运行机制。

技术层面上，浙江省财政厅开发预算绩效管理信息系统，构建事前、事中、事后全过程的预算绩效管理系统。在制度层面上，重点围绕预算编制、预算执行、预算监督制定相关考核文件，部署工作。2012年，部门项目绩效自评制度在省级部门实现全覆盖。财政部门专门针对绩效目标管理展开流程规范工作。财政部门要求300万元及以上的部门项目，省级各部门需开展项目绩效自评；300万元以下的部门项目，需要选择至少一个项目开展项目绩效自评。2012年，浙江111个省级部门的220个项目开展了项目绩效自评，实现了项目绩效自评省级部门的全覆盖。与此同时，浙江省绩效管理处通过印发案例与指导规范，指导省级各部门有序开展绩效目标审核工作。省级部门所有项目支出都必须要编报细化的绩效目标，并通过"二上二下"的绩效目标审核程序制度，由主管部门、财政部门、审核部门三者共同设立绩效预算目标。此举打破了财政部门与主管部门分别设立绩效目标的局面，使绩效目标管理趋于科学化、细致化。同年，省绩效管理处对人大审查商务厅与文化厅实施的六个部门项目的绩效目标展开重点审核。到2014年，浙江省政府出台专门文件，将绩效预算管理纳入部门的年度考核体系，强化绩效预算对部门的约束。到2015年，财政厅规范省级绩效目标填报框架，要求所有部门必须根据绩效目标框架申报预算，绩效目标管理所涉及财政资金达760.65亿元。

（五）升级阶段（2018年至今）

2018年在中共中央、国务院的决策部署下，根据省委、省政府的《中共浙江省委 浙江省人民政府关于全面落实预算绩效管理的实施意见》（以下简称《实施意见》），浙江预算绩效管理工作进入了提质增效、扩面升级的新阶段。浙江省财政厅按照"划清边界、理清事权、做好蛋糕、集中财力办大事"的理财思路和"保基本、守底线、促均衡、提质量"的理财要求，紧紧围绕提高财政资源配置效率和使用效益的目标，结合浙江实际，聚焦构建以绩效为核心的集中财力办大事财政政策体系和资金管理机制，积极推进"全方位、全过程、全覆盖"预算绩效管理体系建设，逐步完善"预算编制有目标、预算执行有监控、预算完成有评价、评价结果有应用、结果应用有问责"的全过程预算绩效管理运行机制。

具体来看,在提质增效上,一是在已有的实践经验和规章制度的基础上,对各规章制度进行新一轮动态更新,与时俱进,提高文件质量,细化、强化具体管理内容。二是坚持"重构预算绩效管理体系""让绩效在资源配置中发挥更大作用"的理念,着力深化预算绩效管理。浙江省财政厅于2021年年初成立了由厅主要负责人任组长、其他厅领导为副组长,厅内业务处室及各市财政局共同参与的深化预算绩效管理改革领导小组,全面统筹谋划预算绩效管理改革,并印发了《关于进一步深化预算绩效管理改革的实施意见》,梳理出8个方面27项改革任务清单,组织各地积极申报改革试点项目,通过组织试点方案视频交流会议、举办"绩效西湖论剑"、召开深化改革试点工作进展情况集中研讨及改革经验交流现场会等方式,对试点工作中呈现出来的难点、痛点和堵点问题,作出具体性的指导,持续推进改革。2021年,全省各级财政部门大胆探索、积极创新,全省90个市县区共计实施了158项改革试点,在积极探索事前绩效评估机制、优化预算绩效管理机制、促进重点项目绩效评价提质增效、推进绩效评价结果得到有效运用等方面纷纷拿出实招硬招,形成了百花齐放的省市县联动局面,预算绩效管理改革跑出了加速度。三是加大绩效成果应用力度。浙江绩效成果与预算安排和政策调整挂钩的机制、绩效评价结果反馈整改机制、评价结果公开机制等结果应用机制进一步完善。2019年对45个绩效自评结果为"差"、23个抽评结果为"一般"和"差"的项目不再安排2020年预算;2020年对17个绩效自评结果为"差"、28个绩效抽评结果为"一般"(27个)和"差"(1个)的项目不再安排2021年预算。

围绕扩面升级,一是按照《三年行动计划》,对之前未作出细化规定的流程出台省级文件加以指引,扩大绩效管理在预算编制、执行、审核中的使用范围,构建完善了具有浙江特色的"1+2+N"预算绩效管理制度体系。二是不断扩展绩效评价范围,进一步实现绩效管理向"四本预算"全面覆盖。2019年开展彩票公益金及业务费重点绩效评价,将评价范围进一步拓展至政府性基金领域;2021年首次开展省级国有资本经营预算项目绩效目标实质性审核。三是实现省级部门自评抽评全覆盖。2020年省级层面组织开展4405个省级项目绩效自评,采取随机选取的方式确定抽评项目442个,抽评率超过10%;全省所有市县(市、区)均实现项目支出绩效自评全覆盖,除缙云县财政局外,其余88个市县财政部门抽评率均达到10%。2021年省级层面组织开展5688个省级项目绩效自评,采取随机选取与业务处室推荐相结合的方式确定抽评项目600个,抽评率超过10%。

二 浙江省预算绩效管理政策法规

(一)浙江省委、省政府部署文件

2005年10月,浙江省人民政府办公厅下发《关于认真做好财政支出绩效评价工作的通知》,为全省财政支出绩效评价工作确立了基本制度依据。2005年以来,浙江按照"先易后难、由点及面、稳步推进"的原则,积极探索财政支出绩效评价,逐步推进全过程预算绩效管理。在2012年6月浙江省人民政府印发了《关于全面推进预算绩效管理的意见》。2018年《中共中央 国务院关于全面实施预算绩效管理的意见》印发后,浙江省委、省政府高度重视其贯彻落实情况,并出台《实施意见》。

《实施意见》明确指出了全面实施预算绩效管理"1+3+5"的总体要求。"1"——2019年年底全省建立以绩效为核心的财政政策体系和资金管理机制。"3"——省级层面到2020年年底、市县层面到2022年年底基本建成全方位、全过程、全覆盖的"三全"预算绩效管理体系。"5"——完善预算编制有目标、预算执行有监控、预算完成有评价、评价结果有应用、结果应用有问责的"五有"全过程预算绩效管理运行机制。为确保目标落实,《实施意见》进一步指出了具有浙江特色的七大创新举措。

一是构建集中财力办大事的财政政策体系。聚焦聚力三大攻坚战、富民强省十大行动计划等党中央、国务院和省委、省政府重大决策部署,综合运用一般公共预算等预算资金以及政府产业基金等政策工具,增加对重大领域、重大项目的投入,建立以绩效为核心的集中财力办大事财政政策体系和资金管理机制。

二是推进部门整体绩效预算改革,建立与部门整体绩效相挂钩的预算分配机制,调动部门和单位预算绩效管理积极性,全面提升部门和单位整体绩效水平。

三是建立新增重大政策和项目事前绩效评估负面清单。建立事前绩效评估机制,进一步细化评估标准、硬化条件,避免或者减少因决策随意性造成的财政资金重大损失浪费现象的发生。

四是全面实施多层次的绩效评价体系。完善部门自评与财政再评价（重点评价）相结合的评价模式,加快推动从政策（项目）评价全覆盖向部门整体绩效评价、对下级政府财政运行综合绩效评价的拓展,稳步提升绩效评价层级。

五是强化财政专项资金预算绩效管理。硬化财政专项资金的绩效评价以及评价结果应用,解决专项资金政策碎片化、资金分配固化等问题,再创浙江体制机制优势。

六是进一步强化绩效监督问责,按照《中共浙江省委关于推进清廉浙江建设的决定》精神,严肃查处财政资金低效无效、造成重大损失浪费的行为。

七是进一步厘清绩效信息公开的主体责任,推动和促使各地各部门从"要我绩效"向"我要绩效"转变。

（二）浙江省财政厅出台的规章制度

2005年以来,浙江省财政厅先后制定出台了《浙江省中介机构参与绩效评价工作暂行办法》《浙江省财政支出绩效评价实施意见》

《浙江省财政支出绩效评价专家管理暂行办法》和《浙江省财政支出绩效评价工作考核办法（试行）》等一系列配套制度，对绩效评价工作程序、评价指标和标准、组织方式与评价方法等作了明确规定。

2018年《中共中央 国务院关于全面实施预算绩效管理的意见》与《实施意见》出台后，财政厅进一步明确全面实施预算绩效管理的路线图和时间表，细化各项工作任务和责任分工，印发《浙江省全面落实预算绩效管理三年行动计划（2019—2021年）》（以下简称《三年行动计划》），逐步完善"预算编制有目标、预算执行有监控、预算完成有评价、评价结果有应用、结果应用有问责"的全过程预算绩效管理运行机制。《三年行动计划》在多个方面体现出浙江特色的创新之处。

一是构建以绩效为核心的集中财力办大事财政政策体系。通过全面清理整合现行财政政策，系统构建以绩效为核心的集中财力办大事财政政策体系和资金管理机制，将有限的财力用在高质量发展的大事上，发挥财政资金最大效益。

二是积极探索部门整体绩效预算改革。赋权与强化责任并重，通过建立与部门整体绩效相挂钩的预算分配机制和奖惩机制，调动部门和单位预算绩效管理工作的积极性，推动提高部门和单位整体绩效水平。

三是建立新增重大政策和项目事前绩效评估负面清单。根据浙江防范化解隐性债务风险的有关规定，对资金未落实、资金来源不明确或者未通过债务风险评估的政府投资项目和政策的事前绩效评估列出"不得列入年度计划、暂缓或停止出台"的负面清单，进一步细化标准、硬化条件，便于绩效评估制度执行，尽可能避免因决策随意性造成的财政资金重大损失浪费现象的发生。

四是建立多层次绩效评价体系。明确指出各部门各单位对预算执行情况以及政策、项目实施效果全面开展绩效自评，各级财政部门建立重大政策、项目预算绩效评价机制，逐步开展部门整体绩效评价，对下级政府财政运行情况实施综合绩效评价，必要时可以引入第三方机构参与绩效评价。

五是对财政专项资金绩效评价工作提出更高要求。进一步强化以绩效为核心的财政专项资金管理机制，更好地解决政策碎片化、财政专项资金绩效不高和资金分配固化等问题，再创浙江体制机制优势。明确指出要健全财政专项资金定期评价和退出机制，加强对社会关注程度高、对经济社会发展具有重要影响、关系重大民生领域的重点项目绩效评价，进一步强化绩效评价结果在财政专项资金分配和调整中的应用，未达成预期绩效的，视情况予以削减或扣回。

对标《三年行动计划》，财政厅陆续出台和更新全过程预算绩效管理各流程规范性文件，构建完善了具有浙江特色的"1+2+N"预算绩效管理制度体系。即在"1"——《实施意见》、"2"——《三年行动计划》和《浙江省财政厅预算绩效管理工作规程》基础上，进一步建立健全包括绩效目标管理、绩效运行监控、绩效评价、绩效成果应用、特定领域绩效管理规定等"N"系列配套制度。笔者对相关文件进行了整理（见表8-1）。对于部分文件会在后文进行详述。

表8-1　　　　　　　　浙江预算绩效管理配套制度汇总

文件名	文号	适用范围
《省级预算绩效指标库管理办法》	浙财监督〔2019〕9号	绩效目标管理
《浙江省事前绩效评估管理暂行办法》	浙财监督〔2019〕13号	（事前）绩效评估
《浙江省预算绩效运行监控管理办法》	浙财监督〔2020〕6号	（事中）运行监控
《浙江省项目支出绩效评价管理办法》	浙财监督〔2020〕11号	（事后）绩效评价
《浙江省预算绩效管理成果应用办法》	浙财监督〔2020〕12号	评价成果应用
《浙江省财政支出政策绩效评价管理办法》	浙财监督〔2020〕14号	（事后）绩效评价
《规范第三方机构参与预算绩效管理工作办法》	浙财监督〔2020〕17号	第三方参与
《关于加强省对市县转移支付绩效管理的指导意见》	—	转移支付
《浙江省省级预算绩效目标管理办法》	—	绩效目标管理

第二节 浙江省预算绩效管理体系

浙江一直以来高度重视预算绩效管理工作，2003年在全国率先开展财政支出绩效评价，2010年从事后绩效评价向事前绩效目标管理延伸，2017年初步建立了全过程预算绩效管理机制，2018年启动实施预算绩效管理三年行动计划。浙江丰富的预算绩效管理经验，为经济高质量发展、建设共同富裕示范区提供了强有力的财政预算制度保障，更好地发挥了财政政策的调节作用，激发了财政资金效用最大化。

浙江省财政部门对标习近平总书记提出的努力成为新时代全面展示中国特色社会主义制度优越性的重要窗口的新目标新定位，贯彻落实财政部《支持浙江省探索创新打造财政推动共同富裕省域范例的实施方案》中"推进预算与绩效的深度融合"的要求，在巩固历年预算绩效管理改革成果的基础上，围绕建设全方位、全过程、全覆盖预算绩效管理体系目标，依照"一个基础、两个着力点"①总体工作思路，着力推动预算与绩效管理一体化，有力地推动财政资金聚力增效，打造财政标志性成果。

一 构建集中财力办大事财政政策体系

政策是资金的载体，政策分散必然导致资金分散，政策低效必然带来资金低效，提升政策绩效是全面实施预算绩效管理的"牛鼻子"和突破口。从2018年开始，浙江在省委、省政府主要领导的大力支持下，聚焦聚力三大攻坚战、富民强省十大行动计划等党中央、国务院和省委、省政府重大决策部署，对未来几年可用财力进行测算，对现有政策进行全面梳理、整合、重构，举全厅和全系统之力，构

---

① "一个基础、两个着力点"，即以预算标准化建设为基础，把握政策绩效和部门绩效两个着力点，协同推动预算和绩效一体化改革。

建 2018—2022 年集中财力办大事财政政策体系，共安排重大财政支出政策 129 项，其中整合政策 55 项（资金 710 亿元），涉及 19 个部门、22 个市县。这项工作涉及利益调整，难度很大，压力更大。为此，克服阻力、迎难而上，设计了多套比选方案，多次上门征求部门意见，并向每位分管省长作了汇报，争取理解和支持。政策体系先后经省政府常务会议、省人大财经委会议、省委财经委会议审查，历时 9 个月，反复迭代、不断优化，最终定稿。共安排 2018—2022 年重大财政支出政策 129 项。其中，保留政策 49 项、强化政策 47 项、整合设立政策 21 项（减少 26 项）、新出台政策 12 项，实现了从"撒胡椒面"到"好钢用在刀刃上"的根本性转变，财政资源配置效率明显提升。

基于 2019 年预算以及未来几年财政收支测算，提出 2019—2022 年财政收支政策和重大项目资金安排。采取适时动用和补充预算稳定调节基金、整合利用历年结转结余资金等措施，实现年度间动态平衡。一是强化中期财政规划对年度预算的约束，严格执行集中财力办大事的财政政策体系，并作为编制相关年度预算和分年度化债计划的依据，年度执行中原则上不新出台减收增支政策。二是严控新的增支政策，对确需出台新的重大政策，严格做好事前绩效评估，并报党委、政府审批。三是加强具体财政政策和专项资金绩效管理，原则上按照三年为一个周期滚动开展绩效评价，并根据评价结果确定今后资金安排计划。通过建立务实有效的跨年度预算平衡机制，实现了落实中期财政规划和硬化政府预算绩效管理的实质性突破，2019 年各部门在执行中没有追加任何一项政策预算。

二 推进部门整体绩效预算改革

部门整体绩效预算改革的核心是"整体"，通过建立与部门整体绩效挂钩的预算管理模式，实现预算自主权的"放"与预算绩效的"管"的有机统一。2019 年浙江在 6 个部门 11 个市县探索部门整体绩效预算改革试点，2020年已将整体支出绩效目标扩大到所有省级部门，并且在2022年全省全面推开，取得初步成效。部门整体绩效预算改革主要有三个特点。

一是融合。坚持"一个部门，一套指标"，在设置部门整体绩效指标时，引入同级党委政府绩效管理考评指标，逐步将预算绩效、行政绩效两大指标体系融为一体，最终使用同一套考评指标。指标具体分为政府绩效管理考评指标、产出结果类指标、社会评价类指标。政府绩效管理考评指标直接取用党委政府绩效考评牵头部门考评结果，分值占50%；产出结果类指标是根据部门职能职责，反映本部门各项事业产出和结果的指标，由财政部门和职能部门共同负责评价，分值占40%；社会评价类指标包括廉政建设、公众满意率和投诉结案率等，分值占10%。以行政绩效体现预算绩效，以预算绩效倒逼行政绩效，充分调动部门履职尽责、干事创业的积极性。

二是包干。建立经选取的产出结果类部门整体绩效指标目标与预算总额挂钩机制，事前事后双挂钩。事前挂钩是指选取与部门事业发展关联度较大的产出指标，根据产出指标与基期年增减情况，确定部门预算总额；事后挂钩是指根据绩效指标预计完成情况和挂钩基数，在下一年度编制预算时安排绩效奖惩金额。在部门预算总额内，由部门自主统筹安排本级和下属单位的具体预算。通过赋予部门更多的自主权，强化部门理财的主体责任，推动部门立足全局和长远统筹安排财力，变"要我干"为"我要干"，激发部门提升绩效的内生动力。

三是激励。对部门整体预算绩效目标的实现度进行评价，并将评价结果作为政府绩效考评的重要内容，以体现"干多干少不一样"的导向。积极推动建立部门整体绩效评价结果与干部收入分配、领导选拔任用挂钩的机制，着力破解部门预算中存在的"重分配、轻绩效""重项目绩效、轻整体绩效"等突出问题。

三 健全预算与绩效管理一体化体系

预算绩效管理是建立在预算管理基础上的。浙江从 2019 年起开始积极探索如何将绩效管理工作嵌入预算管理工作中，在预算与绩效管理一体化改革的进程中，实践摸索出了四点经验。

一是依托工作规程，实现业务流程全面融合。为切实解决财政内部预算与绩效"两张皮"问题，浙江省财政厅立足于服务预算管理大局，坚持绩效管理不另起炉灶，在全面实施预算绩效管理改革中，杜绝为了绩效而绩效，遵循效率原则，将绩效主线贯穿于预算管理全过程，将绩效流程有机融入预算管理全流程，有力地提升了预算管理水平。在充分沟通、凝聚共识的基础上，印发财政内部绩效管理工作规程，建立各司其职、协同推进的工作机制。在职责上，绩效处承担总牵头责任，具体领域的绩效管理责任由相应预算管理处室负责，政府投资基金、政府和社会资本合作（PPP）、政府采购、政府购买服务、地方政府债务项目等特定领域的预算绩效管理，由牵头该领域预算管理的处室负责。实践中，预算管理处室按照各自预算管理职能，在预算管理流程中全面开展绩效管理，落实绩效管理责任，一体化推进预算和绩效管理。

二是抓住核心业务一体化契机，实现业务规范源头融合。浙江财政以财政部发布的《预算管理一体化规范（试行）》为基础，按照预算与绩效管理一体化的原则，细化设置了 32 项绩效管理业务规范，形成了预算与绩效源头融合、闭环管理的《浙江省预算管理一体化规范实施细则》。在"基础信息"部分，进一步细化明确了绩效指标设置规范、增加了资产管理的绩效信息规范；在"项目库管理"部分，增加了项目入库时的事前绩效评估和绩效目标业务规范；在"预算编制"部分，增加了一般公共预算、政府性基金预算、国有资本经营预算的绩效目标管理业务规范，重点对转移支付预算上下级之间的绩效目标分解和衔接提出了要求；在"预算调整和调剂"部分，增加了预算变动涉及绩效目标变动的管理规范；在"预算执行""决策和报告"部分分别增加了绩效运行监控和绩效评价业务规范。同时，在"一体化业务要素代码集"中，增加了"绩效业务类型""指标库类型""指标性质""评价类型""评价方式""评价结果""监控预警类型"七大类共28项绩效管理要素代码，为全省绩效数据随同预算数据向省级集中、分析应用并向财政部及时报送打好基础。

三是依托"预算云"，率先建成预算与绩效管理一体化信息系统。以"预算云"2.0升级为契机，按照《浙江省预算管理一体化规范实施细则》的业务规范，对预算管理信息平台进行系统化改造、整体化升级，将绩效管理要求全面嵌入预算管理信息系统，率先建成预算与绩效管理深度融合的一体化信息系统。在技术层面，主要开发了绩效指标智能推荐、"红黄蓝绿灯"绩效监控等全过程绩效管理业务规则，构建了指标库管理、各类绩效结果预算应用、反馈整改等实时流程。该系统已经应用于2021年度浙江省级部门预算编制，绩效信息在预算管理系统内无处不在、触手可及、随时可用，实现了预算与绩效管理深度融合。从长远看，通过大数据手段，实现预算与绩效信息的充分归集、自动提取和智能分析，有利于推动绩效指标和标准体系的科学化、预算安排和资源配置的合理化、资金使用效率和效益的高效化。

四是坚持全省"一盘棋"，全面推广应用。出台《浙江省绩效运行监控管理办法》，组织省级部门在预算与绩效管理一体化信息系统中实现绩效自行监控全覆盖，同步进行重点监控。通过实施"红黄蓝灯"分级预警，将绩效监控结果特别是第三季度末的监控结果有效应用于当年的预算调整和下一年度的预算安排。同时，指导市县财政部门细化工作规程，加大预算与绩效管理一体化信息系统的应用，落实事前绩效评估、绩效目标管理、绩效运行监控、绩效评价、转移支付绩效管理等各项预算绩效管理制度办法。在对市县财政部门的考核中,全面实施预算绩效管理改革工作占10分(百分制),还将改革任务列入专项考核。完善省、市、县多层级的预算绩效指标库,通过上下联动、纵向贯通,形成了全省绩效管理"一盘棋"的良好局面。

四 存在的问题和面临的挑战

2018年以来,浙江各地各部门认真贯彻落实党中央和省委、省政府全面实施预算绩效管理的决策部署,预算绩效管理制度建设日益完善,全过程管理机制初步建立,工作推进力度不断加大,预算绩效管理工作取得了明显成效。但一些地方和部门仍未牢固树立厉行节约、过"紧日子"的思想,存在花钱随意、铺张浪费,资金长期闲置沉淀现象,"花钱必问效、无效必问责"的机制未真正建立,全面预算绩效管理仍然任重道远。笔者整理了浙江省审计厅审计报告中关于预算绩效管理中存在的问题,并进行了梳理归纳(见表8-2至表8-6)。

从表8-2来看,总体上浙江形成了一套预算绩效管理的制度及政策体系。但也存在个别地方相关制度配套不完善、制定不及时等问题。这可能需要增加常态化监督检查机制,形成省级统一、可查询的政策数据库,如类似于国务院网站所做的"减税降费"政策库。

表8-2 2017—2021年审计工作中发现预算绩效管理中存在的问题:制度问题

主要问题	具体情况	来源文件
配套制度制定不及时、不完善	尚未制定涵盖事前绩效评估、绩效评价管理、评价结果应用等方面的管理制度和实施细则	《2020年第9号公告:兰溪市人民政府2018年度财政决算审计结果》
	全面绩效管理未到位,存在未建立预算绩效管理制度等问题	《2020年第7号公告:杭州市滨江区人民政府2018年度财政决算审计结果》

从表 8-3 来看，绩效目标设定与量化考核是实践中的难题。无论是政府部门预算绩效管理，还是地方政府预算绩效管理，或者是社会组织预算绩效管理，均存在绩效目标设定与管理的"虚化"的问题。从理论上讲，政府资金投入或支持的项目，其经济效益、社会效益甚至政治影响是多维度、多层面的，有些确实难以定量设计绩效目标，定性绩效目标相对容易但存在难以核验的难题。具体到部门、地方或社会组织，在可量化绩效目标上的选择，在缺乏统一规范细则手册的情况下，哪些纳入、哪些不纳入，相应权重如何等问题，往往随意性比较大。

表 8-3　　2017—2021 年审计工作中发现预算绩效管理中存在的问题：绩效目标

主要问题	具体情况	来源文件
绩效目标未设置、未细化、制定随意	抽查 14 个省级部门实施的 26 个政府投资项目发现，17 个项目的绩效目标仅编制了总体目标，没有细化当年目标；1 个项目的 2017 年绩效目标表述与 2016 年相比只是修改了年份	《浙江省人民政府关于 2017 年度省级预算执行和全省其他财政收支的审计工作报告》
	15 个专项资金管理办法未明确实施期限或退出机制，专项资金绩效目标难以计量	《2021 年第 10 号公告：台州市人民政府 2019 年度财政决算审计结果》
绩效目标未设置、未细化、制定随意	省残联 2925 万元培训资金两项绩效指标不够精准细化。数量指标未在掌握全省各市、县（市、区）实际培训需求和残疾类型、年龄、性别等属性的基础上确定，质量指标没有细化量化要求	《2021 年第 7 号公告：浙江省残疾人联合会 2020 年度预算执行情况审计结果》
	新增省级部门 1955 个项目中有 249 个存在绩效目标为空、绩效目标与项目内容一致等情况，涉及金额 16.45 亿元。如省福利彩票管理中心的"彩票市场调控资金"项目预算安排 1503 万元，绩效目标和项目内容完全一致且描述过于简单	《浙江省人民政府关于 2020 年度省级预算执行和全省其他财政收支的审计工作报告》
绩效目标编制不规范、审核把关不严	对一些项目绩效目标编制审核把关不严。抽查 4 个重点项目，3 个绩效指标设置不全面，4 个绩效指标未量化，3 个效益类指标权重过低，2 个效益类指标设置单一	《浙江省人民政府关于 2021 年度省级预算执行和全省其他财政收支的审计工作报告》

续表

主要问题	具体情况	来源文件
绩效目标编制不规范、审核把关不严	预算绩效目标编制不合理。省市场监管局2020年度基层干部综合素质提升项目，仅完成计划培训人数的46.67%，有4个班次培训班未完成	《2021年第21号公告：省市场监管局2020年度预算执行情况审计结果》
	部分财政专项资金绩效目标编制不规范，如绩效指标未设定或内容过于单薄、无法充分反映绩效，绩效目标内容与绩效相关性不够、量化不够、难以检查评价	《2020年第14号公告：杭州市人民政府2018年度财政决算审计结果》
绩效目标动态管理不及时、不规范	省药监局本级"药品生产监管专项业务费"项目，未将一些可量化、细化的产出指标列入项目预算绩效指标；"综合业务专项经费"项目实际执行单位变更后，未及时调整指标权重等绩效目标	《2021年第22号公告：浙江省药品监督管理局2020年度预算执行情况审计结果》

从表8-4可以看出，预算绩效评价的开展面临不小的挑战。预算绩效评价，不仅面临一定的成本问题，而且评价结果的使用也会影响开展绩效评价的积极性。以省级财政专项资金绩效评价为例，2018年公布的数据显示有高达70%的项目未设置评价指标，规范程度急需提高。而对于规模较大的政府投资项目，绩效评价开展率相对较低，按照2018年公布的统计，42项5000万元以上的省级投资项目中仅有一项实际开展了绩效评价。政府采购相关绩效评价的开展情况也不容乐观。而那些开展了绩效评价的项目，也存在绩效评价报告质量不高、评价结果空置不用的问题。

表8-4　　2017—2021年审计工作中发现预算绩效管理中存在的问题：绩效评价

主要问题	具体情况	来源文件
评价过程不规范	30项省级财政专项资金绩效评价中有21项未设置评价指标	《浙江省人民政府关于2018年度省级预算执行和全省其他财政收支的审计工作报告》

续表

主要问题	具体情况	来源文件
未开展评价工作	抽查总投资 5000 万元以上的 42 个省级政府投资项目，有 41 个未开展绩效评价	《浙江省人民政府关于 2018 年度省级预算执行和全省其他财政收支的审计工作报告》
	政府购买服务项目绩效评价不到位……省本级有关单位及 24 个市县部分单位未按规定开展绩效评价	《2019 年第 37 号公告：全省政府购买服务资金绩效情况专项审计调查结果》
评价工作不及时	省财政厅组织开展的 7 项重点绩效评价工作完成时间比计划滞后 6 个月	《浙江省人民政府关于 2019 年度省级预算执行和全省其他财政收支的审计工作报告》
评价报告质量低	12 份绩效评估报告不符合专业规范，其中 7 个政策或项目绩效目标未设置效益指标或绩效指标、5 个政策或项目效益指标缺乏具体的测度标准	《浙江省人民政府关于 2020 年度省级预算执行和全省其他财政收支的审计工作报告》
评价结果运用不高	同时，存在绩效目标未应编尽编、审核不严格以及绩效评价结果运用不高等问题，预算绩效管理有待加强	《2020 年第 3 号公告：温州市鹿城区人民政府 2018 年度财政决算审计结果》

表 8-5 汇总了一些资金使用效率不高的示例。可以看出，问题主要集中在执行层面。影响资金使用绩效的方面主要有项目进展缓慢导致资金闲置，资金使用规范有待提高，已建成项目使用效率低、维护差（如乡村振兴建设项目中存在抛荒闲置的情况），资金拨付不及时大量滞留，年末突击花钱，资金使用审核不够规范，等等。

表 8-6 提供了关于绩效信息公开存在的一些问题。从 2007 年开始，国务院就一直推动各级政府信息公开，但实际落实情况各地存在不小的差异。总体而言，浙江财政预算绩效信息公开工作取得了重要进展，一般情况下，部门、地方等项目绩效评价结果均能依法及时公开。在浙江财政领域，也存在一些未按要求进行信息公开的情况，如未按规定途径公开省级财政专项资金的绩效评价结果、省级部门政府购买服务等信息，或者不是全面完整公开而是选择部门子项目指标进行公开。

表 8-5 2017—2021 年审计工作中发现预算绩效管理中存在的问题：资金使用

主要问题	具体情况	来源文件
资金使用绩效不高	扶贫资金使用绩效不高。一是 7.82 亿财政资金沉淀，其中因项目未落实形成结余 1.14 亿元、因项目进度缓慢等形成结余 6.68 亿元，如龙泉市等 10 个试点县的 30 个光伏扶贫项目有 10 个项目未开工、16 个项目未按规定进度完成，资金结余 4.44 亿元……	《浙江省人民政府关于 2017 年度省级预算执行和全省其他财政收支的审计工作报告》
	财政资金绩效管理不严格。省台办等 8 个部门存在项目资金执行率低，影响财政资金绩效，涉及金额 1.43 亿元；省作协等 5 个部门存在财政资金闲置、使用效益较低等问题，涉及金额 634 万元。资金使用不规范、绩效不高……	《浙江省人民政府关于 2018 年度省级预算执行和全省其他财政收支的审计工作报告》
	部分财政资金使用绩效不高。4 个县部分乡村振兴建设项目由于管护不到位、使用率低等原因，未达预期效果，财政补助资金使用绩效不高。如庆元县 5 个土地整治项目 2015 年通过竣工验收，经过 3 年种植管护期后，目前处于抛荒闲置状态	《浙江省人民政府关于 2019 年度省级预算执行和全省其他财政收支的审计工作报告》
	预算执行及绩效不佳。11 个部门存在预算执行率偏低、年末突击花钱、项目绩效不高等问题，涉及金额 1.62 亿元	《浙江省人民政府关于 2021 年度省级预算执行和全省其他财政收支的审计工作报告》
	消费流通领域专项资金使用绩效有待进一步提高。1. 资金拨付不及时大量滞留……2. 资金审核把关不严格……	《2021 年第 18 号公告：2021 年构建双循环扩内需促消费战略推进情况专项审计调查结果》

续表

主要问题	具体情况	来源文件
资金使用绩效不高	……（涉及各部门、各项目具体绩效资金使用无效率情况，因篇幅有限在此省略，提供相关审计公告信息供读者后续自行查阅）	《2020 年第 49 号公告：法国开发署贷款仙居县域生物多样性保护和发展利用示范工程项目 2019 年度财务收支和项目执行情况审计结果》 《2020 年第 41 号公告：浙江省人民政府国有资产监督管理委员会 2019 年度预算执行情况审计结果》 《2020 年第 12 号公告：安吉县人民政府 2018 年度财政决算审计结果》 《2019 年第 26 号公告：浙江省人民政府外事办公室 2018 年度预算执行情况审计结果》 《2018 年第 14 号公告：扶贫专项审计结果》 《2017 年第 22 号公告：现代农业园区建设情况专项审计调查结果》 《2017 年第 7 号公告：舟山市人民政府 2015 年度财政决算审计结果》

表 8-6　　2017—2021 年审计工作中发现预算绩效管理中存在的问题：信息公开

问题类型	主要问题	具体情况	来源文件
绩效信息公开问题	未按要求公开	未按规定途径公开省级财政专项资金的绩效评价结果、省级部门政府购买服务等信息	《浙江省人民政府关于 2018 年度省级预算执行和全省其他财政收支的审计工作报告》
绩效信息公开问题	未按要求公开	新昌县 2020 年有 218 个预算项目绩效目标编制不够全面完整，全年仅公开 8 个项目绩效目标情况	《浙江省人民政府关于 2021 年度省级预算执行和全省其他财政收支的审计工作报告》

以绩效评价为例。笔者整理了 2019—2021 年浙江省级部门项目支出绩效自评情况，具体如表 8-7 所示。其中 2019 年、2020 年评价结果等级分为"好""较好""一般""差"，项目绩效自评得分在 95 分（含）以上的，自评结果为"好"；95—85 分（含）的为"较好"；85—60 分（含）的为"一般"；低于 60 分的为"差"。2021 年起实施新的评价等级划分，项目绩效自评得分高于 90 分（含）

的，自评结果为"优"；80（含）—90分的为"良"；60（含）—80分的为"中"；低于60分的为"差"。在整理中，为避免引起歧义，笔者将其划分为四档处理（见图8-1）。2021年第一档自评结果的项目大幅提升，其原因在于评价标准的下调。大部分项目自评得分均能在80分以上，也反映了浙江预算绩效管理的成效。2019年度绩效自评中，有111个项目存在未对指标打分、自评总分汇总有误、未形成自评结论等问题，最后判定为"无评价结果"。

表8-7 2019—2021年浙江省级部门项目支出绩效自评情况

单位：个，%

年份	项目数	第一档	占比	第二档	占比	第三档	占比	第四档	占比	无评价结果
2019	4149	2229	53.72	1433	34.54	340	8.19	36	0.87	111
2020	4405	2408	54.67	1562	35.46	402	9.13	22	0.50	11
2021	5688	3696	64.98	1499	26.35	441	7.75	50	0.88	2

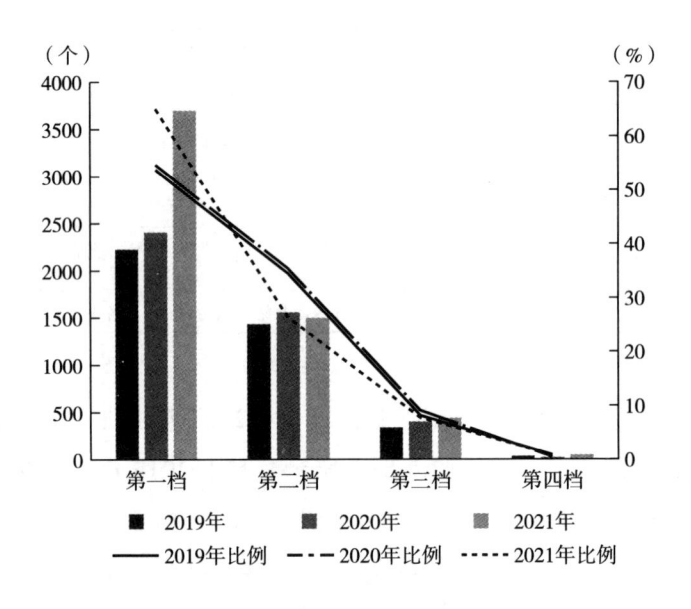

图8-1 2019—2021年浙江省级部门项目支出绩效自评情况

从 2020 年以来，经过进一步的业务培训，无评价结果项目数量逐年递减，表明浙江省级部门项目支出绩效自评越来越规范，越来越完善。但自评中仍存在一些问题，大致可以分为以下两类：自评填报不规范、项目绩效目标设置不合理。针对第一个问题"自评填报不规范"，主要有以下几类情况：①真实性不足，部分单位填报内容与实际情况存在差异；②准确性不足，部分单位自评填写内容不够具体细致；③完整性不足，部分单位填报内容不完整；④依据充分性不足，部分指标无法提供佐证材料以证明数据真实性。针对第二个问题"项目绩效目标设置不合理"，主要有以下几类情况：①完整性不足，部分项目指标设置不完整，未覆盖项目核心产出与效益；②相关性不足，部分项目虽指标设置较多，但指标与项目相关性较低；③可测性不足，部分项目指标未量化或难以测量；④合理性不足，部分项目指标设置存在指标值过低、未按指标重要性分配权重等合理性问题。

每年浙江省财政厅会随机抽取超过 10% 的项目进行抽评，以此来检查各部门的项目自评质量。2019 年与 2020 年抽评项目是按照前三档项目以及无自评结论项目按一定比例抽取，2021 年是采用"项目推荐+随机抽取"的方式确定，其中业务处室推荐项目 477 个。抽评情况如表 8-8 所示。由于抽评制度的改变，2021 年掉档率大幅减少。业务处室对自己推荐的项目自评结果负责，在推荐前会再次确认自评质量，以确保抽评的绩效结论。根据前两年的掉档情况不难看出，各部门在自评中存在着许多业务上的错误。评价结果与来年预算资金申报息息相关，因此各部门也存在自评中"虚报好成绩"的倾向。这也暴露出当下浙江预算绩效管理中存在的问题：由于政策、项目数量庞大，财政部门监管精力有限，更多地依赖部门自我监管，缺少强有力的财政外部监督，自我监管效果不佳，预算绩效管理存在漏洞。

表8-8　2019—2021年浙江省级部门项目支出绩效抽评情况

单位：个

年份	实际抽评数量	部门自评结果				财政抽评结果				掉档率
		第一档	第二档	第三档	第四档/无结论	第一档	第二档	第三档	第四档	
2019	407	258	83	7	59	135	239	30	3	30.22%
2020	442	300	129	8	5	131	270	39	2	38.23%
2021	596	465	107	21	3	447	124	21	4	4.97%

第三节　预算制度改革优化方向

实践经验表明，预算绩效管理是削减低效无效支出、缓解财政收支矛盾、提高政府治理水平最有效的工具。下一步，应认真贯彻落实《实施意见》要求，持续深化浙江预算绩效管理改革，强化共同富裕示范区建设中预算支撑，以创造性张力争做全国预算绩效管理的"领跑者"，打造共同富裕的"样板省"。

一　探索中期财政规划绩效管理机制

一是强化中期财政规划对年度预算的约束力。财政部门要对中期财政规划内容进行细化，参考重大政策、项目事前绩效评估的办法，融合国民经济发展规划、宏观经济规划要求，对中期财政规划进行解剖，通过多层次、多维度、多指标的方式可视化中期财政规划绩效目标。按部门、年度分解中期财政规划，明确各部门分管事项与具体任务，分配各级财政资金支持比例，设置分任务、分指标考核节点，将中期财政规划与年度预算相衔接，将细化绩效目标与部门年度绩效考核相挂钩，逐步增强中期财政规划对于年度预算的约束力。

二是建立集中财力办大事财政政策期中评估机制。财政部门要对已纳入集中财力办大事的财政政策，对照"十四五"规划和部门专项规划，聚焦"十三项战略抓手"①和党委、政府中心工作，全面开展绩效审查。对不符合"十四五"规划和战略目标的予以退出，对重叠交叉的予以整合，对"十四五"规划要求予以重点保障的，优化增量支持方向，调整存量支持结构，切实保障大事中的大事，实现集中财力办大事财政政策体系迭代优化。在集中财力办大事财政政策实施期内，各级财政部门要加强对主管部门、项目单位重大政策执行情况管理，按照"总体性+阶段性"两套绩效目标，对每个政策从事前绩效评估、预算编审，期中绩效评估、绩效监控，到期评价各环节实行全生命周期绩效管理。

二　全面推进部门预算绩效管理改革

一是加快推进部门整体绩效预算改革。财政部门应按照全面推进部门整体绩效预算改革的总体部署，紧紧围绕党委、政府中心工作、重大工作任务及部门和单位职责、行业发展规划，建立部门整体绩效指标体系，突出履职核心，可量化、可衡量、可比较，部门整体绩效评价重点聚焦部门整体绩效目标实现、社会评价、部门预算配置情况、财政专项资金和重大政府投资项目绩效、部门预算管理工作机制以及项目自评、财政抽评总体情况等方面。

二是着力深化"零基预算"改革。财政部门应全面推进项目支出标准化建设，坚持"以收定支"打破基数概念和支出固化格局，按照"资金全覆盖、项目全梳理、结果全运用、来源全统筹"要求，结合项目的重要程度、缓急程度、成熟程度及绩效评估情况全面梳

---

①　"十三项战略抓手"：一是着力建设三大科创高地；二是着力打好构建新发展格局组合拳；三是加快建设全球先进制造业基地；四是以数字化改革撬动各领域各方面改革；五是打造一批有辨识度有影响力的法治建设成果；六是加快形成上下贯通、县乡一体的整体治理格局；七是高水平绘好新时代"富春山居图"；八是念好新时代"山海经"；九是实施新时代文化浙江工程；十是率先构建推进共同富裕的体制机制；十一是完善风险闭环管控的大平安机制；十二是深入推进清廉浙江建设；十三是构建党建统领的整体智治体系。

理,建立完善以绩效为导向的"能增能减、有保有压"预算分配机制,切实改变粗放型、投入型的部门预算编制。

三 高水平构建预算绩效评价体系

一是进一步提高绩效评价质量。坚持问题导向,对部门整体、重大政策、重大投资项目和重大专项等重要领域的绩效评价实行上下联动、集中攻关,形成该领域的指标体系、评价体系、典型样本、报告模板,制作操作规范供全省参考;委托行业协会制定绩效评价操作指引、标准流程等,加强对第三方机构的考核管理,规范评价行为;加快绩效评价的在线管理模块建设,加强全过程质量管控。

二是加强重大项目绩效目标实质性审核。建立重大项目绩效目标审核机制,围绕绩效目标列出问题清单,运用科学的审核方法,同步审核预算与绩效目标,重点审核项目的必要性、经济性、可行性及资金与绩效目标的匹配度。财政部门应结合实际,因地制宜开展绩效目标的实质性审核,确保"钱随事走"。

四 落实绩效结果应用与公开机制

一是建立以绩效为核心的预算安排"四挂钩"机制。财政部门应落实绩效管理成果应用办法,将预算安排与绩效目标、绩效监控、绩效评价及项目储备"四挂钩",在年度预算编制时予以细化量化,加快构建以绩效为核心的资金管理机制。全面梳理可挂钩的资金范围,预算安排时,对绩效目标重点审核为目标不明确的,应责令限期修改,未按要求修改的按规定相应核减预算;对部门整体绩效评价为"差"的,按规定相应核减预算。预算执行中,对前三季度预算执行进度或绩效目标实现程度未达标的以及绩效监控红灯项目,应根据项目实际情况按规定采取相应措施。

二是实施部门预算绩效报告和公开制度。部门和单位应于年度终了向同级财政部门报送部门预算绩效报告,主要报告部门整体绩效目标完成情况、财政专项资金和重大项目资金绩效、绩效管理工作情况及项目绩效自评、财政绩效意见整改情况等内容。进一步加强绩效信息公开，部门应随同部门预决算同步公开重大和重点项目、财政专项资金绩效目标和项目自评结果，实时公开重点评价结果并根据要求不断扩展公开范围。

五 构建整体智治的智慧绩效平台

一是融入预算一体化系统畅通绩效闭环管理。按照"整体智治、协同高效"要求，各级财政部门应加快打通包括预算项目库、预算编制、指标管理、预算执行等整个财政管理系统链条，将绩效业务规范全面融入预算一体化系统，实现绩效全过程闭环管理。在市县财政部门预算一体化系统实现全覆盖的基础上，全省实现预算绩效管理跨层级、跨业务的协同和系统分析。

二是综合集成打造"智慧绩效"平台。综合集成现有财政信息系统中各类绩效信息，搭建预算绩效管理数字化平台，使绩效数据从"碎片化"转变为"一体化"；先行选择部分部门和市县开展试点，推动财政业务系统与部门业务系统数据共享，更好地运用云计算、大数据、人工智能等数字技术，强化对重点项目和重大专项的大数据分析，绩效监控从"手工填报"转变为"自动生产"。在此基础上，在预算绩效管理数字化平台上通过设置绩效审核等规则要素，逐步实现指标智能推荐、绩效目标自动审核、监控智能预警、资金智能纠偏等功能，打造"智慧绩效"平台。

第四节 小结

"全面实施预算绩效管理"是完善预算管理制度"推动财政资金聚力增效，提高公共服务供给质量，增强政府公信力和执行力"的"关键点和突破口"。本章总结了浙江预算管理体系建设的基本情况、历史进程、典型做法和取得的成效及存在的问题并探讨预算制度改革的优化方向。具体而言，浙江预算绩效管理改革始终紧跟落实中央决策文件精神，服务于社会主义市场经济体制完善和国家治理体系现代化。从2003年开始，历经起步、探索、转型、改革与升级，逐步发展起一套比较完整的预算绩效管理体制。特别是进入新时代以来，浙江预算绩效管理工作步入快车道，已走在全国前列，在技术、制度等方面均有可圈可点之处。围绕提高财政资源配置效率和使用效益的目标，结合浙江实际，聚焦构建以绩效为核心的集中财力办大事财政政策体系和资金管理机制，积极推进"全方位、全过程、全覆盖"预算绩效管理体系建设，逐步完善"预算编制有目标、预算执行有监控、预算完成有评价、评价结果有应用、结果应用有问责"的全过程预算绩效管理运行机制。

与此同时，应当注意的是，在执行层面，浙江预算绩效管理依然存在一些问题和挑战，这些问题和调整也是全国各省面临的共性问题。本章基于收集整理的审计工作报告，从制度配套、绩效目标、资金使用、信息公开等多个方面，剖析和总结了一些预算绩效管理中存在的具体问题。从理论上讲，政府资金投入或支持的项目，其经济效益、社会效益甚至政治影响是多维度、多层面的，有些确实难以定量设计绩效目标，定性绩效目标相对容易但存在难以核验的难题。在预算绩效科学评价、依法公开和合理使用评价结果方面，涉及具体部门的利益，如何进行奖惩，并不是预算甚至财政部门单一改革能解决的，可能需要在行政体制管理等方面进行配套改革。此外，基于分析，本章认为浙江财政可以在探索中期财政规划绩效管理机制、全面推进部门预算绩效管理改革、高水平构建预算绩效评价体系、落实绩效结果应用与公开机制、构建整体智治的智慧绩效平台等方面抓紧落实，推进浙江预算绩效管理进一步提质增效、扩面升级。

第九章 结语与展望

第一节 简要总结

财政是国家治理的基础和重要支柱,中国各省财政体制建设因经济社会发展水平、历史等原因呈现出较大的省际差异,在促进高质量发展推动共同富裕方面的具体做法也有所差异,这对于大国治理而言有着独特的制度优势,可以提供多样化的政策实践探索经验。浙江在探索解决发展不平衡不充分问题方面取得了明显成效,给全国推动共同富裕提供了一个很好的省域先行探索实践案例。从历史维度看,浙江取得的成效并不是随着经济发展"自发实现"的,背后有着深刻的制度与政策因素的"自觉"。早在2003年7月,时任浙江省委书记习近平同志提出浙江面向未来发展的系统方案,包含八个方面的优势、举措,简称"八八战略"。2021年6月,正式印发《中共中央 国务院关于支持浙江高质量发展建设共同富裕示范区的意见》。时任浙江省委书记袁家军指出:"高质量发展建设共同富裕示范区是习近平总书记亲自谋划、亲自定题、亲自部署、亲自推动的重大战略决策,是党中央、国务院赋予浙江的光荣使命。"[①] 因此,概要扫描与总结提炼浙江构建共富型财税政策体系的实践经验和发展展望,识别优化空间、发掘发展潜力,甚至在省际比较中查找浙

---

① 袁家军:《扎实推动高质量发展建设共同富裕示范区》,《求是》2021年第20期。

江可能存在的短板或弱项，大有裨益。

课题组在收集整理官方资料，并走访调研浙江省财政厅等部门的基础上，首先，尝试提炼浙江构建共富型财税政策体系的一些典型做法和相应成效。其次，基于统计数据，将浙江与江苏、山东、广东等经济大省在高质量发展、财政支出结构等方面进行了比较分析，呈现出一些经验事实。最后，课题组对浙江"第三次分配"相关的公益慈善财税政策进行了概括总结，对浙江预算绩效管理的基本情况做了概要梳理。

总体来看，浙江在构建共富型财税体系方面，一是注重共建共享。"美好生活是奋斗出来的"，共同富裕离不开共同奋斗。"共同富裕是一个长远目标，需要一个过程，不可能一蹴而就，对其长期性、艰巨性、复杂性要有充分估计，办好这件事，等不得，也急不得"①，共同富裕需要齐心协力、久久为功。浙江财税政策着力于激发不同劳动主体、不同市场主体的活力。既激励高层次人才创新创业，也不断鼓励提升普通劳动者的技能，从城市到农村无歧视地鼓励就业、创业、增收。既积极发挥国有企业重要作用，也积极引导民营企业增添共同富裕力量。不仅注意分好"蛋糕"而且注重做大"蛋糕"，夯实共同富裕的物质基础，做对共同富裕的激励机制。用足政策空间，不仅对标国际打造高端创新平台，而且善于调动多方力量共同参与挖掘传统产业潜力，让块状经济在新时代焕发新活力。不仅关注大企业做大做强，而且善于培养"专精特新"企业，增加共同富裕的新动能。从资本到人才，从科研院所到企业单位，通过制度性创新、政策性引导，形成创新链、产业链的深度融合，充分释放各类市场要素的生产潜能，形成合力，充分释放规模经济、范围经济等，实现政府—市场—社会的良性互动。

习近平总书记指出："实现共同富裕不仅是经济问题，而且是关

---

① 习近平：《习近平谈治国理政》（第四卷），外文出版社2022年版，第143页。

系党的执政基础的重大政治问题。"① 在激发各种生产要素、各类市场主体齐心协力共建共享之外,浙江也花大力气,充分发挥政府作用,积极提供各类软性公共品和公共服务,不断推动文化繁荣、加强社会治理、激发社会活力,不断增强人民群众获得感、幸福感、安全感。不仅投入大量资金做好重大文化基础设施建设,而且着力于完善基层公共文化设施。如基本实现"市有五馆(文化馆、图书馆、博物馆、非遗馆和美术馆)、县有四馆、区有三馆",极大地丰富了居民的文化生活,这些文化公共设施具有较强的普惠性、开放性。在鼓励文化名家、名团等推出重大文化工程的同时,也注重对乡村等文化产品的保护与开发。加强基层社会治理,消除不和谐因素,给共同富裕建设增强法治保障,增强基层人民"安全感"。综合利用多种工具,对公益慈善提供税收激励、荣誉激励,政府部门切实做好"放管服"工作,降低民间慈善活动的交易费用,营造人人参与慈善的良好局面。

二是注重组织变革。财政服务于国家治理需要,而国家治理需要催动财政组织变革。阶层、城乡、地区之间在可支配收入、基本公共服务等方面的不平衡不仅各省差异较大,而且随着经济社会发展的进程不断推进,呈现出动态变化,适时变革财政组织成为一种必然。浙江在实践中对于省以下财税体制变革进行了不少有益探索。2021年,浙江省委提出建设"变革型组织",全面赋能政府组织和领导干部战斗力。善于运用数字技术,拥抱数字化时代挑战,是浙江政策实践的一大特色。数字技术的发展给公共决策中诸多难题的解决提供了新契机,财政数字化转型能帮助提升政府的公共服务能力和质量。财政数字化改革通过"一个门户、四个系统"的建设,将重塑财政部门运行机制,上接省委、省政府的政策决策等大事,下接老百姓的缴费取票等小事,中间连接所有预算单位的财政业务

---

① 习近平:《习近平谈治国理政》(第四卷),外文出版社2022年版,第171页。

办理，从根本上解决财政部门内外融合、上下对接等难题，实现财政部门内部以及与外部环境的高效协同。财政数字化改革极大地提高了财政运行效率、社会服务能力，在财政资金直达、"钱随人走"改革、区域财政激励分类奖补等方面提供了重要技术支撑，提高精准施策能力。随着城镇化、工业化的深入发展，中国社会人口流动性不断升高，给传统的依照地域、户籍人口展开的基本公共服务均等化带来了不小的挑战。浙江探索的"钱随人走"改革，以标准化测算推动均等化支付，围绕人的全面发展，推动全生命周期公共服务体系建设，提供了如何在一个流动性大国推进基本公务均等化的有益探索。

在高质量发展方面，课题组通过对比浙江与江苏、广东、山东三个经济大省发现，浙江的高质量发展水平历年来均为四省最高。分指标看，浙江在财政金融、社会保障和生态环境三个方面表现优异，但在经济发展上相对欠缺。泰尔指数分解表明，浙江省内各县的发展差距较小，内部均等化程度较高。浙江财政紧紧围绕做大做强实体产业，推动制造业升级转型，通过"腾笼换鸟"，促进实体产业的壮大。同时，借助数字化转型这一"时代东风"，帮助中小微企业提升竞争力，推动产业结构的高质量发展。总体来看，浙江省级财政具有较强的统领能力和创新意识，在促进高质量发展的各个方面，结合实际、因地制宜地制定有针对性的政策，解决实际问题。在"省直管县"财政体制下，县级财政与省级财政直接发生联系，提高了县级财政的资金使用效率。各县对同一类型的省级财政资金使用也因当地发展优势和发展定位而存在差异，不走千篇一律的模板之路，要走出各有千秋的共富之路，每个县都形成了一套独具特色的"模板"。

在财政支出结构方面，浙江人均财政支出在四省中处于领先地位。从三大类支出来看，一方面浙江人均经济建设性支出与人均社会福利性支出在四省中处于相对领先的位置，但是财政支出占GDP

的比重在四省中也相对偏高，较为接近发达国家财政支出规模较低国家（如韩国、美国等）的水平。尽管在全口径下社会福利性支出占 GDP 的比重中浙江相对领先，但是考虑到在全口径财政支出中的比重，浙江经济建设性支出相对过高。此外，值得注意的是，浙江基本政府职能支出在四省中也相对过高，对于这一项支出的进一步压缩也是当下值得探讨的问题。观察社会福利性支出明细时，在与其他三省的比较中可以发现，浙江各项支出明细都相对领先，但是也存在着诸如住房保障性支出相对落后以及教育支出增长相对迟缓的问题。另一方面，浙江在医疗领域中的政府支出有效缓解了以三甲医院为代表的医疗资源向大城市集中所带来的城乡之间医疗卫生服务的差距，这一经验应当得以重视，并在教育等领域充分吸纳借鉴。

在省以下财政体制方面，浙江诸多方面走在全国前列，但也有部分情况值得关注。在财政资金直达方面，浙江走在全国前列。在省以下财权划分方面，浙江向省以下财政分权的意图较为明显，省级统筹优势不明显。从基本公共服务领域财政事权和支出责任划分上看，广东和山东都突出强调了省政府的统筹作用。从财政数据上看，浙江在县人均地区生产总值和人均财政收入上的均等化程度较高，由此进一步促使县级人均财政支出均等化步入较高水平。但近些年县级人均财政支出均等化程度有下降趋势，已与广东、山东两省较为接近。浙江对县（市）放权力度较大，省本级的财力较弱，省本级政府的财力会影响其对地方政府的转移支付强度。从浙江转移支付体系促进共同富裕的具体举措上看，在县（市）层面，有促进经济发展的奖补政策、绿色发展财政奖补机制及"二类六档"的转移支付分档；在地级市层面，则建立了区域统筹发展激励奖补政策，鼓励地级市加大对所辖县（市）的投入。浙江从地级市和县（市）两个政府层级入手，从激励和补助两种层次展开，一方面有助于提高地级市的竞争力，另一方面也能促进省域内各县（市）的均衡发展。

在预算绩效管理方面,浙江着力推动预算与绩效管理一体化,建立了一套具有浙江特色的预算绩效管理制度体系,有力地推动了财政资金聚力增效,取得了系列标志性成果。如率先建成预算与绩效管理完全融合的一体化信息系统,并应用于2021年度省级部门预算编制。建立"政策和项目—部门整体—政府""部门自评—财政抽评—财政重点评价"全方位、多层次绩效评价体系。在完善公益慈善财税政策方面,浙江有比较强的服务意识,做好"放管服"激发社会捐赠潜力,善于运用数字化新技术,搭建"浙里捐赠""公益仓"等平台,创新优化公益捐赠票据管理流程,在全国创新上线了一个区块链捐赠的电子票据,方便捐赠人捐赠、开票、抵税等。其中,在全省行政事业单位中周转率不高的闲置资产和淘汰资产中,将尚有使用价值的资产,通过维修保养后纳入"浙里公益仓"捐赠希望小学等物尽其用的理念也值得推广。

尽管浙江在构建共富型财税政策体系方面取得了明显成效,但仍然存在一些问题值得重视。浙江经济发展水平在全国范围内处于领先地位,但是距离实现人均地区生产总值达到中等发达经济体水平的目标还存在着不小的差距。尽管浙江收入差距较小,农村居民可支配收入占城镇居民可支配收入超过50%,但是城乡之间还是存在着较大的差距,与城乡平衡发展的美好愿望还有着一定的距离。从区域发展上看,浙江素有"七山一水二分田"之称,除了东北部的杭嘉湖平原、宁绍平原,经济发展程度相对较高,浙江其他地区还有很多山地,尽管过去在发展上有很大的进步,但是相对于平原地区还存在着很大差距。如何进一步提高山区县的经济发展水平、缩小地区收入差距,是浙江省面临的另一难题。

在财政支出结构方面,浙江财政支出结构已经转变为以经济建设性支出与社会福利性支出并重的"双峰"态势,经济建设性支出与社会福利性支出实现双增长的良好态势。但是,浙江经济建设性支出占比波动较大的问题亟待解决,浙江需要改革现有政府投资管理体制，2019年发布的《政府投资条例》也指出要提高政府投资效益，不断优化政府投资方向和结构。同时，值得注意的是，近些年来，浙江基本政府职能支出占比还是呈现缓慢上升的态势，应当对此建立优化政府性支出结构的长效机制，降低行政成本。具体而言，要坚持优化协同高效，必须坚持问题导向，聚焦发展所需、基层所盼、民心所向，优化机构设置和职能配置，坚持一类事项原则上由一个部门统筹、一件事情原则上由一个部门负责，加强相关机构配合联动，避免政出多门、责任不明、推诿扯皮，下决心破除制约改革发展的体制机制弊端。全面深化数字化改革，以数字化驱动制度重塑，优化浙江特色的数字财政体制机制。

第二节　政策优化建议

一　增强省级调控能力，注意市级保障能力

在省以下财政体制改革方面，浙江可适度扩大省级财政统筹调控能力，并注意充分发挥市级财政的积极作用。与广东等省份相比，浙江省级财政统筹能力相对薄弱。尽管与浙江长期以来施行省管县的体制有关，但随着经济社会的发展，共同富裕的推进必然会对更高层次上进行财政统筹提出要求。例如，人口老龄化、城镇化等带来的跨地区养老、医疗等公共服务提供问题，必然要求省级层面进行有效统筹，市级层面更好地发挥保障功能。

浙江省第七次人口普查数据显示，超过2/3的省内流动人口为市内流动人口，不到1/3为省内跨市流动人口，而且跨市流动人口近3/4被吸引到杭州市，市内流动人口中1/2以上为县内跨乡镇流动人口。由此可知，在保障基本公共服务均等化方面，除了做好财政资金直达基层、增强县级财政能力，应当充分发挥市级财政保障能力并增强省级调控能力，从全省"一盘棋"的角度考虑省内跨市人口流动的非对称性。以提供各类教育为例，高质量发展势必需要面对

人口结构变化,不断发掘人力资本优势。在夯实高质量发展的人才基础、提供社会更高质量的高等教育等各类教育方面,财政资金等需求均超过了县级财政的承受能力。与广东相比较也可以看出,浙江各地市投资建设高水平大学、高质量职业教育的能力明显与经济大省地位不相匹配,这可能需要进一步发挥市级财政积极性和省级财政统筹能力。

二 巧用专项转移支付,助力区域均衡发展

在推动区域均衡发展方面,无论是"山海协作"还是"产业飞地",如果单纯依赖地方之间自发结对发展,必然遇到一些在市县层面无法突破的体制机制障碍,如跨地区之间的经济利益协调、土地等要素资源的配置。省级财政的及时有效介入可以更好地化解现有其他体制机制障碍导致的发展困境。可以探索开发更多针对区域协调发展的专项转移支付,通过财政资金之间的转移支付有效化解长效机制中的经济激励问题。与"分类奖补"重在财力补助和内生发展不同,针对区域均衡发展的专项转移支付侧重于结对发展中的利益协调。此类专项转移支付资金,一方面可以设立经常性项目作为区域合作项目的种子基金,以竞争性申请专项资金补助的形式,推动县域结对项目发展;另一方面可以设立临时性项目作为一种公共财政结算平台,针对存量县域结对发展项目中地区间利益协调进行科学调度。

三 开发数字化新技术,促进部门间更协同

更加充分地运用财政数字化手段,在更宽领域、更多场景上支撑经济社会发展。数字化改革是浙江的一张金名片。浙江财政数字化作出多个全国领先的标志性成果,如全国首个政府采购电子卖场试点项目"政采云",全国首个统一公共支付平台"浙里缴费",全国第一张医疗收费电子票据由"浙里办票+浙里报账"开出,全国首个

地方政府性债务风险预警与处置系统"债务预警处置系统",等等。但目前来看,仍大部分局限于财政治理领域,虽然在提高财政资金使用效率、提高财政资金使用规范、增强财政运行预警方面发挥了重要作用,但部门间的协同治理潜力有待进一步开发。

2023年,中共中央、国务院印发《数字中国建设整体布局规划》,指出"发展高效协同的数字政务,强调加快制度规则创新、强化数字化能力建设、提升数字化服务水平"。通过加强与其他部门协同治理,财政数字化可以通过完善政府采购、招投标以及企业征信等方面的流程,帮助优化营商环境;更早地介入地方公共决策,更精准地进行政策追踪监管,更及时和科学地进行政策评估,全方面提高地方公共政策效能和效率。考虑到数字经济的蓬勃发展,财政数字化所蕴含的海量大数据可以探索相应的开发应用机制,向市场注入高质量的数据生产要素,推动高质量发展。更精准的数据,也会提升基本公共服务均等化的精准性,缩小收入差距政策的精准性,推动城乡、区域均衡发展的精准性。此外,财政数字化所生成的对企业、个人相关的数据具有更高可信度,可以更好地引导社会力量、市场力量加入共同富裕建设,更好地引导慈善捐赠的资金筹集与适用,加速提升居民"获得感、满意度和幸福感"。

四 创新财政政策组合,助推革命老区振兴

丽水等浙西南地区既是革命老区振兴发展的重点区域,又是国家重点生态功能区,还属于"山区26县"高质量发展重点关注区,多重身份和发展目标叠加。目前,尽管浙江通过一系列政策推动了这些地区的振兴发展,但现有政策通常是不同部门牵头的针对单一目标施展开来的,更多是在中央文件出台基础上做细化实施,针对这些地区多重发展目标急需制定专门的组合式政策。如国务院印发《关于新时代支持革命老区振兴发展的意见》,浙江省印发《关于新时代支持浙西南等革命老区振兴发展的实施意见》,强调按照中央部

署要求落实具体实施，也比较重视争取中央更多转移支付等政策支持。虽然"多线头"式制定专门政策推动特定发展目标可以给地方带来更多财政资金支出或政策支持，但也容易出现多重政策之间缺乏协调的现象，可能存在一个非常具有代表性的地方按照多个名目重复获取支持，而且各个名目资金因其指定用途难以全面支持这些地方更全面的发展，而其他一些具体发展事由难以获得足够支持，导致总体财政资金使用效率不高，出现公共资源错配。因此，建议可以针对这些地方发展，整合多个政策优惠，把多条专项转移支付整合为一般性转移支付，从临时性、政策性支持迈向常态化、组合式制度支持。

五　更好地发挥财政引导，增强经济内生动力

在绿色发展方面，中共中央办公厅、国务院办公厅在2021年印发了《关于建立健全生态产品价值实现机制的意见》，明确指出建立健全生态产品价值实现机制，是贯彻落实习近平生态文明思想的重要举措，是践行"绿水青山就是金山银山"理念的关键路径，是从源头上推动生态环境领域国家治理体系和治理能力现代化的必然要求，对推动经济社会发展全面绿色转型具有重要意义。聚焦到浙江，2021年11月，中共浙江省委办公厅、浙江省人民政府办公厅印发《关于建立健全生态产品价值实现机制的实施意见》进行了系列部署。从财税政策来看，针对地方政府的政策较多，针对市场主体的投入较少，"重点生态功能区转移支付、绿色发展财政奖补制度"等对重点生态功能区的财政支持力度增加比较大，政府产业基金的重点放在"生态环境系统性保护修复的生态产品价值实现工程建设"等。而且市场主体是绿色发展的主体，是环境保护与合理开发的关键，因此，建议财政资金更多地投向普惠性、竞争中性的激励市场并主体积极参与生态产品价值，更好地发挥财政引导作用，弥补市场自发力量在推动生态产品价值实现的不足，赋予绿色发展内生动

力。如可以投入专项资金,打造更多类似"丽水山耕"等生态产品区域公用品牌等。

在实体经济方面,党的二十大报告指出"坚持把发展经济的着力点放在实体经济上"[1]。浙江数字经济发展如火如荼,居于全国领先地位,创造了大量的就业新形态,在"网络强国、数字中国"方面实现了高质量发展。但相对而言,根据测算,浙江规模以上工业发展相对薄弱,实体经济高质量发展有待进一步深化。而相比于广东、山东、江苏等制造业大省,浙江高素质劳动供给制度不够通畅,高等院校、职业院校存在不小短板。因此,浙江财政可以更多地投入资金,打造有利于实体经济提质增效的制度环境,如投入更多财政资金,补齐浙江职业教育、高等教育总体质量和空间布局方面的短板弱项,让现有制造业企业更容易雇用到高质量人才、高素质技工等。

六 优化预算绩效管理,保障财政健康运行

在推动共同富裕的伟大工程中,财政支出规模持续增长。按照绝对规模来看,2022 年浙江一般公共预算支出 11049.00 亿元,超过世界许多国家和地区的 GDP。因此,财政支出效率的问题变得格外重要。作为一个发展中大国,如何在有限的财政资源的情况下办更多的事情,办更好的事情,不仅关系到共同富裕的当下建设,而且关系到可持续性发展。从现实情况来看,中西部有些地方财政支出规模增长过快,使用效率不高,形成了大量地方债务,带来财政、金融风险,给共同富裕建设埋下隐患。浙江在推进共同富裕的进程中投入大量资金补齐欠发达地区、乡村地区公共服务软硬件短板弱项,取得了可喜成绩。但应当重视的是,有不少项目建成的设施使用情

---

[1] 习近平:《高举中国特色社会主义伟大旗帜 为全面建设社会主义现代化国家而团结奋斗——在中国共产党第二十次全国代表大会上的报告》,人民出版社 2022 年版,第 30 页。

况不理想，特别是农村等人口密集度比较低的地方，公共基础设施提升很快，但群众使用频率等相对不高，导致项目绩效不高。因此，应当积极进一步加强预算绩效管理，提高财政资金使用效率，更好地实现财政资金的经济社会效益。在共同富裕建设过程中可以看出一个全国各地均存在的普遍现象，即相对重视新增项目投资，而相对不重视项目后期维护等资金安排。这不利于相应项目健康可持续发展，也会降低相应的使用效益和财政资金效率。因此，可以在预算绩效管理中，进一步做长绩效管理周期，根据项目的"生命周期"通盘考虑。此外，浙江可以创新机制，积极引导市场和社会的力量，进入医疗和教育领域，增加公共服务供给主体，有效降低公共服务成本，避免全部依赖财政投入。

参考文献

一　中文文献

（一）著作

习近平:《决胜全面建成小康社会　夺取新时代中国特色社会主义伟大胜利——在中国共产党第十九次全国代表大会上的报告》,人民出版社2017年版。

习近平:《习近平谈治国理政》(第一卷),外文出版社2018年版。

习近平:《论"三农"工作》,中央文献出版社2022年版。

习近平:《习近平谈治国理政》(第四卷),外文出版社2022年版。

习近平:《高举中国特色社会主义伟大旗帜　为全面建设社会主义现代化国家而团结奋斗——在中国共产党第二十次全国代表大会上的报告》,人民出版社2022年版。

（二）期刊

习近平:《扎实推动共同富裕》,《求是》2021年第20期。

才国伟、黄亮雄:《政府层级改革的影响因素及其经济绩效研究》,《管理世界》2010年第8期。

《财政支出结构固化问题研究》课题组等:《财政支出结构固化问题研究》,《财政科学》2019年第6期。

崔春雨、赵加仑:《打造预算绩效管理"浙江样本"》,《中国财经报》2021年12月30日第1版。

范从来：《益贫式增长与中国共同富裕道路的探索》，《经济研究》2017年第12期。

付文林、沈坤荣：《均等化转移支付与地方财政支出结构》，《经济研究》2012年第5期。

高琳：《分权与民生：财政自主权影响公共服务满意度的经验研究》，《经济研究》2012年第7期。

高琳、高伟华、周罂：《增长与均等的权衡：省以下财权划分策略的行动逻辑》，《地方财政研究》2019年第1期。

高培勇：《促进共同富裕要力求效率与公平的统一》，《政策瞭望》2022年第3期。

洪银兴等：《"习近平新时代中国特色社会主义经济思想"笔谈》，《中国社会科学》2018年第9期。

胡凤乔、李金珊：《省以下医卫领域财政事权与支出责任划分——以浙江医疗资源配置改革为例》，《地方财政研究》2020年第11期。

黄少安：《新旧动能转换与山东经济发展》，《山东社会科学》2017年第9期。

简新华、聂长飞：《中国高质量发展的测度：1978—2018》，《经济学家》2020年第6期。

李金昌、史龙梅、徐蔼婷：《高质量发展评价指标体系探讨》，《统计研究》2019年第1期。

李金昌、余卫：《共同富裕统计监测评价探讨》，《统计研究》2022年第2期。

李实：《共同富裕的目标和实现路径选择》，《经济研究》2021年第11期。

李实、杨一心：《面向共同富裕的基本公共服务均等化：行动逻辑与路径选择》，《中国工业经济》2022年第2期。

李实、朱梦冰：《推进收入分配制度改革　促进共同富裕实现》，《管理世界》2022 年第 1 期。

刘培林等：《共同富裕的内涵、实现路径与测度方法》，《管理世界》2021 年第 8 期。

刘亚雪、田成诗、程立燕：《世界经济高质量发展水平的测度及比较》，《经济学家》2020 年第 5 期。

楼梅芳：《浙江省预算绩效管理工作主要做法及展望》，《财政科学》2016 年第 10 期。

鲁建坤、李永友：《超越财税问题：从国家治理的角度看中国财政体制垂直不平衡》，《社会学研究》2018 年第 2 期。

戚昌厚、岳希明：《财政支出与经济发展关系——对瓦格纳法则的新解释》，《经济理论与经济管理》2020 年第 7 期。

吕光明、陈欣悦：《2035 年共同富裕阶段目标实现指数监测研究》，《统计研究》2022 年第 4 期。

马凤岐、谢爱磊：《教育平衡充分发展与共同富裕》，《教育研究》2022 年第 6 期。

马光荣、张凯强、吕冰洋：《分税与地方财政支出结构》，《金融研究》2019 年第 8 期。

马茹等：《中国区域经济高质量发展评价指标体系及测度研究》，《中国软科学》2019 年第 7 期。

毛捷、吕冰洋、马光荣：《转移支付与政府扩张：基于"价格效应"的研究》，《管理世界》2015 年第 7 期。

聂长飞、简新华：《中国高质量发展的测度及省际现状的分析比较》，《数量经济技术经济研究》2020 年第 2 期。

苏舟、陈小华：《绩效预算改革：动因、进程与挑战——以浙江省为例》，《财政监督》2018 年第 7 期。

谭之博、周黎安、赵岳：《省管县改革、财政分权与民生——基于"倍差法"的估计》，《经济学》（季刊）2015 年第 3 期。

滕磊、马德功：《数字金融能够促进高质量发展吗?》，《统计研究》

2020 年第 11 期。

童幼雏、李永友:《省以下财政支出分权结构:中国经验》,《财贸经济》2021 年第 6 期。

汪德华:《整体推进省以下财政体制改革》,《中国改革》2022 年第 4 期。

汪德华:《"十四五"时期公共服务财政投入展望》,《中国改革》2022 年第 2 期。

汪德华、李琼:《中国政府储蓄率:新的测算及财政视角的分解》,《财贸经济》2016 年第 9 期。

王凤飞:《我国教育财政支出绩效评价体系研究——基于层次结构模型分析》,《地方财政研究》2022 年第 2 期。

王铭槿、李永友:《高质量发展中的新旧动能转换进程:趋势特征与省际差异》,《经济学家》2022 年第 9 期。

王志刚:《财政数字化转型与政府公共服务能力建设》,《财政研究》2020 年第 10 期。

吴志军、梁晴:《中国经济高质量发展的测度、比较与战略路径》,《当代财经》2020 年第 4 期。

杨宇:《多指标综合评价中赋权方法评析》,《统计与决策》2006 年第 13 期。

闫坤、史卫:《中国共产党百年财政思想与实践》,《中国社会科学》2021 年第 11 期。

闫坤、鲍曙光:《紧平衡状态下财政支出改革研究》,《财经问题研究》2022 年第 9 期。

尹学群:《以走在前列的政治担当奋力扛起共同富裕示范区建设探路者和模范生的政治责任》,《中国财政》2022 年第 6 期。

郁建兴、任杰:《共同富裕的理论内涵与政策议程》,《政治学研究》2021 年第 3 期。

袁家军:《扎实推动高质量发展建设共同富裕示范区》,《求是》

2021 年第 20 期。

张占斌：《政府层级改革与省直管县实现路径研究》，《经济与管理研究》2007 年第 4 期。

张占斌、毕照卿：《经济高质量发展》，《经济研究》2022 年第 4 期。

郑石明、邹克、李红霞：《绿色发展促进共同富裕：理论阐释与实证研究》，《政治学研究》2022 年第 2 期。

郑涌、郭灵康：《全面实施预算绩效管理——理论、制度、案例及经验》，中国财政经济出版社 2021 年版。

周黎安、吴敏：《省以下多级政府间的税收分成：特征事实与解释》，《金融研究》2015 年第 10 期。

中国社会科学院财经战略研究院课题组：《推进财政支出领域的改革》，《经济研究参考》2014 年第 22 期。

中国社科院财贸所课题组：《中国财政收入规模：演变与展望》，《经济学动态》2011 年第 3 期。

二 外文文献

Weingast, B. R., "Second Generation Fiscal Federalism: Political Aspects of Decentralization and Economic Development", *World Development*, Vol. 53, 2014, pp. 14-25.

后 记

本书由汪德华确立研究思路、研究框架和研究提纲。在明确团队成员的分工后,由各章节负责人牵头撰写初稿,其间研究团队多次召开会议,讨论研究过程中存在的难点、疑点以及章节结构等问题。本书最后由汪德华修改、整理并定稿。各章节参与人员如下:

前言　汪德华

第一章　汪德华

第二章　鲁建坤、李波

第三章　鲁建坤、陈心怡

第四章　鲁建坤、刘芬

第五章　鲁建坤、陈心怡

第六章　汪德华、史国建

第七章　汪德华、陈心怡

第八章　鲁建坤、张润宇

第九章　鲁建坤、汪德华

在高质量发展中扎实推动共同富裕,是中国未来较长时期内的战略发展目标。以浙江省示范区为样本,总结其作为先行者的成功经验,分析其面临的挑战和需要努力的方向,是本书的基本目标。研究团队为此付出了较多努力,但限于水平有限、视野不够宽广、调研不够充分,本书的错漏或偏误在所难免。我们期待来自各方面的意见和建议。

汪德华
2024 年 7 月 12 日